JN121201

子どもの心理と教育内容の論理を結びつけた社会科授業

社会科の理念と授業を考える会 編

松岡 靖　新谷和幸　福田喜彦
神野幸隆　大野木俊文　服部 太

風間書房

はじめに

本書は，2023年３月をもって37年間に亘る大学教員生活を終えられた，広島大学大学院人間社会科学研究科教授木村博一先生の御退職を記念し，先生にご指導・ご支援頂いた広島大学大学院博士課程・修士課程のゼミ生，サークルのメンバーの有志を中心に，執筆・刊行したものであります。

木村博一先生は，愛知教育大学に９年間，広島大学に28年間在籍され，多くの学生・院生をご指導される中，ご専門であられる日本社会科教育史研究において，『日本社会科の成立理念とカリキュラム構造』（風間書房，2006年）をはじめ，数多くの研究成果を書籍や論文で発表されてこられました。また全国社会科教育学会会長，広島大学附属三原学園３校の学校園長を歴任されるなど，日本の社会科教育研究や学校教育の発展にも尽力されました。

この間，岡崎市・広島市・三原市の実践者とともに，「岡崎社会科授業研究サークル」「広島社会科サークル」「教職人の会」を立ち上げ，学校現場における社会科授業研究の普及やその指導・助言を通して教師育成にも携わっておられました。先生の教えを受けたゼミ生や実践者の多くは，日本の様々な地域で社会科教育や学校教育を支える人材として活躍しています。

このように木村博一先生は，日本の社会科教育学の「研究者」であられるとともに，学校教育や社会科教育に携わる学生や研究者，実践者を数多く輩出された「教育者」でもあられました。本書では，各執筆者が先生からの学びや各自の専門，立場を踏まえ執筆しております。社会科教育史もあれば，社会科授業の研究もあります。また，研究者もいれば実践者もいます。

執筆者の研究や立場が多岐に亘るのは，木村博一先生が一人一人の研究関心を第一に考え，関わってこられたからです。皆様には，これまでの先生と各執筆者の関わりや取り組みを想像しながら本書を読んで頂けると幸いです。

新谷　和幸

目　次

第Ⅰ章　子どもの心理と教育内容の論理を結びつけた授業論の歴史的発展

第1節　社会科成立期における作業単元学習論の歴史的展開
―東京第二師範学校女子部附属小学校の「社会科」の理論と実践をもとに―

周知のように,「社会科」は戦後の新教育の花形教科として誕生した。そして,1947年版学習指導要領及び1951年版学習指導要領の社会科編[(1)]が作成されると,それをもとに昭和20年代には全国各地で社会科のカリキュラム試案が実践された[(2)]。このような成立期の社会科は「初期社会科」とよばれ,その授業実践は,「経験主義社会科」,「問題解決型社会科」といわれている。その初期社会科の授業構成の原理とされていたのが作業単元学習である。

そこで,本節では社会科成立期の授業実践が作業単元学習の理論をもとにどのように実践されたのかを東京第二師範学校女子部附属小学校の事例から検討する。

1　昭和初期の「社会科」の授業実践と初期社会科の授業実践への継承

戦前期に「社会科」を新設していた東京女子高等師範学校附属小学校は,その授業理論である「作業教育」をもとに,同校の社会科研究部の訓導として活躍した飛松正らによって,「社会科」を「歴史科」や「地理科」から具体化した。しかし,1931年12月主事である北澤種一の逝去後,東京女子高等師範学校附属小学校に設置された「社会科」は1933年を境に縮小された[(3)]。

その後,1945年3月に飛松は東京第二師範学校教授に就任し,翌月には,東京第二師範学校女子部附属国民学校主事となる。そして,1946年に東京第二師範学校女子部附属国民学校は,文部省指定実験校の一つに選定され,「社会科」の作業単元学習論に基づく社会科単元の作成や実施を推進していく拠点となる。

その中心人物として飛松は,文部省初等教育研究課の初等教育研究協議会に参加し，社会科設置に関わる諸問題の研究に取り組んだ。初等教育研究協議会は，坂元彦太郎を代表として，会員には，文部省事務官，東京都視学官，東京第一師範学校，東京第二師範学校，東京高等師範学校附属小学校の主事・教諭，東京都港区・世田谷区・台東区・千代田区・新宿区・中野区・中央区などの区内の小学校の校長，教諭等の錚々たるメンバーが含まれていた(4)。

1947年3月3日から5日に行われた最初の文部省指定実験校での社会科の授業実践は，1948年5月に出された『社会科作業単元展開の実際』にも大きな影響を与えた。ヴァージニアプランなどのコースオブスタディとして示された社会科の学習をどのように初等教育において実践していくかという課題に直面した現場の教師達は，戦前における授業実践の成果をもとに，新たな「社会科」を生み出していったのである。

したがって，戦前期の作業教育に基づく授業実践は東京第二師範学校女子部附属国民学校の「社会科」の授業実践にも継承されていたと考えられる(5)。

しかし，吉村敏之は，東京女子高等師範学校附属小学校の作業教育そのものが持つ限界を「作業が学級や学校の枠内で行われて現実の社会とのつながりを欠く」と述べ，具体的に作業を学習へと発展させる原理と方法においても，①児童の心情や態度の陶冶に力点が置かれていたのに対し，児童の認識の質を問題にする姿勢が弱い，②個人と集団あるいは社会との間にある利害の対立に目を向けずに，作業における児童相互の共感や同情，協力といった感情を強調する，③社会のとらえ方が人々の心情的な結びつきの観点にとどまり，現実の社会の様々な事象やダイナミズムあるいは矛盾への認識へと向かわないといった問題点を指摘している(6)。

このように，東京女子高等師範学校附属小学校の「社会科」の授業実践の内容は児童の周辺で起こる生活の問題に限定され，児童の自発的活動を求める実践に留まったため，社会にどのように目を向けさせるかの意識が弱いという限界性を持っていた。それでは，戦後の「社会科」はこうした戦前期の

「社会科」の課題を克服するためにどのように取り組んでいったのだろうか。

2　東京第二師範学校女子部附属小学校の「社会科」の授業理論の構築

東京第二師範学校女子部附属小学校主事となった飛松は,「わが校においては新學制の發足と共に教科課程の全面的な改革のあることを察知し, 當局の連絡や指導を受け, 又教育界の傾向等も勘案してそれぞれにその理論と實践を續けたのであるが, 最初に手をつけたのは社會科と自由研究と圖畫工作科の三である」(7)と述べ,「社会科」を同校の研究の中心的な課題に据えている。

同校では,「社會科の学習は生々しい生活の中から, しかも切實な問題をとらえて社會的な要求とのかみ合うところに解決すべき問題を設定するのであるから, 解決の意欲, 學習に對する興味は必然的に誘發され, 自然的な學習活動が展開されなければならないのである」(8)として, 社会科の学習に生々しい生活の切実な問題と社会的な要求を相互に関連させることを求めていた。

そこでまず, 社会科学習の「ユニット」について,「單元とはある問題を解決するために關連している數個の問題又は題目から成立つてゐるものである」(9)と捉えて, 同校では,「兒童が學習活動する時に, 同一目標の理解達成のために豫定せられた一連の活動問題を包含しているものをさすもので, 作業とは兒童の直接的な活動をいい, この活動を通してある社會的な問題を理解することの出来るものを単元といつて, 一定の一連の活動内容（問題）を有するものをいう」とし, 社会科学習における「作業単元」を定義している(10)。

次に,「社会科」の学習活動の内容は,「新教育での中心は兒童の興味や活動や要求を基盤にして發端して指導が行われねばならぬが, この際兒童の活動があるものを解決したり, 理解するために, 色々なものを作製したり, 絵画化したり, 劇化したり採集蒐集したり, 讀書したり, 調査したり, 發表したりする形として表象されるものである」[11]とし，同校では「社会科」の学習活動のポイントとして，①読物をよむ，②映画，展覧会，劇を見る，③宮庁，博物館，会社工場，銀行，市場，植物園，動物園，公民館等を見学して話を聞いたり，観察，調査をする，④写真，絵葉書，地図，図表等の資料を集めたり，整理したり組立てたりする，⑤物語をかいたり，脚本を書いたりする，⑥絵巻物，説明画，図表，地図，模型，絵，見取図等をかいたり，工作したりする，⑦学校新聞，学級通信，壁新聞をつくったりはったりする，⑧劇をしたり唱歌を歌ったり遊戯，紙芝居，人形劇をしたりする，⑨見学旅行の計画を立てたり行ったり，報告書を作ったりする，⑩ラジオを聞いたり，放送したりする，⑪報告会，話し会，討議等をする，⑫つづり方をかいたり，手紙を書いたりする，⑬掃除，農耕等の計画を立てたり作業をする，⑭お店屋さんごっこのように○○ごっこをする，⑮社会的慣習として購買部，学校総会，学校自治委員会，学校自治会等といった自発的な活動をあげている[12]。そして，こうした「社会科」の「作業単元」の授業理論をもとに学習指導案を「社會科としての目標達成のために重點が如何様に拾上げられ價値ずけられ，如何様に學習活動として取上げられるか，その發展はどうかその効果は如何といつた様な反省的なものから構成せられている」[13]と位置づけている。

それでは，東京第二師範学校女子部附属小学校では「社会科」の「作業単元」の授業理論をもとにして，どのような授業実践が展開されたのだろうか。

3　東京第二師範学校女子部附属小学校の「社会科」の授業実践の展開

本項では，東京第二師範学校女子部附属小学校の学習指導研究会で稲葉次雄が提案した五年生の「現代の交通，通信，運輸」の作業単元を考察する[14]。以下に示した稲葉による「作業単元」では，戦争が終わった時代の子どもの興味や関心を「乗り物」「ラジオ」「電話」などから捉え，現代の交通・通信・運輸に関する社会的な問題を学習活動に結びつけるように計画されている。

資料Ⅰ-1-1 「社会科」の作業単元の学習目標

作業単元　現代交通，通信，運輸
指導期間　昭和二十四年一月初旬より昭和二十四年三月下旬まで
（約十三週六十五時間）
この単元を選んだ理由
戦争が終つてからいろいろ珍しい乗物をみるようになり，ジープやトレーラーバス，をはじめ各種の大型バス，スクーター等兒童の興味をひく乗物が盛に目にふれるようになつた上に，この期の兒童はそれ等の乗物についてどうして動くのだろうか，乗つてみたいとか，模型をつくつてみたいというような欲求をしめすようになつてきている。
交通機関を利用する都市の兒童にとつてはひんぴ（ママ）んに起る交通事故についても，正しい交通道徳の励行が叫ばれている折から，交通訓練は社会的な要求としても重要であり学校においてもぜひとりあげなければならない同時に通信の発達も日進月歩のいきおいをもつて進みラヂオは殆どの家庭で使用され電話なども利用する家庭が多く，通信についての子供の興味もふかい。世の中が進歩するのと同時に交通通信もますます盛になつていく現在この單元を取上げて兒童の経驗の発展をはかり交通通信，運輸に対する理解を深めそれにともなう態度や能力を得させようとして取上げたのである。

「作業単元」では，「ユニット」を単位として授業が構成されるため，稲葉の指導計画においても単元目標が示されている。「理解事項」としては，発明によって交通・通信・運輸の距離と速度とが増大したこと，社会生活が便利になればなるほど，いちじるしく相互依存の度合いが高まること，交通機関が大規模に活動するほど事故の際の損害も大きいこと，交通・通信の道すじは，気候や地勢，天然資源のいかんによって左右されていること，「態度や能力」では，相互に協力しあって問題を解決する態度や能力，交通のための施設を見学する態度や能力，交通通信を守る態度が単元目標に設定されている。

資料Ⅰ-1-2 「社会科」の作業単元の指導計画

指導計画
1．郵便あつめをする…（2）
2．通信を交換するありさまを調査する…（8）
　本郷郵便局の見学
3．通信の発達について理解を深める…（8）
　通信博物館の見学
4．現在の交通についての理解…（15）
　○東京から出ている鉄道
　○汽車の時刻表についての調べ
　○現在の交通路
5．交通機関の発達について理解を深める…（10）
　○交通博物館の見学
6．交通のための施設についてしらべる…（10）
　○お茶の水駅，神田の駅の見学
7．交通施設の製作…（　）筆者註：時間数は不明
　班ごとに模型の製作
8．研究の発表会

そして，こうした指導計画を「ユニット」によって組織することで学習活動で連続的に「問題」を児童が学習できるよう稲葉は指導案を立案している。

資料Ⅰ-1-3 「社会科」の作業単元の学習指導案

本時の指導案
一　日時　三月五日（土）九，四〇―一一，二〇
二　本時の学習内容
　交通運輸のための施設をグループ毎に製作する。
　（製作活動にはいつてから五時間）
三　本時の指導の重点
1　交通，運輸が文化の発展に大切な役割をもつているという事の理解を一層深めるために交通施設の模型をつくることを工夫させる。

2　交通施設の製作活動を通じて協同製作のよい態度を養う。
3　製作活動を通じていろいろの道具や材料を使いこなすことの出来る技能を身につけさせる。
四　本時までの兒童の状況
　兒童は六つのグループに分かれそのグループ毎に模型つくりの計画にもとづいて仕事を進めている。
一班…地下鉄の模型を作る計画がたてられ窓の廣い新型のものを作ろうという考えから出発している。先づ地上の施設を作るものと地下の設備を作る者とにわかれ，窓が大きい割合に中に何もないのでは変だというので，例えば喫茶店を設けることや，運賃表をつける等細かい点にまで，注意して仕事が進められている。本時では組立て仕事が出来る段階に到着している。
二班…ここでは神田駅を参考にして計画がたてられて中央線と山手線の二つのホームをつくることになつている。部分的には殆ど出来上り本時を使つて組立てが出来る段階まで進んでいる。
三班…この班は都電の施設模型を作つているが大体は巣鴨車庫を参考にしている，電車は五台作る予定であるが完成しない車輌もあるかも知れない。しかし間もなく組立てられるはこびとなつている。
四班…日暮里駅を中心として計画をすすめている。ホーム，電車，レール，改札口等四つを作るうち，まだ電車が充分出来上がつていないが，本時のうちには組立てに着手が出来ると思う。
五班…駒込の都電車庫を参考にしている。しかし，まだ製作は余り進んでいない，本時の終り頃各部分の大体が揃う予定である。
六班…この班では誰かが学校の往復に施設をみてこられるような所を選んだ方が都合がよいというので，三ノ輪車庫を中心にした計画を立てた，作ろうとするものは電車と車庫だけで人数を三人と四人に分けて分担した，しかし電車製作の三人の間の連絡が円滑にいかなかつたため，仕事は少しおくれている。

　このように東京第二師範学校女子部附属小学校では，戦前期の東京女子高等師範学校附属小学校の「社会科」の授業実践を継承しながら初期社会科の授業構成の理論である作業単元学習論に基づく授業実践を展開したのである。

4　東京第二師範学校女子部附属小学校の「社会科」授業実践の歴史的意義

本節では，社会科成立期の授業実践が作業単元学習の理論をもとにどのように実践されたのか東京第二師範学校女子部附属小学校の事例から考察した。

同校での社会科学習では，「生々しい生活の切実な問題」と「社会的な要求」を相互に関連させることが作業単元学習の理論の核となっていた。その理論をもとに戦後の現実社会が抱える課題を社会科で教師たちは実践化しようとしたのである。

このように，東京第二師範学校女子部附属小学校の「社会科」の授業実践の歴史的意義は，「戦前」と「戦後」に「社会科」の理論と実践を模索した飛松を中心にして新たな「社会科」を現場教師たちがともに創造した点にあったといえよう。

（福田　喜彦）

註

（1）戦後に成立した初発の社会科の理念や学習方法原理については，木村博一『日本社会科の成立理念とカリキュラム構造』風間書房，2006年，pp. 9-57を参照。

（2）初期社会科実践史研究の動向と歴史的展開については，平田嘉三・初期社会科実践史研究会『初期社会科実践史研究』教育出版センター，1986年，pp. 13-82を参照。

（3）東京女子高等師範学校附属小学校の飛松正の歴史教育の理論と実践については，福田喜彦『昭和戦前期初等歴史教育実践史研究』風間書房，2012年，pp. 217-251を参照。

（4）文部省初等教育課初等教育研究協議会『社會科作業単元展開の実際』国民教育図書，1948年，pp. 5-6。

（5）先行研究において，谷本は，「作業単元という当時の最新のキーワードを使用しつつも授業展開の内容は戦前の社会科研究が残した遺産の水準を越える実践ではなかった」と述べ，「いち早く「作業単元」の概念を取り入れたり，東京女高師附小の実践を取り入れたりしていながら，結局，児童の周辺で起こる行事や生活に単元を限定し，児童に自発的活動を求める実践に留まっている」と評価している。谷本美彦「昭和21・22年度文部省指定実験学校における小学校社会科単元指導計画及び実践の特質とその実態―『学習指導要領社会科編（I）（試案）昭和二十二年度』と実験学校の単元構成及び実践とのズレとその要因の解明―」全国社会科教育学会『社会科研究』第50号，1999年，pp. 1-10。

(6)吉村敏之「東京女子高等師範学校附属小学校における「作業教育」」『宮城教育大学紀要第二分冊自然科学・教育科学』第31号，1996年，p. 183。

(7)東京第二師範学校女子部附属小学校『社會科指導　新カリキュラム叢書第一集』目黒書店，1948年，はしがき。

(8)同上，pp. 1-2。

(9)同上，p. 210。

(10)同上，p. 208。

(11)同上，p. 207。

(12)同上，pp. 2-3。

(13)同上，p. 215。

(14)なお，枠線で示した資料については原文のままで，東京第二師範学校女子部附属小学校編『新しい指導と批評』明治図書，1949年，pp. 165-182から引用した。

第２節　論争問題学習における「生産的な議論」と「よい議論行動」

1　はじめに

1960年代にアメリカでハーバード大学（Harvard University）の研究者と大学院生が研究に取り組み，子どもらが論争問題を法や制度，倫理の原理を用いながら解決に向けて議論するハーバード社会科を開発した。これらの開発研究は大きく前期と後期に分けられる。前期には，オリバー（D. Oliver），シェーバー（J. Shaver），ニューマン（F. Newmann）らによって日本でも分析されたカリキュラム開発に関わる研究が行われた。後期には彼らの指導の下でバーラック（H. Barlak），エリス（A. Ellis），アーチバルド（D. Archibald），レビン（M. Levin）らによって，批判的思考力育成や議論の評価に関する研究が行われた。本稿では，まだ研究対象になっていない後期のうち，レビンによる対話分析を取り上げる。彼は高校生が論争問題学習で取り組んだ議論を「よい議論」か「生産的な議論」かを見究めるための研究に取り組んでいた。

私たちが論争問題の解決に向けて議論するように子どもらに求めるとき，彼らが描き出すものが「よい議論」「生産的な議論」であったと評価するにはどうすればよいのか。これらについて，ハーバード社会科研究ではどのような結論が得られていたのかを検討していく。

2　対話の分析基準について

彼らハーバードグループは，議論する子どものパフォーマンスを評価するために基準を２点設けていた。それらは，「第一に知的な解明の基準」として【言語機能，応答と感度，議論の継続性，課題解決と議論の関連性，課題解決への知的不同意，議論の攻防，特殊と一般の往還，相互探究と課題解決行動，意見の正当化と証明，発言のバランス，タスクへの関与】を挙げていた。第二に「議論で価値づけられるべき活動」として【議論における論理的矛盾を指摘する，論争問題への立場の異なる人が根拠にしている倫理的または法律的価値観を特定する，価値判断，政策提言，定義への賛否を表明するためにアナロジーを使用するなど】39項目を挙げていた。当初，レビンは子どもらの議論を分析評価するにあたり，これらのすべてで正確な測定を試みるか，大まかな測定を行うかの選択に迷っていた。結果的に彼は重要な行動に絞って評価することにし，議論分析カテゴリー（以下，DACと略す）と対話評価尺度（以下，DRSと略す）を設けた。

DACは議論で使用するように学生に指導した対話を進めるための知的操作で，主張正当化のカテゴリー【課題や主張を詳述する，事例を参照する，主張に条件づけをする，主張に一貫性をもたせる，論点と事例に関連性がある，主張の相違を理解する，情報源/出典を明らかにする，主張の構成を考える，アナロジーや重点化/制限化を使用する，証明/質疑を行う】と，議論展開のカテゴリー【論点争点を明確にする，語句を定義する，情報を活用する，争点の説明や要約をする，議題を設定する，意訳する】で構成されていた。DACは対話中に行われた操作数を数えて評価がされていた。

DRSは先の「知的な解明の基準」を精査してまとめたもので，【言語能力，感度，感情，知的不同意，論点との関連，討議性，相互探究，復唱，役割関与，議論参加の均衡】で構成されていた。DRSは質的にも量的にも大まかな尺度で分析して評価がされていた。

レビンは，これらを用いて，2人以上の小集団の子どもらの議論の様子を記録して分析していった。子どもらに与えた課題のうち，「奨学金は誰が受け取るべきか」についてまとめたものを示す。要約前の課題以外に，議論の主軸となる問題点についてレビンは記載していなかったが，筆者は「公職者であれば個人の思想・言論の自由を擁護し，過去の言動に左右されず，将来的に学業で成果をあげうるかを考慮して奨学金交付の決定を公正に判断するべき」という考えを法や制度，倫理から議論するものと推測する。

本稿で扱うプロトコル１，２は，高校の男子生徒Ｂと女子生徒Ｇがこの課題について15～20分程度で議論した成果の一部である。

【課題】高校生であるピーターは，服装や髪型に関する校則について友人らと共に学校側と交渉して廃止に持ち込んだ経験をしていた。彼は公民権の付与や表現の自由に解決すべき課題を感じており，これらの解決に取り組むために，大学に進学して弁護士になることを夢見ていた。だが，それには地域社会が交付する奨学金を受けなくてはならなかった。ある日，ピーターは友人と学生誌に政治的な意見文を掲載した。それらは大統領宛てで「私たちは恥ずかしい」と題したもので，ベトナム戦争への反戦主張を展開していた。これは奨学金交付を決定する団体の委員が憤慨する内容になっていた。他方，同じく高校生のゲイリーは，ベトナム戦争に立ち向かう大統領を支持する立場で，学生新聞で主張を展開していた。彼も奨学金での進学を考えていた。成績は，ピーターがわずかに上回っているといえるが，全体としては甲乙をつけがたい。あなたは，団体が奨学金をどちらに与えるべきと考えるか。　（筆者要約）

3　プロトコル分析について

まずB1では話し合うべき争点について整理し，考えの類似点を明らかにしようとしていた。それに対して，G1では価値判断として自分の立場を明確にするとともに，類似している点はあるが，彼女の立場とは反することを主張していた。B2はG1の内容が話し合うべき点と関連しないと考え，別の問いに話を移した。ただG2で話を変えられたことに納得がいかなかったので，B3では重要な問題が新たに提起されていた。ここから，よい社会をつくる者に焦点が当たり，保守派リベラル派の議論が展開された。

生徒Ｂは，当時のアメリカ社会に関する情報を集めてはいたようだが，反戦を主張するピーターのような存在をリベラル派と，戦争を支持するゲイリーのような存在を保守派とみなしていた。特にリベラル派は闘争を挑んでも理想を実現しようとするという，当時のアメリカ社会でも過激派に属する

【プロトコル1】

B1：ここで聞くべきことが1点あります。質問にすると2点です。第1に，ハリソン氏の立場から言及すると，誰が奨学金を受け取るべきだったでしょうか。第2に，あなたの立場から言及すると，誰が奨学金を受け取るべきだったでしょうか。私たちはハリソン氏の立場からの回答は，ゲイリーが奨学金を受け取るべきだったということで同意しています。ここまで私たちの立場はかなり近いですが，ハリソン氏がゲイリーに投票しないとしたら，それは政治的自滅と考えざるを得なかったからです。

G1：そうです，それに異論はありません。しかし誰もが支持したいと思える優れた指導者であるには，自分の信念のために立ち上がる勇気が必要だと思います。もちろんすべての人がそうではないこともわかっています。

B2：そうですね。ただしこの場合は2人以外にも奨学金を受け取るであろう学生のことも考えなければならないので，この限りではありません。奨学金を誰が受けるべきだったかについては，5点ほどポイントが書いてありました，見てみましょう。まずピーターは数学が得意でした……。

G2：しかしそれは些細なことで，今は重要ではないでしょう。

B3：私たちはイニシアチブに目を向けなければなりません。ここでは，①ピーターの考え，ゲイリーの考えは，「よい社会」の実現につながるのかを考えなければなりません。

G3：わかりました。しかしあなたも社会に左派と右派の両方が必要であることを忘れてはだめです。それらが社会を均衡に保つ役割を果たしているのです。

B4：そうですね，確かに。でもあなたは左派を必要としていません。

G4：ジョン・バーチ協会のロバート・ウェルチのような人は，社会に重要なバランスを提供します。

B5：彼は右派ですよね。

G5：彼が右派であることは私も知っています。それと同じくらいストークリー・カーマイケル（1960年代の人種差別撤廃運動者）のような人も必要です。

B6：でも彼は闘争者ですよね。

G6：違います。左派のほとんどは闘争的ではありませんよ。

B7：わかりました。では，ストークリー・カーマイケルのような存在は，社会にとってよいと，あなたは主張しているのですね。彼がですか。

G7：私はそんなことを言っているわけではありません。

M. Levin (1968), Some criteria for evaluating dialogues about controversial issues, pp. 124-125.

【プロトコル２】

B8：私たちの学校を見てください，ひげを生やしてもいいですよね，どうですか？
G8：それはだめでしょう。
B9：いえ，できます。あなたはひげを生やせますが，学校中に広めることはできません。さて，あなたはこのルールに従いますか。この学校では，ひげを伸ばしたら整える必要があります。そうすれば，ひげを生やして学校に入ることができます。ただこれは愚かなことです。ばかげていると思いますので，改革をするというのなら私は同意します。ただピーターがとった方法は，現実的ではありません。
G9：なぜピーターは現実的でなければいけないのでしょうか。彼は若く，学生です。周囲に配慮が足りないということと，奨学金を受け取れるということの間には何の関係もありません。彼が奨学金を受け取れるとしたら，それは若さからくる可能性にかかっているでしょう。
B10：仮に，成績Ｄの学生が成績は良くないが，将来に素晴らしい可能性をもっていると主張したと しましょう。このときあなたの成績がＢ～Ｃなのに全く可能性がないと言われたとしたら納得できますか。あなたが最善を尽くして学んでいるのなら，どちらが奨学金を受け取る資格がありますか。
G10：ピーターもゲイリーも同じ程度の成績ですよ。
B11：同じではありません。ゲイリーの方が少しよいです。
G11：ほんのわずかです。そんなに違いがあるでしょうか。ピーターの方が適性は優れています。
B12：彼は何の適性も持っていません。 今の彼はただの扇動者に過ぎない。
G12：彼はあなたのいう「扇動」によって誰かを傷つけているのでしょうか。
B13：校長先生が長髪を校則違反であると言えば，短髪にしなければなりません。わかりますか。
G13：私は彼をそれで擁護するつもりはありません。でも私だって，校長先生がしてもいないことで「居残る」ように言ったとしたら，言うことを聞くつもりはありません。私はまず彼に自分が無実であることを説明する，そして私は……。
B14：③なら，あなたの主張とピーターがしたことから，アナロジーを描いてみましょう。ピーターは本当に何もしませんでしたか。
G14：そうですね，まず私は校長先生が学生である私たちの権利を侵害した事例を述べます。以前，高校で行っていたプロム（ダンスパーティ）は無料でした。ある時，彼らはプロムを屋外で行う準備をすることになり，費用が２人で16ドルかかることになりました。費用は食事込みになっていますが，多くの生徒は食べたくありません。これらは校長先生の指示によるものです。
B15：校長先生の指示は，あなたたちの権利を侵害したことになるのですか。

M. Levin (1968), Some criteria for evaluating dialogues about controversial issues, pp. 129-130.

人物たちのイメージに引きずられた見方で主張を展開していた。他方，学生Gは，リベラル派に共感しつつも，社会が両派のバランスをとることで，すべての人に公正な社会づくりを話し合う機会をもつことができるとの考えの下で主張を展開していた。両者の立場は異なっていたことがわかる。

プロトコル2では，奨学金受給から自分たちに引き付けて議論が展開されていた。B10ではG9を踏まえて奨学金受給の「前提」を確認するもので，Gの価値に疑問を呈している。ここでBはピーターを「扇動者」と決めつけており，中立的な立場からの発言はできていない。B13とG13では，BとGそれぞれが自分の考えを補足し，相手を説得するためにアナロジーを挙げていた。B14では，BがG13のアナロジーに納得できなかったため，Gにピーターによる校則改定と結びつけて説明し直させることで，議論を進展させようとしていた。それを受けてG14では，G13のアナロジー表現が適切ではないことを認め，よりよい表現を提示がなされていた。これらの表現からは，BとGは立場を異にしていたことをお互いが認めつつも，粘り強く説明するためにアナロジーを意識的に行使していたことが確認された。

これらのプロトコル以外では，Gが「リベラル派」の定義を求めたり，Bが議論を適宜整理して論点に戻したり，双方が理解できない点を質問し続けたりと，結論に向けてそれぞれが主張と質問を積み重ねていた。また終末部ではBとGが，お互いにBが「保守派」，Gが「リベラル派」と考え方が異なっていることに気がつき，政治的に合意が見られることはあっても，個々では結論がまとまらないことがあってもやむを得ないと話していた。これらからDACとDRSが見とれたという点で評価されていた。

このあとBが「私たち二人とも，ハリソン氏がゲイリー・ウェラーに投票しなければならなかったということに同意しているようです。だが，誰が奨学金を受けとるべきかについては意見が異なったままのようです」との結論をまとめたところで，議論が終了した。

この対話は「生産的な議論」と評価されているが，「よい議論」とは表現されていなかった。プロトコルでは①奨学金交付の決定に関与する公職者であっても地域の出資者の声（世論）を無視できないと両者が早期に同意していること，②奨学金の交付決定者の立場ではなく受給者の言動への賛否が議論の中心になっていること，特にBは社会における活動家に関する情報からリベラル派に先入観をもっており，ピーターへの奨学金交付にはっきりと否定的で，筆者が描いた議論の論点とは大きく異なっていた。BとGは学んだであろう法や制度，倫理を用いて質疑を行っているが，それらにとらわれず，教室外で獲得した事実や情報，経験を用いたり，人物のおかれた状況や心情に共感したりしながら，お互いに正当性を主張して議論を進めていたことも読み取れる。これらは当時の公民権運動，反戦運動やその報道，地域の特性の影響を受けたもので，取り除くことは困難であったろう。結局，Bは立場の違いを超えて法や制度，倫理からピーターの立場をとらえることは最後までなく，扇動者，過激派とまで見なしていた。でありながら，レビンがこの対話を評価して研究で取り上げたのは，なぜか。ハーバード社会科で想定していたような法や制度，倫理から生徒が議論を客観的に展開することがなかったか，または少なかったからではなかろうか。レビンは，指導者がいない議論が実社会のそれに合致するため，このような方法で研究を行っていた。だが，彼が教室外で獲得される生徒の知識や心情の扱いを決めきれていなかったため，評価に迷い，結論が「生産的」ではあっても，BとGの議論を「よい」と認めることができなかったと考える。結果レビンは「よい議論」について最後まで明らかにすることができなかった。

他方「生産的」という点に関して，プロトコルで各所にDACとDRSにあげた「よい議論行動」が見られ，それらを使いこなしてお互いに納得できる結論を導いたことを評価していた。レビンは，この分析を通して生徒の議論に取り組む態度や課題の解釈が，議論行動と関係しているとの仮説を導き，もしそうであるならば「生産的な議論」を創出する場面における「教師の主たる役割は，分析的で探究的な議論行動を育てて褒めること，そして議論における敵対的な行動を抑制することになる」との考えを述べていた。ただハーバードグループが，どのようにして生徒に「よい議論行動」を指導していたのかは，この研究で明らかにされてはいなかった。

以上，レビンは「よい議論」がどういうものかを明らかにはできなかったが，論争問題の解決を議論する場面で「生産的」であることを志向するならば，子どもらが課題をどう解釈するのか，どのような態度で相手の意見に応じているのか，どのような議論行動を用いて説明しているのかについて教師が注視する必要があるとの結論を得たのであった。

4　おわりに

ここまでレビンによる研究成果を検討してきた。彼は「生産的な議論」の創出につながると考えたDACとDRSからなる「よい議論行動」を，記録から読み取って分析評価を行っていた。生徒が教室外で獲得した問題状況の理解につながる知識や心情，経験の扱いが課題として残ったが，「生産的な議論」における教師の役割までを明らかにすることができていた。

今後は，ハーバードグループが一連の研究の中で，子どもらに「議論行動をどのように指導したのか」を明らかにすることで，「生産的な議論」の創出について検討する。

（小田　泰司）

参考文献

・M. Levin (1968), Some criteria for evaluating dialogues about controversial issues, A thesis presented to the Faculty of the Graduate School of Education of Harvard university.
・D. オリバー & J. シェーバー著，渡部竜也他訳（2019）『ハーバード法理学アプローチ－高校生に論争問題を教える－』東信堂。
・渡邊大貴（2022）「授業実践研究の視点からの新社会科期の再評価－Elliott Seif による質的研究方法論の導入－」全国社会科教育学会『社会科研究』第96号，pp. 25-36。

第3節 「教材の論理」と「子どもの心理」からのアメリカ新社会科の再照射
―ワシントン大学初等社会科学プロジェクトに着目して―

1 分析視角としての「教材の論理」と「子どもの心理」

かねてより,「教材の論理」と「子どもの心理」を結びつけた社会科授業理論の構築が求められてきた。科学的な知識の習得と知的思考活動とを両立させる内容構成の論理と,授業における生きた子どもの姿の双方の結合である。このような優れた授業実践とそこに内在する理論は,日本では,既に初期社会科において提出されていたことが明らかにされている。

日本の社会科授業理論の構築に影響を与えた諸外国の動向の一つにアメリカ新社会科が挙げられる。米国では,1957年のスプートニク・ショックを一つの契機として,これまでの児童・生活中心の進歩主義教育が問い直され,「教育の現代化」運動が展開された。社会科においても,1960-70年代に「新社会科」のカリキュラム運動が展開され,社会科学や人文科学の研究成果や研究方法論を踏まえた先鋭的なカリキュラムや単元の開発モデルが構築された。これらの研究成果は日本では「教材の論理」の視点から高く評価されてきた。他方,ハーバード社会科に代表されるように,一部では「子どもの心理」への配慮もなされていたことが明らかにされている。新社会科では,どのように,なぜ「教材の論理」と「子どもの心理」を結びつけようとしたのだろうか。ここでは,ハーバード社会科にルーツをもつ研究者らによるワシントン大学初等社会科学プロジェクトに着目する。

2　ワシントンプロジェクトの展開

セントルイス・ワシントン大学では1965年より小学校を対象とした新社会科プログラムの開発プロジェクトが始動し，米国教育省のタイトルⅢ等の助成を受けながら展開された。プロジェクトは，ハーバード社会科にルーツをもつバーラック（Harold Berlak）らを中心に，大学教員，大学院生，公立学校の教員によって組織された。研究成果は1967年に報告書がまとめられ，開発カリキュラムの理論的根拠や全体構想等が示された。その後も，これを理論基盤とした単元の開発が継続された。各単元は，①開発，②指導，③テストと改訂，④再指導，⑤最終改訂と出版，の手順で開発・フィールドテスト・改訂が進められた。フィールドテストでは，バーラックの指導院生であった，ソロモン（Warren Howard Solomon），アプリゲート（Jimmie Ray Applegate），シーフ（Elliott Francis Seif）の３名が授業実践研究に取り組み，その成果を博士論文にまとめた。そして1973年に「ある村の家族」と「ある都市の近隣」の２つの単元が，1975年には「変化する近隣地域」の１つの単元が出版へと結実した。

3　プロジェクトにおける「教材の論理」と「子どもの心理」の両立の模索

(1)バーラックらによるカリキュラム開発研究にみる「教材の論理」

1967年に提出された報告書において，バーラックらは開発した社会科カリキュラムについて，以下のように概説している。

> 新しいカリキュラムは，現代の民主主義と民主主義社会および非民主主義社会の社会的，経済的変化についての理解を教えることに焦点を当てている。カリキュラムは，社会科学的な知識と，社会的，政治的，経済的論争を分析し，対処するために必要な知的なスキルを児童らに提供しようとしている。

そして，カリキュラムの焦点をこのように設定した背景について，次のように述べている。

> 私たちの主張は次の２つに基づく。第１は，民主的な社会は，一般の人々が政治的決定に対して高度な統制を行使すべきであるという信念によって特徴付けられる。第２は，現代社会は，経済的，社会的，技術的に大きな変化を遂げており，それが私たちの政治的なプロセスや制度に大きな変化をもたらしている。現代社会における意思決定の複雑さが増すことによって，高度な教育を受けた，洗練された，関心のある市民が必要とされている。しかしながら，そこにあるのは政治における広範な自己満足とシニシズム，政治制度に対する無知である。

彼らは当時の社会的要請から，社会変化へ対処可能な市民の育成をめざしている。これらを踏まえて設定したカリキュラムの目標は次の６点である。

（１）自己，集団，組織，制度の相互関係を絶えず変化させている，イデオロギー的，経済的，技術的な力の影響を理解させる。
（２）児童を取り巻く社会を秩序づけ，明確にすることに役立つ社会科学の概念について理解させる。
（３）政治的，経済的システムについて理解させる。
（４）公共の場における対立に対処するための分析スキルを身に付けさせる。
（５）西洋の政治的民主的な伝統のユニークな貢献を捉えさせる。
（６）自由社会特有の多元的な性格が，市民が直面しなければならない永続的な倫理的ジレンマを生み出すことを認識させる。

彼らは，カリキュラムの目標を，理解（understanding），スキル（skill），態度（appreciate），認識（recognize）の４点から設定している。具体的には，理解目標として社会構造を変化させる力の影響（目標１），社会を構造的に捉える社会科学の概念（目標２），政治的，経済的システム（目標３）の３点を，スキル目標として対立の分析スキル（目標４）を，態度目標として民主主義へのコミットメント（目標５）を，認識（recognize）目標として多元主義的な社会の中で生じる倫理的ジレンマ（目標６）をおいている。すなわち，カリキュラムでは，社会の変化を中核に位置付け，その社会構造を社会科学的概念を用いて捉えるとともに，起因して生じるジレンマを民主主義的な枠組みから分析することを通して，社会変化へ対処可能な市民の育成をめざしていると解される。

目標を踏まえてバーラックが構想したカリキュラムの全体計画の内，各学年の基本テーマを筆者が整理したものが表Ⅰ-3-1である。このように，基本テーマは，社会変化の構造とその影響として生じる倫理的問題が，学年が進むにつれて拡大・複雑化するよう設定されている。

表Ⅰ-3-1　各学年の基本テーマ

第1学年	家庭や家族といった私的な世界から，家庭の外や学校内といった公的な世界への児童の移行
第2学年	社会における政治システムの必要性と，あらゆる政治システムの一般的な機能
第3学年	アメリカ社会がより複雑な商業システムに移行していく過程（町へ，都市へ）
第4学年	アメリカ以外の社会がより複雑な商業システムに移行していく過程（町へ，都市へ）
第5学年	社会変化の結果としての集団間，集団と社会間の対立
第6学年	アメリカ社会のジレンマ，国際的な対立のコントロール

カリキュラムの編成についてバーラックらは，以下のように述べている。

> 私たちの問題は，教育者が子どもの刺激の世界の複雑さを考慮に入れた社会科カリキュラムをいかに開発するかである。…（中略）…本カリキュラムのスコープとシーケンスは，子どもの世界に入ってくる人々，出来事，思考の範囲を考慮に入れようとするものである。私たちは，子どもたちが世界について集めた情報の断片を整理できるように，考えや概念の基盤を知らせることを提案する。さらに，このカリキュラムは，子どもが幼い間に自分自身の世界の一部である対立や論争を理解できるような知的なスキルを身に付けさせようとするものである。子どもは家族，近隣，学校の中において論争の場の関係者となる。また，子どもはマスメディアを通じて，地元，国内，国際的な情勢についての論争を耳にしたり，見

たりしている。これらの論争を理解し対処するための知的なスキルや社会科学の概念が提供されない限り，子どもにとって論争は意味をなさないだろう。

表Ⅰ-3-1に示した基本テーマは，「子どもの刺激の世界の複雑さ」を考慮して設定されたものである。バーラックらは，具体的な編成基準として以下の6つを示している。

a．第1学年から第6学年まで，単純な小集団（個人と家族）から，より複雑な集団，組織，権力をもった機関への焦点の移行。
b．第1学年から第6学年まで，個人的・私的な世界からみた決定から，公共政策の問題に関連する決定への移行。
c．第1学年から始まり第6学年まで，低レベルで単純な権力をもつ意思決定者から，高レベルで複雑な権力をもった意思決定者への移行
d．第2学年から，政治制度の必要性，政治制度の機能，自由社会における対立の処理方法の制約について理解を深めていく。第3学年から第6学年にかけては，これらの内容がさらに強化され，より精緻かつ洗練された方法で扱われる。
e．第3学年から第6学年まで，経済制度，その機能，および過程についての理解を深める。
f．第3学年から第6学年まで，変化する社会に焦点を当て，特に経済，技術，価値観の変化の過程にある都市社会に重点を置く。カリキュラムで扱う倫理的な葛藤は，こうした変化により生じるものである。

基準を多元的に設定することで，「子どもの世界に入ってくる人々，出来事，思考の範囲を考慮に入れ」ながら，初等段階の子どもらが自身をとりまく社会における論争の対処に必要な知的なスキルと社会科学の概念の獲得を可能にすることを試みている。

ここまでを踏まえると，バーラックらによるカリキュラム開発研究における「教材の論理」は次のようにまとめることができる。それは，社会の変化を中核に位置付け，その社会構造を社会科学的概念を用いて捉えるとともに，起因して生じるジレンマを民主主義的な枠組みから分析することを通して，社会変化へ対処可能な市民の育成をめざすカリキュラム構成である。また，

このようなカリキュラムの編成にあたっては，編成の基準を多元的に設定することにより，「子どもの刺激の世界の複雑さ」への考慮もなされている。

⑵ソロモン，アプリゲート，シーフによる授業実践研究にみる「子どもの心理」

ワシントンプロジェクトでは，カリキュラムの理論的根拠の提出（1967年）から最初の開発単元の出版（1973年）まで，実に６年の歳月を費やしている。ここまでの長い時間をかけた理由の一つに，フィールドテストを重視したことが挙げられる。

プロジェクトで開発されたパイロット版の単元のフィールドテストにおいて授業実践研究に取り組んだのが，ソロモン，アプリゲート，シーフの３名である。研究の概略は次のとおりである。プロジェクトにおいて最初に授業実践研究に取り組んだのがソロモンであった。ソロモンは，第４学年の児童に実践された単元「ロシア」の実践を対象として，教師と児童間の相互作用に，教材や教師の行動を相互に関連づける概念や命題の生成に取り組んだ。また，アプリゲートは第５学年の児童に実践された単元「ボストンウエストエンド」の実践を対象として，ロールプレイ活動における教師と児童の行動に関する概念や命題の生成に取り組んだ。さらに，シーフは，第４学年の児童を対象に実践された単元「インド」と第５学年の児童を対象に実践された単元「変化する近所」の実践を対象に，社会的・倫理的な論争問題の明確化についての思考を教えることに関する概念や命題の生成に取り組んだ。

このように，彼らの研究は，実践の事実から概念や命題といった理論生成をめざす点で共通している。また，その際には当時の研究で主流であった実験的・量的な方法論に批判的な眼差しを向け，質的な（自然主義的な）方法論を採用している。例えば，ソロモンは方法論の採用理由として以下の２点を挙げている。

（1）教室の複雑さを理解するためには自然主義的な研究が必要であるが，これらはまだ十分に理解されていない。
（2）教師が自身の授業をより正確に分析するのに役立つこのような研究は，教師に実践的な（practical）価値を提供する。

彼らが質的な方法論を採用した背景の1つには，教室の複雑さの看過という当時の授業実践研究への課題意識がある。質的な研究方法論の導入にあたっては，当時最新の成果であったグラウンデッド・セオリー・アプローチなどの，社会学や文化人類学，またこれらを導入した教育学等の研究成果を参照している。

彼らによる理論生成の一例をあげると，ソロモンは以下のように，「ジレンマの拒否」と名付けられた概念を生成している。

ジレンマの拒否—そのような選択をする必要がないと主張することにより，2つの肯定的，または否定的な価値をもつ目標や結果の間で強制的な選択を行わないようにする児童の試み。

この概念は，「個人主義 vs. 適合性」の倫理的ジレンマへの選択を迫られた架空の人物セミョンについて検討する（セミョンは彼が所属する集団である「リンク」への貢献のために生きがいである執筆活動を放棄すべきか？　リンクへの義務を果たせない執筆活動を続けるべきか？）授業場面で，以下のように「彼は両方行うべきだ」という児童の発言があったことの分析から生成されている。

C（James S.）	：彼（セミョン）は最初に学校の仕事をし，それを終えて演劇に取り組むべきです。
T（Phillips）	：さて，彼（セミョン）が何をすべきだと思いますか？　リンクが彼に望むことですか？　それとも彼自身がしたいことですか？
児童ら	：彼は両方行うべきだ。
C（Mary）	：彼は，両方を行うことができます。なぜなら，平日の夜に…その時は学校に行かなければならず，その夜に宿題を行う必要がありますが，週末は演劇の脚本執筆に取り組むことができます。

そして,「ジレンマの拒否」の要因についても分析を進め,①児童は「認知的不協和」を避ける傾向にあること,②テキスト教材が目標を達成するために必要な洞察を児童に与えていないことの２つを導いている。

ソロモンらは,質的研究の方法論の導入によって,実践における教室の複雑さを考慮した「生きた子どもの姿」に依拠した理論を生成するとともに,カリキュラム改訂への示唆を導いている。すなわち,これが,ソロモン,アプリゲート,シーフによる授業研究における「子どもの心理」である。

⑶ワシントンプロジェクトにおける「教材の論理」と「子どもの心理」の両立の可能性

バーラックは,1971年に全米教育学会（AERA）における「参与観察とカリキュラム」と題されたシンポジウムに登壇し,ハーバード社会科プロジェクトやワシントンプロジェクトについて以下のように述べている。

> …（中略）…教材を改訂するためには,教材の特定の構成要素を使用した場合の具体的な先行要因や結果について適切な推測ができるように,教室でのプロセスの十分な詳細な記述が必要である。ハーバード・プロジェクトでは,かなり複雑な系統的観察システムを開発したが,そのシステムによって要約された情報は,特定のストーリーや一連の教授法を変更したり放棄したりするのに必要な種類のフィードバックを提供するものでなかった。今にして思えば,自然主義的な観察があれば,私たちが必要とするタイプの分析のためのデータを提供しただろうと確信している。ワシントン大学のカリキュラム・プロジェクトでは,教室で起こる出来事の流れの自然主義的な記述に基づいて,児童あるいは教師が意図した教材の具体的な変更点を特定しようとした。…（中略）…シーフ,アプリゲート,ソロモンによる研究は,自然主義的なデータの収集と分析を徹底的で体系的に行った取り組みの一例である。彼らの研究は,主として形成的な評価研究として考えられているわけではないが,カリキュラム改訂のための自然主義的なデータの収集の有用性を例証している。

ここから,「教材の論理」と「子どもの心理」の両面から日本において高く評価されているハーバード社会科も，実践からのフィードバックに基づくカリキュラム改訂の点では限界性をもっていたことが指摘できる。そして，このようなハーバード社会科の課題の克服をめざしたのが，ワシントンプロジェクトであり，それはシーフ，アプリゲート，ソロモンによる質的研究によって成し得ることが語られている。すなわち，ワシントンプロジェクトは，実践からのフィードバックを反映したカリキュラム改訂をめざそうとしたバーラックの研究意識と，教室の状況の複雑さの看過等の当時の授業実践研究の課題意識の結節点として成立し，質的研究の導入により実践レベルでの“より”「子どもの心理」に即して，「教材の論理」との両立を模索したプロジェクトであったと評価できる。しかしながら，ワシントンプロジェクトでは，シーフ，アプリゲート，ソロモンによる質的研究の成果をカリキュラム改訂に十分に反映させることはできなかったようである。ソロモンは，自身の研究について以下のように述べている。ここから，その一因として出版への時間的制約が指摘できるが，これは質的研究の先駆性故である。

> 当時の私の仕事は，フィールドノートを収集し，フィールドノートに基づいてナラティブを記述し，そして，ナラティブの中で観察され記述された出来事を説明するのに役立つ概念と仮説を開発することだった。その時は，これから行う観察が２年以上かけて分析することになるデータを提供するとは，思ってもみませんでした。…（中略）…この仕事にこれほどまでに長い時間がかかった理由の一つは，教室での参加者の調査方法に関するきまりがほとんどないためだった。

（渡邊　大貴）

参考文献

・小田泰司「ハーバード社会科の成立過程－フェスティンガーの不協和理論に基づく議論方法の開発－」社会系教科教育学会『社会系教科教育学研究』第15号，2003年，pp. 63-73。
・木村博一「『教材の論理』と『子どもの心理』の結合に向けて－社会研究としての社会科授業の構想－」広島大学附属小学校学校教育研究会『学校教育』第948号，

1996年，pp. 18-23。

・木村博一「吹上小学校（和歌山市）の『東和歌山付近の町の発展』の実践－知的探求としての問題解決学習－」平田嘉三・初期社会科実践史研究会『初期社会科実践史研究』1986年，pp. 363-381。

・D.W. オリバー ＆ J.P. シェーバー（渡部竜也 ほか訳）『ハーバード法理学アプローチ－高校生に論争問題を教える』東信堂，2019年。

・渡邊大貴「授業実践研究の視点からの新社会科期の再評価－Elliott Seif による質的研究方法論の導入－」全国社会科教育学会『社会科研究』第96号，2022年，pp. 25-36。

・Fred Risinger, & Radz Michael, "*Social Studies Projects Tour: An Informal Report.*", 1971.

・Harold Berlak, Naturalistic Observation as a Research Instrument in Curriculum Development, Presented as part of a symposium "Participant Observation and Curriculum: Research and Evaluation", AERA, New York, February, 1971.

・Harold Berlak, & Timothy R. Tomlinson, "*The Development of a Model for the Metropolitan St. Louis Social Studies Center*", 1967.

・Warren Howard Solomon, Participant Observation and Lesson Plan Analysis: Implications for Curriculum and Instructional Research, Presented as part of a symposium "Participant Observation and Curriculum: Research and Evaluation", AERA, New York, February, 1971.

・Warren Howard Solomon, "*Toward the Development of a Theory of Teaching: A Participant Observation's Study of the Experimental Trial of Lessons from a Social Studies Curriculum Project*", Unpublished doctoral dissertation, Washington University in St. Louis, 1971.

第４節　社会研究としての社会科授業の理論的背景
―子どもの心理と教育内容の論理の結合に至る歴史的経緯―

1　社会研究としての社会科授業に関する基礎的研究

社会研究としての社会科授業という構想は，社会科が創設された当初からあった[(1)]。その後，民間教育団体を中心に研究が進められてきた。しかし，社会科教育学として本格的な研究水準に到達しなかった。社会研究としての社会科授業に関する基礎的研究といえるのが，伊東亮三の1978年の論文「社会科と社会科学」である[(2)]。伊東は，次のように記している。

> 社会研究科のねらい（目標）は，過去および現在の社会研究を通じて知的な思考力をもつ社会人となる基礎を養うことである。研究対象（内容）は，子どもたちの人間関係やその問題，日本および世界で恒常的に生じる政治，経済，社会的問題，日本および世界の歴史と地理などである。その研究方法としては，社会を研究対象とする諸学が使用する概念，理論，方法がその主要な補助的役割をはたすだろう。[(3)]

「社会研究科」自体は，伊東以外の論者も主張していた。伊東のユニークな点は「子どもは，社会科において，社会を研究するのであって，社会科学を研究するのではないことに留意したい」[(4)]と述べ，「歴史学者は歴史を研究するのであって，歴史学の成果を研究するわけではない。社会科において，子どもは社会科学を研究するのではなく，社会を科学的に研究するのである」[(5)]と付記したところである。この点，森分孝治が同じ1978年に出版された『社会科授業構成の理論と方法』において，次のように述べているのと対照的である。

> 社会科の授業が「社会的事象・出来事を科学的に説明できるようにさせる」ことをねらいとするならば，それは社会科学研究の過程として構成されねばならない。社会的事象・出来事を科学的に説明・予測できるのは社会科学者であり，社会科で育成がねらいとされる人間像は社会科学者である。科学的な法則，理論を科学的方法にもとづいて学習させるということは，子どもに社会科学者が行なっていることを追体験させることを意味している。(6)

そのうえで，森分は「社会科の授業は，子どもが自分の社会科学をつくりあげていく過程として組織されるべきであろう」(7)と述べている。つまり，社会科を「社会研究科」ではなく「社会科学科」とみなしている。森分の論に対抗するためか，伊東は「社会科教育とは，『子どもがする社会研究科』だと定義して論を進めよう。〔中略〕『子どもがする』ととくにことわっているのは，社会や学問の世界から社会科教育に対する要求がひじょうに強くて，学習するのは子どもであることを忘れたような社会科教育論にたびたび出会うからである」(8)と記している。伊東のもつ問題意識が読み取れる。

では，伊東が「子どもがする社会研究科」を提唱するに至った経緯は何か。伊東によると，1960年代の社会科教育論は日高六郎が提唱する「科学教育としての社会科」，梅根悟が提唱する「子ども向きの社会科学」に二分されていた(9)。伊東は両者の社会科教育論を比較し，次のように述べている。

> 前者〔＝日高の論〕が，社会科学の概念，法則などを教えることに中心のねらいがあるのに対し，後者〔＝梅根の論〕は知性的な市民の教育を直接に目的としている。前者では，社会科学の成果としての知識が教科内容であり，その学習が教科そのものの目標であると考えるのに対し，後者では社会科学の学習が手段的意味をもっている。したがって後者を子ども向きの社会科学というのは妥当でなく，前者こそ子ども向きの社会科学の典型だと言うことができよう。(10)

伊東は1960年代に行われた議論を「社会科の本質を決定する重要な問題」としながらも，「社会科と社会科学とのかかわり方はまことに複雑である」と述べている(11)。そのうえで，伊東は次のように記している。

社会科と社会科学との関係をめぐる対立や論争を，筆者は「子どもがする社会研究」という概念でとらえなおしたいと考えている。子どもがする社会研究では，先人の社会研究の成果と方法（それを社会科学と呼ぶ人もある）が主要な補助的手段として利用されるのは当然である。しかしそれはどこまでも手段であって目的ではない。〔中略〕子どもがする社会研究と成人がする社会研究，専門家がする社会研究とを連続的に考えることが必要である。[12]

上記の引用文から，伊東は社会科学を手段とみなして「子ども→成人→専門家」という体系を提案したと読み取れる。このように，伊東の論文は社会科教育学としての研究の端緒を開いた点で意義があった。しかし，伊東は「子どもがする社会研究」の具体を示しておらず，課題が残された。

2　社会研究としての社会科授業に関する発展的研究

伊東の研究成果をふまえ，社会研究としての社会科授業に関する発展的研究を行ったのが木村博一である。木村は1995年に論文「社会研究としての社会科授業をめざして」を発表した[13]。その契機として，木村が理論的指導者として携わっている岡崎社会科授業研究サークル〔以下，岡崎サークルと略記〕の存在が挙げられる。木村の論文が収録されているのは，『農業を学ぶ授業を創る』と題した岡崎サークルとの共著だからである。

愛知県岡崎市にある岡崎サークルは，社会科の初志をつらぬく会〔以下，初志の会と略記〕の影響を受けながらも，違った路線を歩んでいる。初志の会は，注入主義や徳目主義を否定し，一人ひとりの子どもに寄り添った社会科授業を信条に掲げる民間教育団体である。岡崎サークルも初志の会も，ともに授業論としては問題解決学習に立脚している。岡崎サークルのユニークな点は，初志の会の提唱する授業論を乗り越えようとしたところである。木村は，初志の会の授業論について次のように記している。

子どもが子どもなりに思考すること，いいかえれば子どもが子どもなりに探究して問題解決学習の結論を導くことを最も重視する。したがって，ある単元を展開している際に，教師が到達目標として設定した知識を子どもたちに教えることは否定される〔中略〕この場合のキーワードは，「子どもなりの探究」である。ところが，子どもなりの探究だけを重視した授業展開は，一つ間違えると，子どもの興味・関心や問題意識の範囲内をはい回ることになりかねない。[14]

そのうえで，木村は「まず教師が社会を科学的に研究しなければならない。教師が社会を科学的に研究して，自らの社会を見る眼を成長させない限り，どんなに子どもたちの問題意識や思考の流れに沿った授業をしたとしても，子どもたちの社会を見る眼を十分に育てることはできない」[15]と述べている。このように，子どもを中心に「はい回ること」から脱却し，教師が「社会を見る眼を十分に育てること」をめざしている点で初志の会の立場と異なる。

では，岡崎サークルがめざす社会研究としての社会科授業の意義は何か。木村は，次のように記している。

私たちは，様々な事例を取り上げることによって，子どもたちの考えをゆさぶり，子どもたちが自分なりの考えを批判しながら修正していくことができるように授業を展開した。その際に，最も留意したことは，私たちの言うところの「後進的な農家」の事例学習の後に「先進的な農家」の事例学習を位置づけたことである。〔中略〕このような授業展開によって，子どもたちは，日本の農業が抱える構造的な問題点を理解した上で，それらの問題点を解決する糸口の認識へと到達することができたのである。[16]

紙幅の都合で紹介できないものの，『農業を学ぶ授業を創る』には小学校から中学校までの社会科の実践記録が詳しく掲載されている。木村の論文は，「子どもがする社会研究」の具体を示した点で意義がある。

3　社会研究としての社会科授業に関する先駆的研究

ところで，初志の会の授業論に対する批判は，木村より前に森分が前掲の著作で行っていた。その意味で，社会研究としての社会科授業に関する先駆的研究と位置づけることができる。

では，森分はどのような社会科観をもち，どのような授業論を提唱したのか。森分は同書の「まえがき」で，次のように記している。

> 本書で提唱する「探求としての社会科の授業構成」は，いくつかの論点をもっている。その第一は，社会科の授業を願望や信念からみるのでなく，論理実証的にみてゆくべきであるというものである。〔中略〕第二は，社会科は，人間形成ということでもっと引き下がるべきであるということである。〔中略〕第三は，客観的に根拠づけられる，子どもにとってより意義のある社会科授業を構成する原理は，「科学的知識を科学的探求の論理にもとづいて習得させる」というものである。(17)

森分によると，「探求としての社会科の授業構成」では「授業の成否を決定する第一の要因は教育内容である」という認識のもと，「何をどういう順序で教えるのか」を問題とする(18)。それゆえ，森分は次のように記している。

> 社会科の授業は，社会を認識することを目的とし，社会を認識させる過程として構成される。社会科の授業は，社会をどう認識させるかということに関する考えなくしてはなされない。〔中略〕しかし，授業は，唯，社会を認識させるのではなく，「科学的」に認識させることをねらいとし，「科学的」に認識させていく過程として構成される。(19)

森分のユニークな点は，「科学的」という修飾語を繰り返しもちいたところである。森分がこのような授業論を展開した背景には，初志の会へのアンチテーゼがある。森分は，初志の会の授業論について次のように記している。

> 子どもに形成される認識を開くという点において徹底しているが，反面，認識の科学性という点からは問題があるとしなければならない。思考体制の発達をねらいとするとき，体制の核心にある価値的なものの変容・発達が教師の指導の要となり，知的なものの習得は，いわばその手段となっていくことになる。(20)

そのうえで，森分は「科学的な知識や方法の習得よりも，知識の習得による価値的なものの開かれた変容・発達をこそ求めているとみることができる」(21)とし，「社会科学的概念や法則の系統的習得を軽視し，子どもの思考を狭い具体的な世界におしこめていっている」[22]と述べている。「社会科は理解，知的なもの，事実認識，理論の教育にのみかかわるものであると明確に規定してゆくべきである」[23]と記しているように，森分は「科学的知識を科学的探求の論理にもとづいて習得させる」授業論を提唱した。

4　子どもの心理と教育内容の論理を結びつけた社会科授業の模索

先に挙げた木村の論文は，森分の提唱した授業論に触れていない。よって，1995年時点の授業論は理論面で不十分だったという見方もできる。そのためか，木村は1996年に「『教材の論理』と『子どもの心理』の結合に向けて」という論文を発表している[24]。「21世紀の社会科授業を展望する」という雑誌の特集テーマの一環として執筆されたものである[25]。そこで木村は，社会研究としての社会科授業に代わり，子どもの心理と教育内容（教材）の論理を結びつけた社会科授業を提案した。

木村はまず，森分の提唱する授業論を「教材の論理を中心とした社会科授業」と位置づけ，次のように記している。

> それまでは名人芸と言われてきた授業づくりの秘訣が，一般の教師や学生にも理解しやすくなったのだから，その意義は大きい。／しかし，問題点がないわけではない。その第一にあげることができるのは，「教材の論理」に終始しているということである。《この教材では，これらの科学的知識を修得させるために，このような論理的道筋で考えさせればよい》という「教材の論理」だけで授業が構想されてしまいかねないということである。[26]

そのうえで，木村は「『考える』社会科授業の内容構成（教材構成）の理論と方法を明らかにした意義については，これを高く評価することができる」とし，それだけに依拠して「《すずめの学校》のように生きた子どもの姿を無視した教師の姿勢は批判されなければならない」と述べている[27]。

一方，木村は初志の会の提唱する授業論を「子どもの論理を中心とした社会科授業」と位置づけ，次のように記している。

> 藤井氏〔＝初志の会の理論的指導者の一人〕は，到達目標としての科学的知識を教師が設定して，それに導くように指導することを痛烈に批判している。教師の脳裏に描かれた到達目標としての知識に近づけるのではなく，あくまでも子どもが子どもなりに考えを深めていくように指導するのが社会科授業の本来の姿であるというのが，藤井氏の，ひいては社会科の初志をつらぬく会の主張である。[(28)]

そのうえで，木村は「内容構成（教材構成）の論理をもたない代わりに，一人ひとりの思考を尊重した社会科授業展開のあり方を我々に示している」としながらも，「《めだかの学校》のように指導者としての教師の役割を否定する姿勢も問題である」と述べている[(29)]。

以上の検討をふまえ，木村は「双方の長所を組み合わせた授業を構成することは十分に可能であるという結論を引き出すことができる」[(30)]と記している。しかし，木村は子どもの心理と教育内容の論理を結びつけた社会科授業の具体を示していない。あくまで，模索の段階であったといえる。

5　子どもの心理と教育内容の論理を結びつけた社会科授業の構築

木村が愛知教育大学から広島大学に転任したことを契機に，広島社会科サークルと教職人の会が結成された。各サークルの参加者は，こだわりをもって子どもの心理と教育内容の論理を結びつけた社会科授業を構築していった。その具体は，本書に示されている。理論については第Ⅱ章，実践については第Ⅲ～Ⅴ章をそれぞれご参照いただければ，幸いである。

（大野木　俊文）

註

（1）たとえば，最初の社会科学習指導要領の作成に携わった勝田守一は「社会科は社会研究として，客観的・実証的な社会科学の発展にともない社会諸科学を媒介とする市民形成の教育として，はじめて真の意味をもつ」と述べている。勝田守一「社会科教育」海後宗臣他『新教育事典』平凡社，1949年，p. 235。

（2）伊東亮三「社会科と社会科学」社会認識教育研究会『社会認識教育の探求－社会

科教育学の展開―』第一学習社，1978年，pp. 22-41。
(3)同上論文，p. 23。
(4)同上。
(5)同上論文，p. 41。
(6)森分孝治『社会科授業構成の理論と方法』明治図書，1978年，p. 120。
(7)同上。
(8)前掲論文(3)，p. 22。
(9)同上論文，pp. 27-34。
(10)同上論文，p. 32〔　〕内引用者。
(11)同上論文，p. 40。
(12)同上。
(13)木村博一「社会研究としての社会科授業をめざして―本書のねらいと今後の課題―」木村博一・岡崎社会科授業研究サークル『農業を学ぶ授業を創る』黎明書房，1995年，pp. 209-220。
(14)同上論文，p. 213。
(15)同上論文，p. 215。
(16)同上論文，p. 218。
(17)前掲書(6)，pp. 1-2。
(18)同上書，p. 37。
(19)同上書，p. 40。
(20)同上書，p. 62。
(21)同上書，p. 63。
(22)同上書，p. 77。
(23)同上書，p. 82。
(24)木村博一「『教材の論理』と『子どもの心理』の結合に向けて―社会研究としての社会科授業の構想―」『学校教育』第948号，1996年，pp. 18-23。
(25)雑誌『学校教育』は，広島大学附属小学校の定期刊行物である。
(26)同上論文，p. 20。
(27)同上論文，p. 22。
(28)同上論文，p. 21〔　〕内引用者。
(29)同上論文，p. 22。
(30)同上。

第Ⅱ章　子どもの心理と教育内容の論理を結びつけた授業方略

第１節　科学技術社会論の成果を踏まえた小学校社会科授業

－トランス・サイエンスな問題に向き合う市民の育成を目指して－

1　トランス・サイエンスな問題が溢れる現代社会

スマートフォンやノートパソコン，自動車，冷蔵庫，テレビ等，我々は日常生活のあらゆる場面で科学・技術の恩恵を享受している。また，ダムや高速道路，鉄道，河川の堤防等の社会インフラは我々の生活を便利にするとともに，我々の生命を守る役割を担っている。しかし，阪神・淡路大震災における高速道路の倒壊や，東日本大震災における福島第一原子力発電所の事故は，科学・技術に「絶対安全」は存在しないことを明らかにした。小林傳司は，米国の核物理学者であるアルヴィン・ワインバーグが，科学と政治の交錯する領域を「トランス・サイエンス」と呼び，それを「科学によって問うことはできるが，科学によって答えることのできない問題群からなる領域」と定式化したことを紹介している(1)。現代社会は，上記の例の他に遺伝子組み換え技術に関する問題や環境問題，AI に関わる問題等，トランス・サイエンスな問題が溢れている。このようなトランス・サイエンスな問題が溢れる現代社会，そして未来社会を生きていく子どもたちにどのような力を育成することが求められているのだろうか。

2　科学技術社会論の成果を踏まえた小学校社会科授業

⑴科学技術社会論に関する基礎的考察

科学技術社会論（以下，STS）は，科学・技術と社会の関わりについて，主に社会学，政治学，経済学，歴史学，倫理学，哲学，教育学など人文科学の観点から学際的に研究する学問である。科学・技術はいかに生み出され社

表Ⅱ-1-1 「科学の変容」の4概念

基本概念	内　容
科学の生活化	企業は専門家や行政とつながりを持ちながら製品の開発を行う。市民は企業，専門家，行政によって生み出されたモノに囲まれて生活することとなる。多くのモノに恩恵を受けて生活する一方で，モノとの間でトランス・サイエンスな問題を生じることがある。
科学の技術化	科学が技術に接近し，企業，政府，専門家が一体となって短期間で開発／政策を推進しようとする。その結果，開発されたものや進められた政策によりトランス・サイエンスな問題が生じる。
科学の商業化	本来，別のものであった科学と技術が接近し，社会に役立つものを生み出すことに価値を求めるようになる。そして，専門家，企業，市民が一体となり社会全体で経済的利益を追求する。その結果，開発されたものや進められた政策によりトランス・サイエンスな問題が生じる。
科学の制度化	政府，企業，専門家が一体となり国家が目指す社会像を追求する。そして，巨額の研究費等を通じて国家が科学をコントロールするようになる。その結果，進められた政策によりトランス・サイエンスな問題が生じる。

（筆者作成）

会の中で使用されるのか。その結果，社会にどのような影響が生起するのか。反対に，社会の側の様々な力，例えば，政治や経済の力は科学・技術に対していかに影響を及ぼすのか。それらの影響により生じる問題はいかに解決することができるのか，を研究する(2)。

(2) STSの成果を踏まえた小学校社会科授業の内容

STSを踏まえた小学校社会科授業においては，トランス・サイエンスな問題が学習内容となる。そして，トランス・サイエンスな問題の背景に存在する「科学の変容」の社会構造を子どもたちが認識できるようにする。池内了は，19世紀を通じて自然哲学から科学へと変化し，科学者は「科学のための科学」として純粋な研究に打ち込んでいたが，20世紀を通じてその内実が大きく変化することになったとして，「科学の変容」と表現している。そして「科学の変容」として，「科学の軍事化」，「科学の制度化」，「科学の技術化」,「科学の商業化」の4つを示している[3]。本稿では,「科学の軍事化」を「科学の制度化」の1つの在り様と捉え,双方を1つにして「科学の制度化」と表現する。また,科学が生活のあらゆる面に入り込み,科学が人々の生活をコントロールするようになることを「科学の生活化」と位置付けることとする。

(3) STSの成果を踏まえた小学校社会科授業の方法

学習方法については,単元の目標や用いる教材,子どもの発達段階を考慮しながら説明や理解,意思決定,議論などの方法原理を柔軟に取り入れることで単元を構成する。トランス・サイエンスな問題に向き合うためには,社会事象を科学的に説明する力や共感的に理解する力,根拠をもって議論する力,意思決定する力など,社会科教育学で提唱されてきた方法原理で育成される力の全てが求められる。また,柔軟に方法原理を使い分けることは,多様な形でトランス・サイエンスな問題に向き合う市民の育成につながる。

3　STSの成果を踏まえた小学校社会科授業への新たな視点

(1)「学びのつながり」を意識した単元構成

近年,初等段階,中等段階それぞれにおいてトランス・サイエンスな問題を取り上げた授業開発が進んでいる。しかし,開発された授業実践の多くはその単元において学習者の学びをいかに深めるかに焦点化されており,単元相互の関係については十分に検討されているとは言えない。そこで,本稿では「学びのつながり」を大切にした単元構成について提案する。トランス・サイエンスな問題は,特定の学問的知識だけでは解決が困難な問題である。学習者が様々な視点から問題を捉え,よりよい解決策を吟味していくことができるよう単元を構成していくことが大切である。初等段階で「学びのつながり」を意識して問題に向き合う力を育成することは,近年,高等教育や社会全体において重要性が指摘されている統合知や総合知の基盤となる[4]。

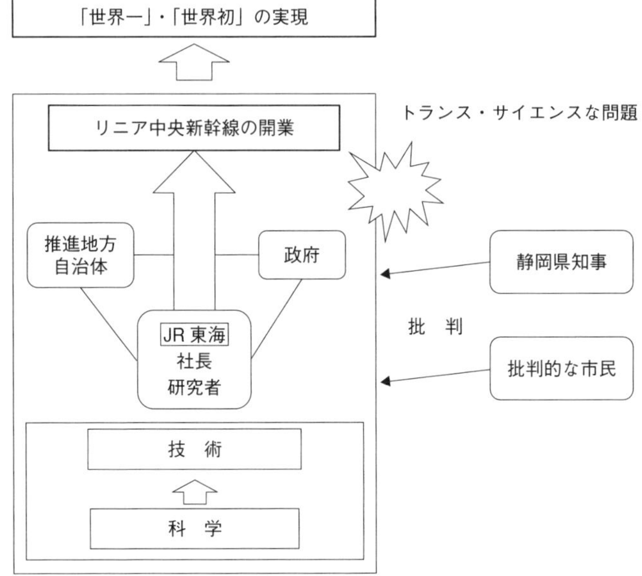

図Ⅱ-1-1　リニア中央新幹線計画における「科学の技術化」の社会構造

（筆者作成）

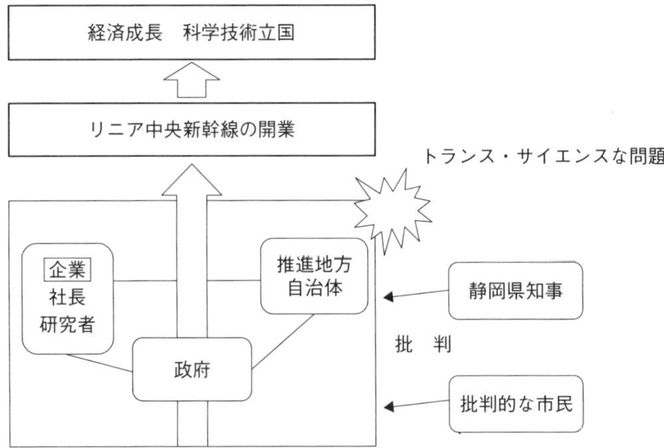

図Ⅱ-1-2　リニア中央新幹線計画における「科学の制度化」の社会構造

（筆者作成）

⑵複数の「科学の変容」の社会構造の認識を意図した単元構成

トランス・サイエンスな問題の背景には「科学の変容」が存在する。先行研究では，学習者がトランス・サイエンスな問題の背景にある1つの「科学の変容」の社会構造を認識できるよう単元構成がなされてきた。しかし，トランス・サイエンスな問題の背景に存在する「科学の変容」は1つとは限らない。例えば，日本で原子力発電所建設が推進された背景には国家主導で原子力政策が進められたという「科学の制度化」の側面や，企業が経済的利益を追求し，安価で安定的な電力を求めたという「科学の商業化」の側面が存在する。複数の「科学の変容」を段階的に取り上げることで，小学生でもトランス・サイエンスな問題の背景に存在する複雑な社会構造を捉えられる。

4　第5学年単元「リニア中央新幹線と私たち」の開発

⑴第5学年単元「リニア中央新幹線と私たち」の教育内容

リニア中央新幹線を中核教材として取り上げる理由は，次の3点である。

第1は，学習者が「科学の技術化」や「科学の制度化」など複数の「科学の変容」を捉えられることである。企業や専門家がリニア中央新幹線建設を進める背景には，世界一・世界初の乗り物を作り上げたいという企業や専門家の精神構造が存在する。これは，「科学の技術化」の社会構造（図Ⅱ-1-1）を表している。また，政治家がリニア中央新幹線建設を進める背景には，三大都市圏を高速かつ安定的に結び，経済効果を生むとともに，科学技術立国日本を世界に示したいという政治家の思惑や政策がある。これは，「科学の制度化」の社会構造（図Ⅱ-1-2）を表している。

第2は，第5学年での学びを総合してトランス・サイエンスな問題を認識し，問題の解決方法について考えられることである。リニア中央新幹線をめぐっては様々な問題が指摘されている。①リニア中央新幹線建設に伴い，静岡県民の生活と産業を支えている大井川の水源を破壊する恐れがある。②巨大地震が生じた場合，全列車が緊急停止して全乗客が避難する際にトラブルが発生し，多くの死傷者が生じる可能性がある。③リニア中央新幹線の消費電力は，新幹線の４～５倍であり原子力発電所の再稼働または増設が必要となる，等がある。つまり，リニア中央新幹線に関わる問題は，第５学年の学習内容である環境問題学習や，国土学習，自然災害に関する学習，エネルギー問題学習などと深く結びついている。第５学年の最後に本単元を位置付けることを通して，学習者が第５学年での学びを総合してトランス・サイエンスな問題を認識し，問題の解決方法について考えられるようにする。

⑵第５学年単元「リニア中央新幹線と私たち」の展開

単元の目標

・多くの問題があるのにも関わらず，JR 東海や政治家がリニア中央新幹線建設を進める理由を考えることを通して，①世界一・世界初の乗り物を作り上げたいという企業や研究者の精神構造の存在や，②三大都市圏を高速かつ安定的に結び，経済効果を生むとともに，科学技術立国日本を世界に示したいという政治家の思惑や政策があることを理解する。（知識及び技能）
・リニア中央新幹線に関わる問題を理解し，日本の国土や，将来の人口予測などをもとに，将来の日本社会に必要な鉄道の姿について考える。
（思考力，判断力，表現力等）
・リニア中央新幹線に関する問題に興味をもち，既習内容とのつながりを踏まえ，問題の背景にある「科学の変容」の社会構造について進んで調べようとする。
（学びに向かう力，人間性等）

学習指導計画

次	時	学習問題	本時の目標　【　】は関連する既習事項
1	1	日本の鉄道はどのように変化してきたのだろうか？	蒸気機関車→電車→新幹線と変化する中で，日本の鉄道は「より速く」，「より快適に」を目指してきたことを理解する。
2	2	東海道新幹線があるのに，なぜ，JR 東海は	JR 東海がリニア新幹線の建設を進める理由として，①輸送力の増強，②東海道新幹線の老朽

		リニア中央新幹線を建設するのだろうか？	化と地震対策，③移動時間の短縮，の3点があることを理解する。
	3	なぜ，静岡県知事はリニア中央新幹線建設に反対しているのだろうか？	リニア新幹線建設に伴い，静岡県民の生活と産業を支えている大井川の水源を破壊する恐れがあることを理解する。【環境問題学習】
	4	もし，南海トラフ巨大地震が発生したらリニア中央新幹線はどうなるだろうか？	巨大地震が生じた場合，全列車が緊急停止して全乗客が避難する際にトラブルが発生し，多くの死傷者が生じる可能性があることを理解する。【国土学習】【自然災害に関する学習】
	5	もし，リニア中央新幹線が誕生したらどれくらいの電力が必要だろうか？	リニア新幹線の消費電力は新幹線の4～5倍であり原子力発電所の再稼働や増設が必要であることを理解する。【エネルギー問題学習】
	6	多くの問題があるのに，なぜ，JR 東海はリニア中央新幹線を建設するのだろうか？	JR 東海がリニア新幹線を建設する背景には，世界一・世界初の乗り物を作りたいという企業や研究者の精神構造が存在することを理解する。
	7	多くの問題があるのに，なぜ，政府はリニア中央新幹線の建設を止めないのだろうか？	政府がリニア新幹線を建設する背景には，三大都市圏を高速かつ安定的に結ぶことで経済効果を生むとともに，日本が科学技術立国であることを世界に示したいという政治家の思惑や政策が存在することを理解する。
3	8	これからの日本に必要なのは，どのような鉄道だろうか？	日本の国土や，将来の人口予測等をもとに，将来の日本社会に必要な鉄道の姿を考える。

学習過程（第6時～第7時）

時	教師の働きかけ	資料	○予想される児童の反応 ・児童から引き出したい知識

6	リニア中央新幹線をめぐってどのような問題点が指摘されていますか。	① ② ③	・静岡県民の生活と産業を支えている大井川の水源を破壊する恐れがある。 ・巨大地震が生じた場合，全列車が緊急停止して乗客の避難が困難になる可能性がある。 ・新幹線の４～５倍の電力が必要。
	多くの問題があるのに，なぜ，JR 東海はリニア中央新幹線を建設するのだろうか？（学習問題）		○計画を止めると，これまで使ってきた大金が無駄になってしまうから。 ○技術力を高めれば，問題はクリアできると考えたから。
	リニア中央新幹線の研究者は，計画を進めてほしいと思っているのでしょうか。それとも，計画を止めてほしいと思っているのでしょうか。	④	○自分たちの手で，世界初・世界一のリニア新幹線を完成させたい。 ○大きな事故があると，リニア新幹線計画が中止になってしまうかもしれないので，慎重に計画を進めてほしい。
	研究者（技術者）とは，どのような人物ですか。		○世界一のものを作り上げたい人。 ○世界初にこだわる人。
	JR 東海の社長は，どのように考えているのでしょうか。	⑤	○国家的プロジェクトを成功させたい。 ○環境問題にもしっかりと対応したい。
	企業には，どのような役割が求められているでしょうか。		○地域の人と一緒に考えて行動すること。 ○地域の人々の思いに寄り添うこと。
7	多くの問題があるのに，なぜ，政府はリニア中央新幹線の建設を止めないのだろうか？（学習問題）		○一度，始めた計画を途中で止めることはできないから。 ○リニア中央新幹線を生かしたまちづくりを各地で進めていこうと考えていたから。

	三大都市を速く移動できるようになると，どのようなメリットがあるのでしょうか。	⑥	○気軽に旅行する人が増えるかもしれない。 ○仕事で利用する人が増えるかもしれない。
	なぜ，安倍首相はケネディ駐日大使とリニア新幹線に乗車したのでしょうか。	⑦	○日本の技術力をPRするため。 ○日本のリニア新幹線を外国に売って，もうけるため。
	一度進むと立ち止まることなく進められた事例は，どのようなものがあるでしょうか。	⑧	・八ッ場ダムの建設。 ・使用済み核燃料再処理施設の建設・運転。 ・高速増殖炉の建設・運転。　等
	政府には，どのような役割が求められるでしょうか。		○事前調査を丁寧に行うこと。 ○日本社会全体にとってのメリットとデメリットを把握したうえで，判断すること。

【資料】①資料「静岡県知事の考え」，②資料「地震発生時の避難方法等」，③資料「リニア中央新幹線の消費電力」，④資料「中国のリニア開発」，⑤動画「JR東海社長の考え」，⑥資料「リニア中央新幹線ルート図」，⑦動画「安倍首相・ケネディ駐日大使リニア新幹線乗車」，⑧写真・資料「八ッ場ダム，使用済み核燃料再処理施設，高速増殖炉」

5　今後の展望

本稿では，STSの成果を踏まえた小学校社会科授業への新たな視点として①「学びのつながり」を意識した単元構成，②複数の「科学の変容」の社会構造の認識を意図した単元構成という2点を提案した。これらを踏まえた社会科授業をデザインすることで，学習者が，科学・技術と社会の関係を多面的・多角的に捉え，よりよい社会の在り方について吟味していくことにつながると考えられる。STSの成果を踏まえた授業開発を継続していくとともに，生活科や総合的な学習の時間との連携の在り方について考えていくことも今後の課題である。

（吉川　修史）

註

(1)小林傳司『トランス・サイエンスの時代─科学技術と社会をつなぐ』NTT 出版，2007年，p. 123。

(2)平川秀幸『科学は誰のものか─社会の側から問い直す』NHK 出版，2010年，pp. 17-18。

(3)池内了『科学・技術と現代社会（上)』みすず書房，2014年，pp. 296-299。

(4)山脇直司『教養教育と統合知』東京大学出版会，2018年。瀬名秀明・渡辺政隆・押谷仁・小坂健ほか『知の統合は可能か─パンデミックに突きつけられた問い』時事通信社，2023年。

参考文献

・橋山禮治郎『リニア新幹線─巨大プロジェクトの「真実」』集英社，2014年。

・石橋克彦『リニア新幹線と南海トラフ巨大地震─「超広域大震災」にどう備えるか』集英社，2021年。

・吉川修史「科学技術社会論の成果を踏まえた小学校社会科授業の開発研究─トランス・サイエンスな問題を取り上げる防災単元の教育的意義─」全国社会科教育学会『社会科研究』第85号，2016年，pp. 37-48。

・木村博一「21世紀の総合学習」臭住忠久・深草正博『21世紀地球市民の育成』黎明書房，2001年，pp. 150-160。

・信濃毎日新聞社編集局『土の声を─「国策民営」リニアの現場から』岩波書店，2023年。

・山本義隆『リニア中央新幹線をめぐって─原発事故とコロナ・パンデミックから見直す』みすず書房，2021年。

第2節　ソーシャルメディア社会における社会科授業構成論

本稿では，今日のソーシャルメディアが影響する社会の概念的枠組みを明らかにした上で，ソーシャルメディア社会の社会科授業構成論について提起する。

1　社会科授業の現代的課題

社会科授業の他教科との学習指導上の本質的な違いは何だろう。誤解を恐れずに言えば，他教科の主たる学ぶべき内容の多くは教科書に依存するが，社会科は教科書ではなく教師が選定した事例も主たる内容として扱うことが可能な点にある。社会科の学習指導要領に示された内容には具体的な事例が示されておらず，その具体化は教科書に任され，教科書には典型的な事例が学習内容として記載されている。しかし，教科書会社によって事例選択が異なるように，絶対的な事例は存在せず，学習者の実態や日々変動する社会的状況などに応じようとすれば，教師は主たる教材を別に準備する必要がある。しかし，多くの時間を割いて教材を用意したり，そのような教材の妥当性が担保できる根拠を示したりすることは難しく，木村博一が「金太郎飴」の授業(1)と指摘したように，結果として，教科書といった共通した学習内容に基づく授業が多くなり，教材開発するより教科書を上手く教えること自体が目的化されるのではないだろうか。

教科書は，あくまでも社会的に構成されたメディアである。松岡靖が教科書メディアの限界性(2)を論じた通り，主たる教材とされる教科書を相対化し，メディアとしての限界性を踏まえた上で授業開発することが必要である。また，学習者の社会認識は，社会科授業だけで育成される訳ではない。日々のメディア経験により社会認識は獲得されたり，修正されたりすることが繰り返されているのである。今日のメディアの状況を踏まえれば，社会的に構築されたメディアの影響について学ばなければ，無批判に多様なメディアからの情報を受けとめ，疑問もなくそれらの情報を活用するだけの子どもが育成されることが危惧される。

そこで，本稿では，今日の多様なメディアの中でも，社会的影響が顕著なソーシャルメディア（Social media）に焦点づけ，ソーシャルメディアが存在する社会の構造を批判的に追究する授業構成について検討する。

2　ソーシャルメディアの問題と概念的枠組み

(1)ソーシャルメディアの問題

ソーシャルメディアの出現による「個人化」する情報活用形態の変化は，社会的には「アラブの春」のように人々の連帯を促したり，東日本大震災における情報ツールとしての役割を担ったりして，そのインタラクティブなメディアとしての特性が生かされる場面も多い。しかし，アメリカの大統領選やイギリスのブレグジットなどソーシャルメディアを介することでフェイクニュースが拡散され，人々の投票行動に大きな影響を与えるといった世論形成における問題点も指摘されている(3)。ソーシャルメディアは，その活用の仕方によって，人々の行動の前提となるパーソナルな情報活用による認知的判断に大きな影響を及ぼすメディアであり，それを無批判に享受するだけでなく，ソーシャルメディアからの情報を社会的文脈から批判的に読み解くメディアリテラシーの育成が急務であると言えよう。

これまでソーシャルメディアを対象にしたメディアリテラシー育成に関する社会系教科の授業研究では，斉藤によりユネスコの「メディア情報リテラシー」の市民性育成に着目した「公共」の授業開発内容が示されている(4)。新たな視点である「メディア情報リテラシー」の新教科「公共」への応用を図るといった意味から示唆に富んだ研究ではあるが，ソーシャルメディアの問題の追究が現象面の批判的検討に留まり，ソーシャルメディアの仕組みや構造まで認識対象とされていないために，メディアの何が人々の認知的影響をもたらすのか明らかにされず，表層的な認識と発信に留まるといった課題が指摘できよう。実際，知識はより深い概念として獲得されることが必要とされる。つまり，概念形成を目指す授業では，個別知識を関連づけた体系的な概念（社会構造）として獲得されることが望ましい[(5)]。では，ソーシャルメディア社会の構造とは何か，次に明らかにしたい。

(2)ソーシャルメディア社会の概念的枠組み

松岡は，メディア社会について，情報通信技術の発達による「拡張」とメディアによるコミュニケーション活動の「影響」によって構築された社会であるとした[(6)]。ソーシャルメディア等の多様なメディア環境が表出し，新たなメディアによる「拡張」に伴う様々な社会変動を生じさせると指摘している。また，新たなメディア環境が，コミュニケーションの主要な要素である「コード（code)」と「コンテクスト（context)」に対して「影響」を与えるとする。発信者が受信者に伝えたい知識は，メディアに媒介されるときに何らかの記号（例えば，文字や音声）に変換され，メディアを経て，受信者において記号は解読される。このような記号の規約や解読するルールや規約（コード）を知らなければ，コミュニケーションは成立しないことになる。また，いくらコードを知っていてもコミュニケーションが成立しない場合がある。例えば，発信者や受信者が属する文化的状況や文脈が違えば，コミュニケーションがかみ合わない場合も出てくる。このようなコミュニケーションを成立させるための様々な周辺の情報がコンテクストである。つまり，拡張するメディア社会の構造が，依存するコードの多様化とコンテクスト情報の不足を引き起こし，人の情報行動に関して，様々な認知的影響を引き起こすとしている（図Ⅱ-2-1）。

今回，取り上げたソーシャルメディアは，誰もが参加できる広範的な情報発信技術を用いて，社会的相互性を通じて広がっていくように設計されたメ

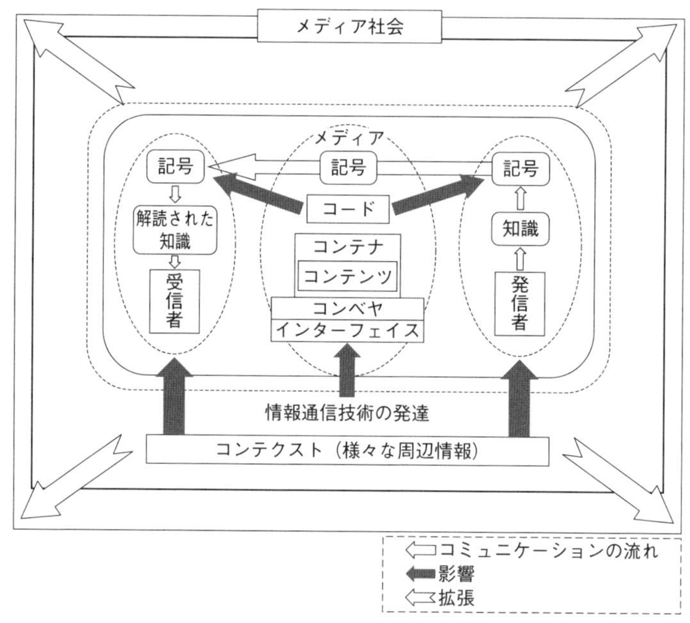

図Ⅱ-2-1　メディア社会の概念的枠組み

（筆者作成[(7)]）

ディアである。パーソナルなコミュニケーションの媒体としての LINE や不特定多数のユーザーからの書き込みによる情報を集積した Wikipedia 等のメディアやパーソナルな意見や写真，作品等を発信する Twitter[(8)]，Instagram，YouTube などが代表的なソーシャルメディアとされる。この内，パーソナルな情報交流から社会的なネットワークの構築を目指すものが SNS（Social Network Service）といったツールであり，スマートフォンなどのパーソナルメディアの普及により，パーソナルな情報が SNS といったツールを通して不特定多数に拡散され，マスメディアと同様に世論形成の機能さえ持ち始めている。その背景には，それまでの発信者と受信者が固定され一方的な流れであった状態から，発信者と受信者が流動化し，誰でもがウェブなどを通して情報を発信できるように技術的に変化（Web2.0[(9)]）したことがあるとされる。個人から個人へ，集団（組織）から個人へ，また，個人から集団（組織）への情報発信がSNSツールを経由し容易になされることで，パーソナルな情報伝達に伴う様々な影響が広がっていくのである。このようなソーシャルメディアの特徴は，大きく3点に分かれる。

第1は，容易に誰でもが受信者から発信者へ移行することを可能にすることである。つまり，発信されたデジタルデータが受信者により再発信（リツイートなど）されたり，加工されたり（引用リツイートなど）する等，「データの拡散」が可能なことである。第2は，自分と似た関心を持つユーザーをフォローしたり，検索エンジンで閲覧したりした結果，発信すると似た意見や考え方が返ってくる（エコチェンバー現象）ことで，「多様な価値観に触れる機会が喪失」されることである(10)。第3は，発信されたパーソナルデータが，集団（組織）に「経済的利用」され，個人に届く情報がパーソナライズされることである。

以上のソーシャルメディアの特徴に基づけば，ソーシャルメディア社会はWeb2.0等の情報通信技術の発達により，メディア環境が「拡張」することで，メディアコミュニケーションにおいて社会的相互作用による認知的影響をもたらす社会として規定できる。また，コードとコンテクストの特徴からその問題性について検討するなら，「データの拡散」に関しては，コードの影響としてフォロワーへの発信，リツイートなどによる拡散に関するリテラシーに依存すること，コンテクストの影響としてデータ元（発信者）に関する周辺情報の不足することで，意図しない情報が拡散されたり，フェイクニュースが拡散されたりする等の問題を引き起こしている。「多様な価値観に触れる機会が喪失」されることに関しては，コードの影響として，検索・発信した内容に基づきSNSや検索エンジンのアルゴリズムに依存すること，コンテクストの影響として，似た意見を表明するフォロワーに関する周辺情報が不足し，似通ってた意見ばかり集めようとすることで，自分の意見と異なる情報は排除され，意見の偏り・間違いを認識できなくなる等の問題を引き起こしている。「経済的に利用」されることに関しては，コードの影響として，「いいね」ボタンや検索エンジンによるアルゴリズムに依存すること，コンテクストの影響として，商品の消費活動を促す企業等の意図といった周辺情報が不足することで，推奨される商品以外の多様な商品を購買する機会などを奪う等の問題を引き起こしている。

3　ソーシャルメディア社会の授業構成

(1)事例選定の視点

ソーシャルメディア社会を対象にした事例は，その特徴とSNSツールの機能面から，大きく3点に分類できる（表Ⅱ-2-1）。

表Ⅱ-2-1　ソーシャルメディアの具体的事例

特徴	SNSツール	具体的事例
「データの拡散」	Twitter等	・「熊本地震によって動物園からライオンが放たれた」等のデマツイート ・「コロナウイルスの影響でトイレットペーパが不足」等のフェイクニュースなど
「多様な価値観に触れる機会の喪失」	Twitter, Instagram, YouTube等	・「アメリカ合衆国の議会乱入事件」に関する陰謀論 ・「ロシアのウクライナ侵攻」に関する虚偽情報 ・「新型コロナウイルスワクチン」に関するフェイクニュースなど
「経済的に利用」	YouTube, LINE等	・ネットショッピング等の購買活動に関する広告 ・SNSで最初に表示されるコンテンツの均質性など

（筆者作成）

「データの拡散」に関しては，ソーシャルメディアの本来の特徴である社会的相互作用によって広がることを前提にすれば，どのSNSツールもデータの拡散を目指していると言える。しかし，その機能面から拡散力が高いのはTwitter等であり，リツイート，リツイートのリツイートなどが繰り返されることで，発信元のデータは拡散され社会問題化する。したがって，

Twitter 等によるデマやフェイクニュースなどの拡散を事例にすることで，ソーシャルメディアの問題構造を追究することが可能となる。「多様な価値観に触れる機会の喪失」に関しては，ユーザー側でフォローしたり検索したりすることで，自分の好む情報に囲まれることで排他的になり，社会問題化する。機能的には，ユーザーのフォロー等の行為によって情報が選別されることから，Twitter，Instagram，YouTube 等の利用で生じた偏向的な社会問題を扱うことで，ソーシャルメディアの問題構造を追究することが可能となる。「経済的に利用」に関しては，ユーザー側の「いいね」やフォロー，検索等の行為がパーソナルデータとして収集され，それに応じた購買促進のための広告，動画等が YouTube 等に表示される。動画等はテクストに比べ情報量が多く，認知的影響も受けやすいとされる。したがって，SNS のレコメンド機能によるパーソナライズされた広告等を扱うことで，いわゆるフィルターバブルの中で経済生活を送ることに関する問題を追究することが可能となる。

(2)授業構成の視点と学習モデル

ソーシャルメディアの問題は，情報通信技術の発達によりメディア環境が拡張することで生じた問題であり，現代に生きる一人一人の対応が望まれる問題である。そこで，授業構成では，ソーシャルメディアが存在する社会の構造を多面的・批判的に追究し，問題構造を特定する「ソーシャルメディア社会の問題構造の批判的認識」を目指す部分と問題を特定した上で，問題の形成要因の改善を図る対案を形成させる「より良いソーシャルメディア社会への対案構築」を目指す部分によって構成することで，責任にある民主社会の形成者としての資質育成を図りたい。

○目標

ソーシャルメディア社会の問題を批判的に追究し，問題構造を多面的・多角的に認識した上で，問題構造の改善を図る対案を構築する。

○学習展開

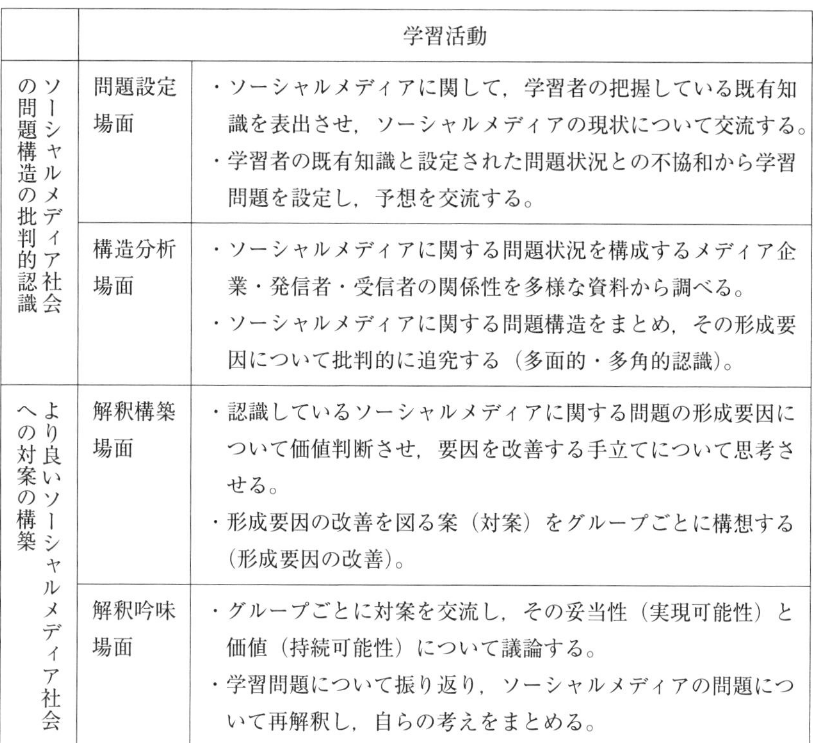

	学習活動	
ソーシャルメディア社会の問題構造の批判的認識	問題設定場面	・ソーシャルメディアに関して，学習者の把握している既有知識を表出させ，ソーシャルメディアの現状について交流する。 ・学習者の既有知識と設定された問題状況との不協和から学習問題を設定し，予想を交流する。
	構造分析場面	・ソーシャルメディアに関する問題状況を構成するメディア企業・発信者・受信者の関係性を多様な資料から調べる。 ・ソーシャルメディアに関する問題構造をまとめ，その形成要因について批判的に追究する（多面的・多角的認識）。
より良いソーシャルメディア社会への対案の構築	解釈構築場面	・認識しているソーシャルメディアに関する問題の形成要因について価値判断させ，要因を改善する手立てについて思考させる。 ・形成要因の改善を図る案（対案）をグループごとに構想する（形成要因の改善）。
	解釈吟味場面	・グループごとに対案を交流し，その妥当性（実現可能性）と価値（持続可能性）について議論する。 ・学習問題について振り返り，ソーシャルメディアの問題について再解釈し，自らの考えをまとめる。

本節では，ソーシャルメディアを対象にメディア社会の概念的枠組みについて検討し，その問題を特定した上，問題の改善を目指すソーシャルメディア社会の授業構成について提起した。実際，現代の子どもたちは，ソーシャルメディアの影響から逃れることはできない。今を生きる子どもにとって価値ある現代的課題を反映した教育内容を示し授業構成を工夫することが，主

体的な学習関与を生み，子どもの心理と教育内容の論理を結び，社会科授業を価値づけることに繋がるのではないかと考える。

（松岡　靖）

註

（1）木村博一『〈思考の流れ＆教材研究にこだわる！〉「わかる」社会科授業をどう創るか―個性のある授業デザイン―』明治図書，2019年，p. 15。

（2）松岡靖「学習指導要領に依存した社会科授業からの改善方略―学習者の「状況」に着目した教科書メディアを相対化する授業改善を通して―」『社会科研究』第84号，2016年，p. 5。

（3）遠藤薫『ソーシャルメディアと〈世論〉形成』東京電機大学出版局，2016年。

（4）斉藤雄次「ソーシャルメディア時代に対応したメディア・リテラシーの育成を目指す公民科授業の開発―ユネスコのメディア情報リテラシー概念における市民性の育成に注目して―」社会系教科教育学会『社会系教科教育学研究』第32号，2020年，pp. 101-110。

（5）文部科学省「教育課程企画特別部会論点整理」，2015年，p. 8。

（6）松岡靖『メディア社会に焦点化した小学校社会科カリキュラム開発研究』風間書房，2015年。

（7）同上 p. 38の図に基づき作成。

（8）Twitter は，2023年7月24日に「X」へ名称変更した。本稿では，これまでのTwitter による影響を対象にしていることから，Twitter のまま表記している。

（9）ティム・オライリーによる概念で，固定化された送受信の関係がウェブサイトを通して流動化すること。

（10）キャス・サンスティーン『インターネットは民主主義の敵か』石川幸憲訳，毎日新聞社，2003年。

第３節　社会科授業で概念の名辞を探究する必要性

―「概念カテゴリー化学習」の意義と将来展望―

1　社会科における学習理論の必要性と実践の科学化が果たす役割

グローバル化や情報化は，私たちが捉える社会範疇を広げ，暮らしに様々な恩恵を与えると同時に，複雑で解決困難な問題を数多く生じさせている。

平成29年版指導要領では，子どもたちが現代社会の問題を解決し未来社会を切り拓けるよう，「資質・能力（コンピテンシー）」重視の学びへの転換が図られた。教科や校種に関係なく，子どもに育む学力や評価の観点を揃えたカリキュラムが示されるとともに，子どもの主体的・対話的で深い学びを実現する授業改善が学校現場に求められている。それを実行するには，子どもの学びを支援する教師の力量・経験が重要となるが，指導要領や社会が求める理想と学校現場の実態はかみ合っていない。特に小学校社会科は，他教科と比べ授業構成・実践での裁量が大きく，社会科を専門に学んでいない教員も多いため，授業改善しづらい現状がある。

ではどうすればよいのだろうか。それを改善する手立ての１つに，社会科教育学の学習理論があろう。中でも実践の科学化によって導き出された理論は，それを含む授業の開発・実践・検証を積み重ねることで，授業改善の一助となる。本稿では概念カテゴリー化学習の学習理論に着目し，子どもの資質・能力を育む上で，「概念の名辞」を探究する必要性について論じる(1)。

第１に，子どもの資質・能力を育む上で，概念の命題でなく名辞を探究する社会科授業の必要性について，学校教育でめざす学力と関連させて述べる。

第２に，概念カテゴリー化学習の学習理論の特長や構造に触れ，学校教育でめざす学力育成や社会科カリキュラム構成との親和性について言及する。

第3に，概念カテゴリー化学習の学習理論を活用・応用した近年の取り組みなどを通して，学習理論の意義や将来の展望について明らかにする。

2　子どもの資質・能力を育むために不可欠な知識・概念の活用

(1)授業で育む子どもの「資質・能力」と学習内容・方法の関係性

「資質・能力」重視の学びへの転換が図られて以降，主体的・対話的で深い学びによる子どもの汎用的な能力を育む授業研究が活発に行われている。しかし，その学びの過程で，子どもなりの推論が尊重され続けるあまり，「知識・理解」が軽視される点が指摘される。「資質・能力」育成が重視される背景には，多様化・複雑化する社会問題がある。持続可能な社会をめざすには，問題解決に向けた新たな価値の創造が不可欠である。

木村博一は，「すでに存在している価値（社会的な法則などの概念的な知識）もまた『新しい価値』を創造しようとする試行錯誤によって生み出されてきた」とし，既存の価値認識を踏まえ思索を重ねる経験や「価値ある知識を生み出してきた方法やプロセス」を学ぶ必要性を主張している[(2)]。実際，授業でわかる・できる経験や子どもなりの納得感・達成感が無ければ，学習意欲は長続きしない。特に小学校では，わかる授業をベースに資質・能力を育むことによって，主体的・対話的で深い学びが可能となり，子どもの価値認識を広げ深めることにつながっていく。

他方，社会認識形成を通して公民的資質を育む教科と言われる社会科は，「資質・能力」の重視によって，社会科でこそ学ぶ必要性のある内容選定が求められる。社会的事象の背景にある本質的内容，つまり社会諸科学の成果に基づく内容に着目し，精選・焦点化していく必要があろう（図Ⅱ-3-1）。また，社会諸科学に関する内容を効果的に育むには方法の観点も必要となる。指導要領では，子どもの主体的・対話的で深い学びを行う手段として「問題（課題）解決的な学習方法」が明記される。これを基盤とした社会科教育学の成果に基づく授業方法の選択，精選・焦点化も必要となろう（図Ⅱ-3-2）。

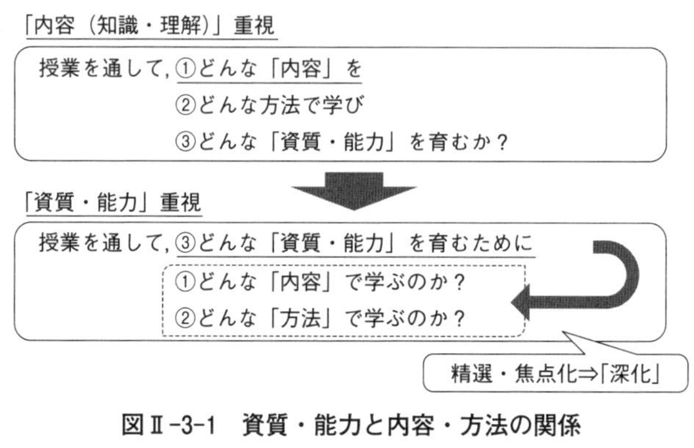

図Ⅱ-3-1　資質・能力と内容・方法の関係

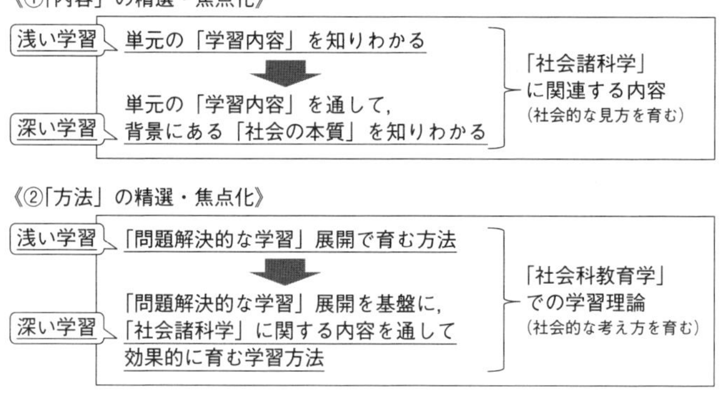

図Ⅱ-3-2　内容・方法の焦点化

このように，子どもの資質・能力を育む主体的・対話的で深い学びを成立させるには，授業の両輪である「子どもの心理」と「教育内容の論理」を結びつけるための，問題解決的に子どもが知り・わかる「教育方法の論理」が必要となる。それに適した学習理論として「概念カテゴリー化学習」がある。

ところで「概念カテゴリー化学習」では，概念的・説明的知識となる「概念の命題」ではなく，それを指し示すカテゴリーとしての「概念の名辞」に着目する。それは一体なぜなのか，概念の名辞について詳しく見ていこう。

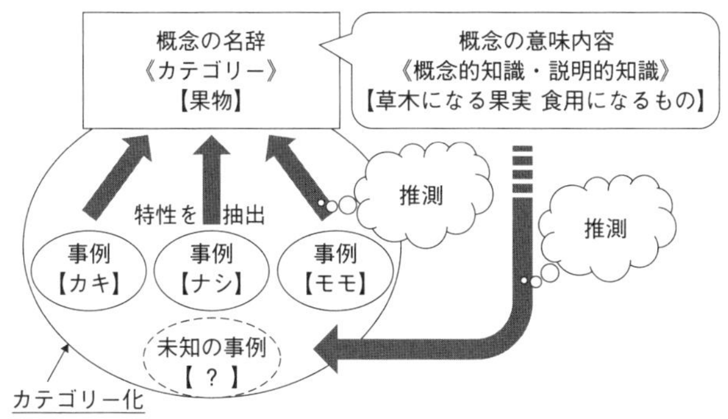

図Ⅱ-3-3　概念構造とカテゴリー化

(2)子どもの社会認識形成における概念の名辞の役割

概念は，概念ごと名前を有し言語で表現され，当てはまる事例とそうでない事例に区別できる性質をもつ。人々は様々な事物に対して概念を形成し利用することで，それらの本質的な特徴を判断する。

また概念は，概念名として表現される「名辞」と，概念を判断するための意味内容として表現される「命題」からなる。命題のうち，事例との比較から抽出され，他と区別可能な本質的な特徴を，定義や概念的知識，理論や科学的知識と呼ぶ（図Ⅱ-3-3)。

このように，概念の名辞と命題は表裏一体な関係性であり，それらを探究する2つの学習も，社会諸科学で導き出された内容に着目しながら，問題解決的な過程を辿る。しかし，概念を導き出す方法は異なる。物事を判断する際，私たちは概念の命題ではなく名辞，つまり認知機能におけるカテゴリーで判断する。概念の名辞と命題では，子どもの社会認識形成において概念の役割に大きな違いがある。ではどんな方法で概念を導き出すのだろうか，学習理論の特長と構造について見ていこう。

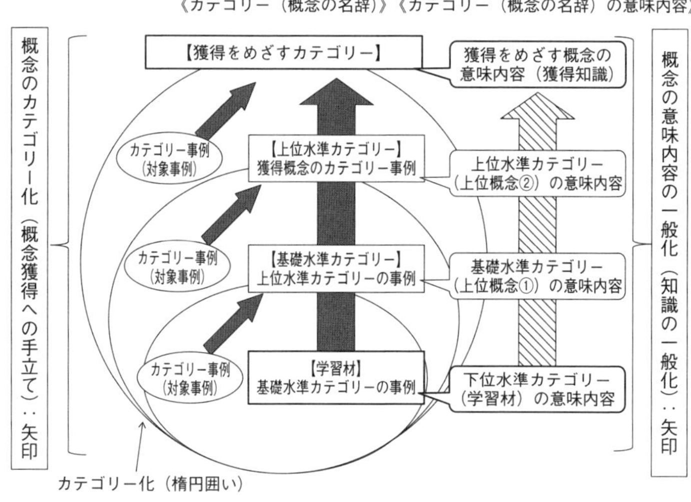

図Ⅱ-3-4　概念のカテゴリー化

3　概念カテゴリー化学習の３つの特長とその理論構造

(1)学びへの納得感が得られ学ぶ意義を実感できる「概念のカテゴリー化」

命題を探究する学習と比べ，概念カテゴリー化学習には３つの特長がある。

第１に，小学校中学年の子どもでも，比較的に短時間で容易に「概念の一般化」が可能で，子どもの「学びへの納得感」が得られやすい点である。

命題を探究する学習では，理論や概念的知識につながる単元の学習問題を設定し，具体となる学習材を通して問題解決的に学習する。しかしながら，そこで獲得する知識は，あくまでも理論や概念的知識の具体，つまり学習材の説明的知識に止まる。学習材と別の具体を通して理論や概念的知識を帰納的に導き出しても，概念の命題を探究するが故，時間をかけ別の具体の説明的知識を導き出す必要がある。また２つの具体での一般化となるため，社会の重要な知識として子どもが捉える上で，納得感・達成感は低いと言えよう。

他方，概念カテゴリー化学習では，学習材の説明的知識を獲得するものの，一般化を行う上で概念の名辞，つまり「学習材名」に着目する点が異なる。概念の名辞は認知機能におけるカテゴリーであり，その特性として階層性を有する。身近で具体的な下位の学習材名から段階的に上位の一般性のある概念を導出できるため，子どもが学ぶ意義を感じやすい（図Ⅱ-3-4）。またその過程で，概念の名辞の意味内容となる学習材の説明的知識も一般化できる。ここでの一般化は，カテゴリー化という科学的手法を用いて行う。

様々な社会的事象を認知する際，私たちは複数の事象を等価なものとして１つにまとめるカテゴリー化という機能を生かし，それらの共通性や類似性を基に見極め判断し同定する。この同定を導く推論として類推を用いる。類推とは２つの領域間に類似性が認められる時，それに基づいて一方の情報を他方へ適用する認知過程である。複雑ではなく，推察する視点も類似性に焦点化されるため，小学校中学年の子どもでも比較的容易に行うことができる。

類推を働かせる具体的方法として，“これって○○（概念名）だけ？”という発問形式を用いる。これにより，学習材と同じカテゴリーに属する対象事例への類推を促し，これまで経験した出来事や既有知識から対象事例（カテゴリー事例）に共通した関係性を表す意味内容を捉え同定する。また発問以外にも，対象事例の資料を提示し類似性を調べる活動や，対象事例を示す具体物を提示し観察によって類似性を見出す方法もある。これらは上位概念同士のカテゴリー化に有効で，先の発問と併せれば類推を促す効果は高まろう。

このようにカテゴリーの階層性を生かし，先程と同様に類推や同定を繰り返し包摂的にカテゴリー化することで，子どもは最終的に適用した概念の名辞を社会で重要な構成要素と捉え，その意味内容も社会生活で重要な知識として認識できよう。これを「概念のカテゴリー化」と呼ぶ。

(2)様々な科学的思考を活用しその思考方法まで学べる学習指導過程

第２に，社会で重要な社会諸科学の成果につながる概念を「様々な科学的思考を通して獲得・認識」しながら，その「思考方法まで学べる」点である。

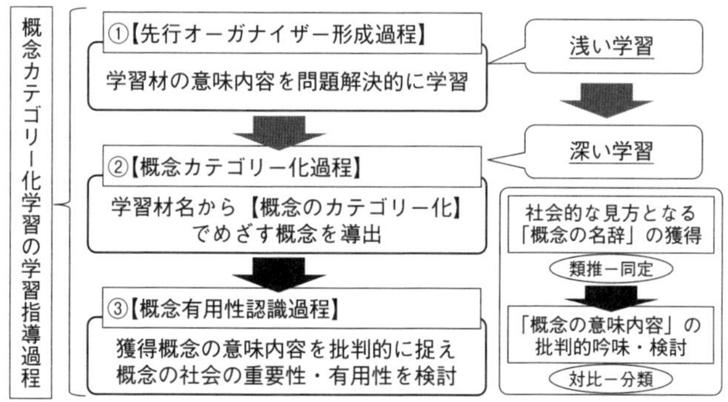

図Ⅱ-3-5　学習指導過程

概念カテゴリー化学習では，３つの段階で学習が展開される（図Ⅱ-3-5）。

第一段階である「先行オーガナイザー形成過程」では，社会諸科学の成果につながる概念の名辞を獲得する上で学習材に関する意味内容を獲得する。ここでは，①学習問題の把握，②予想・仮説の設定，③吟味・検証，④まとめ，といった問題解決的な展開で行う。これは，問題を論理的に考え解決していくための科学的思考方法でもある。

第二段階である「概念カテゴリー化過程」では，概念の名辞である学習材名を起点に概念のカテゴリー化を行うことで，概念の一般化を図る。類推や同定，カテゴリー化といった科学的手法を繰り返し活用することで，めざす概念の名辞と意味内容を獲得する。

第三段階である「概念有用性認識過程」では，獲得した概念に対して反証事例を示し，子どもの開かれた社会認識を保障する。ここでは論理性だけでなく批判性も含め子どもの科学的思考を活用することで，獲得概念に対する反証可能性を捉えていく。これによって，子どもの獲得概念や社会への関心，社会形成者としての自覚はもちろん，探究的な学びへの意欲も高められよう。

このように概念カテゴリー化学習では，３つの段階を通して様々な科学的思考方法で学習でき，その活用によって子どもの資質・能力も育められる。

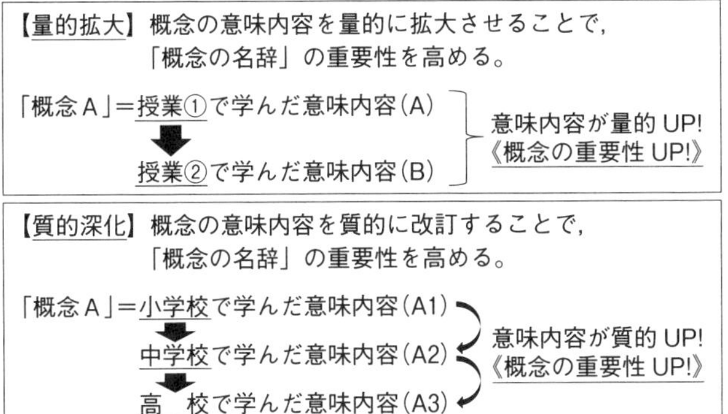

図Ⅱ-3-6　量的拡大と質的深化

(3)系統的な学びによる概念の重要性や意味内容の拡大・深化

第３に，概念の名辞の特性を生かし，既習概念を別の授業や学習材を通して探究することで，子どもが概念に対する認識や社会における重要性・有用性を高めることができる点である。

概念カテゴリー化学習でめざす概念の名辞は，社会諸科学で導出された概念ではあるが，その意味内容は必ずしも理論や概念的知識とは限らない。子どもが社会で重要・有用な概念として認識し実感できるかどうかを重視するため，子どもが理解し捉えやすい理論や概念的知識につながる内容となる。また概念の意味内容は，国語辞典で示されるように，大抵１つの名辞に複数存在する。それ故，概念の意味内容ごと，授業を通して子どもに概念の重要性や有用性を認識・実感させることができる。そのアプローチには，概念の意味内容の「量的拡大」と「質的深化」の２つの方法がある（図Ⅱ-3-6）。

「量的拡大」では，例えば概念Ａの複数の意味内容をそれぞれ別の異なる授業①・授業②で学ぶように設定し，概念Ａのもつ意味内容の量的拡大を図ることで，概念Ａの社会における重要性を高めていく。「質的深化」では，初等段階で概念Ａの重要性や意味内容を捉えた後，中等段階で概念Ａの社会諸科学につながる専門的な意味内容を学び，概念の意味内容を深化させ質的に改定を図ることで，概念Aの社会における重要性を高めていく。

このように，同じ概念の名辞を系統的に学ぶことで，概念の社会の重要性・有用性を高め，その意味内容も拡大・深化させることが可能となる。

4　概念カテゴリー化学習の将来展望

(1)社会の問題・状況・変化に対応させた学習論の幅広い活用

概念カテゴリー化学習は，社会諸科学の成果につながる概念の名辞の探究を通して社会生活を送る上で重要な概念を認識し，子どもの資質・能力を育む学びである。だからこそ，獲得概念を生かし様々な社会問題を捉え，現在や未来社会のあり方について考える学習に発展させることが可能である。

具体的には，社会構造の基盤となる共同体概念を獲得し，それを戦争や少子高齢化など現代社会の問題を考える起点・基盤として捉え，問題要因や改善策を考えながら共同体概念の役割や価値認識を深化させる学びがあろう(3)。

また，主権者教育や平和教育，ESDの中心概念など，領域教育を行う上での基盤形成を概念カテゴリー化学習が担うことも可能である。例えば，持続可能な社会に向けて，ESDの基盤となるSD概念や相互依存概念を獲得する学びがあろう(4)。SDGsの目標やターゲットと関連させ，世代内・世代間公正を踏まえ授業開発すれば，社会科ESDの系統的な学びも構築できる。

他にも，所属する社会が多様化する中，様々な文化や価値観をもつ人々と協力して社会形成する上で，人々の概念に対する捉え方の違いや概念の多義性を認識し，多様な人々と共生可能な社会のあり方について考える学習もできよう。例えば，日本と海外で意味内容の異なる責任概念に着目し，原爆を巡る日米の捉え方の違いについて考えながら，責任概念の多義性だけでなく，世界で共有可能な意味内容をもとに未来に原爆を伝える責任の重要性を認識する授業が考えられる(5)。子どもの社会に対する見方・考え方を拡張させることができ，様々な社会範疇に生きる市民としての資質・能力を育めよう。

⑵概念カテゴリー化学習の社会科以外での活用

子どもの「資質・能力」育成を重視する現在の教育では，各教科の見方・考え方を働かせる上で，教科の本質につながる概念の獲得や問題解決的・探究的な学びが求められている。このことから，概念カテゴリー化学習の学習理論は，他教科でも十分適用・活用・応用することが可能と言えよう。

教科は全て，私たちが暮らす社会の中で誕生し，社会生活を送る上で必要な学びとして発展してきた。今後，概念カテゴリー化学習の学習理論を幅広く浸透させるには，まず社会を学ぶ社会科で，実証的研究を重ねながら概念カテゴリー化学習の意義や価値を高め，深化・発展させることが鍵となろう。

（新谷　和幸）

註

（1）新谷和幸『概念カテゴリー化学習の理論と実践―小学校社会科カリキュラム開発を視野に―』風間書房，2022年。以下概念カテゴリー化学習の説明や図はここから引用。

（2）木村博一「小学校：知識・理解の探究を踏まえて資質・能力の育成を図ること」『社会科教育』編集部『平成29年版学習指導要領改訂のポイント小学校・中学校社会』2017年，pp. 58-61。以下，木村の見解はここから引用。

（3）新谷和幸「主権者教育の基盤として人のつながりを学ぶ社会科授業―共同体概念と関係価値に着目して―」『九州地区国立大学教育系・文系研究論文集』第9巻第1号 No. 7，2022年，pp. 1-17。

（4）新谷和幸「社会科 ESD の基盤として相互依存概念を学ぶ授業の検討―小学校第3学年単元『おしい⁉広島カキ』を事例に―」『日本教科教育学会誌』第46巻第2号，2023年，pp. 35-48。

（5）新谷和幸「文化の違いから生じる多義性を活用し概念の意味拡張をめざす社会科概念学習―責任概念に着目した単元『廣島・ヒロシマ・HIROSHIMA』を事例に―」『社会系教科教育学研究』第34号，2022年，pp. 1-10。

第4節　政治的主体化した市民を育成する社会科授業

1　政治的主体化した市民育成を目指す社会科授業における目標

平和で民主的な国家や市民社会の形成には，主体的に社会の諸問題を選択や判断したり，その解決に関わったりしようとする「政治的主体化した市民」を育成したい。ここでいう政治的主体とは，民主主義政治の行為者であり，民主主義への関与を欲する自己決定主体である。具体的には「政治や生活の中における対立や矛盾に際して，討議を通じて政治的関与や条件を見直し，さらには自己決定を行っていく主体」である。この政治的主体化した市民の系統的な育成に向けて，どのような教育目標を設定し，政治・経済的価値を内在させた社会的論争問題を教育内容（教材）として採用したり，どのような学習過程を設定したりするべきだろうか。長らく，社会科教育では公民的資質の育成を目指し，中学校・高等学校を中心に，実社会の論争問題を取り上げ，意思決定学習，価値判断学習，社会的合意形成学習が展開されてきた。18歳投票制度の開始に伴い，主権者教育が重視され，社会的論争問題を多面的・多角的な見方や考え方を用いて議論したり，模擬議会や模擬選挙を経験したりしながら，市民的資質の育成が目指されている。このような学習は小学校社会科から系統的に行われるべきだと考えている。

そこで単元の学習目標の設定では，現代民主主義論である闘技民主主義論における正当性である「対立」，および対立を生む社会の「多様性」に着目し，政治的主体化した市民の育成を目指す小学校社会科の目標を「社会の多様性の理解」及び「政治的自我の認知」として設定した。そして，単元の学習目標を政治制度の理解や合意形成すること及び模擬選挙の実施とするのではなく，他者との対立を通じた「政治的自我」(1)（自らの政治的役割についての

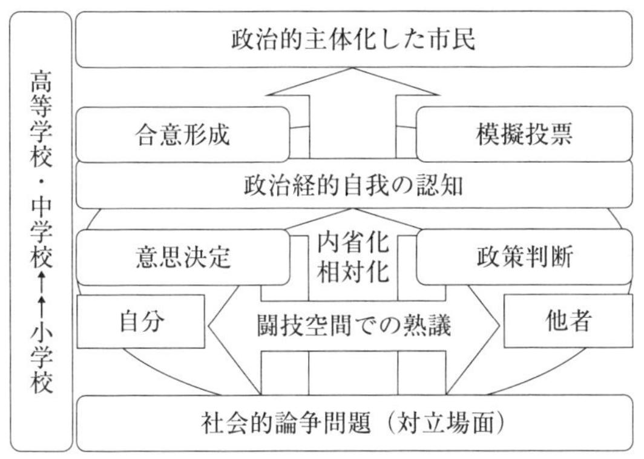

図Ⅱ-4-1　政治的主体化した市民の育成

見解を含む，政治に対する態度や感情や信条，アイデンティティなどの個人的な志向性）の認知および対立を理解する「社会の多様性の理解」と設定したい。

その際，教育目標の設定に関しては，C. ムフ(2)やJ. ランシエール(3)らの「闘技民主主義論」と，その正当性として採用される「対立」概念に着目する。民主主義の正当性を手続き的過程に置く言語論的転回の時代において，闘技民主主義論とは「対立」や「不和」の存在こそを民主主義の正当性とする。また，見解が相違する他者を，対立を生みだす「敵対者」として排除するのではなく，むしろ議論の場へ包摂することこそを重視する。基本的にはアイデンティティに基づく「差異」，その「差異」を生み出す「対立」をむしろ積極的に評価しようという新しい民主主義論である。

そこで，社会科学習においては学習目標を合意形成や模擬選挙による判断力育成に設定するのではなく，他者との対立を通じた「政治的自我」（＝自らの政治的役割についての見解を含む，政治に対する態度や感情や信条，アイデンティティなどの個人的な志向性）の認知および対立を理解する「社会の多様性（多様な争点）の理解」として設定する。

【政治的主体化した市民育成を目指す社会科授業における目標】

①社会の多様性や多様な争点の存在に気がつき，自己と他者では異なる政

治・経済的価値を有しているために対立が生じることを理解する。
②他者との対立的関係性を通じて，自己の政治的自我を認知する。

2　社会的論争問題学習で取り上げたい学習内容

教育内容を構成する際には，社会制度や社会保障を設計する際の根底に置かれ，他者との差異や対立を生み出す社会正義論に着目する。社会制度や法律・政策には，その基盤となる政治的・経済的な価値や思想が内在しているが，個々人が重んじる価値や思想が異なるため，しばしば対立が生じる。その対立の背景にあるのが社会正義論や政治哲学，経済倫理学なのである。例えば，現代社会正義論の代表ともいえるのが「功利主義」・「リベラリズム」・「リバタリアニズム」・「コミュニタリアニズム」である。これらの主要構成要素が「自由」，「幸福」，「公平・公正」である。予算や人材，時間や資源は有限であるため効率的に分配せねばならず，また社会正義や政治哲学が個々人により異なるため，社会において様々な相違や対立が生じる。どのような価値に基づいて選択や分配をするのかが問われる。具体的には，どのような目的のために行うのか，税金を使って行政が担うのか企業活動における経済市場原理に則るのかといった主体や目的，決め方が主要な論点となる。

さらに，高等学校での「政治・経済」や「倫理」を学んでおらず，政治・経済的価値が所与ではない発達段階を考慮し，小学校社会科においては社会正義論の構成概念である「自由」，「幸福」，「公平・公正」に関する対立を取り上げる際に，「行為主体の対立」や「税金の使用の賛否」および「幸福の対象や目的の対立」に焦点化することを提起したい。なぜならば，前者の「行為主体の対立や税金の使用の賛否」とは，現代社会正義論および経済倫理においては，分配型リベラリズムと自由至上リバタリアニズムに基づく議論である。政治や行政が税金を分配して担うのか，個人や市場経済に任せるのかといった「行為主体」を考えることは，まさに政治の在り方や役割，社会制度を選択・判断することであり，政治的主体化した市民の育成につながっていく。後者の「幸福の対象や目的の対立」とは，受益の対象や予算配分，目的の対立である。限りある予算に優先や軽重をつける際には，どの立場を優先するべきかが問われ，「幸福の対象や目的の対立」が発生する。この「幸福の対象や目的の対立」を選択や判断する際に活用される考え方は主に次の 3 つである。まずは，J. ベンサムを代表とする功利主義である。功利主義は幸福を増大させるかという観点で行為や制度の正義を判定する。社会全体の総和である幸福（最大多数の最大幸福）という集合善を社会制度の正当性とする考え方である。しかし，行き過ぎると，少数者や社会的弱者をないがしろにする危険性をもつ。次に，リベラリズムに基づき，公平・公正さ（社会的弱者救済や格差是正）を重視した立場や考え方である。自由を尊重するには不自由さを軽減しなければならず，福祉の権利を重視し，格差是正や弱者救済などの社会保障を厚くする，政治の積極的介入を是とする考え方である。最後は，コミュニタリアニズムである。共同体の共通善を優先する考え方である。例えば，地域社会の様々な共助，農村・漁村の持続可能な維持や伝統文化を重視する考え方である。これらを具体的な発問に置き換えると，

・誰が行うべきか。企業や個人か地域社会か行政が担うべきか。
・誰を優先して考えるのか。どんな立場を優先して考えるべきか。
・税金を使用するべきか。市場経済原理に任せるべきか。
・有限な予算をどのような政治哲学や経済思想に基づいて配分するべきか。

などが挙げられるだろう。分かりやすい価値の対立を含んだ実社会の問題かつ身近で自分自身とのつながりが捉えやすい社会的事象を主教材として取り上げたい。

3　学習指導過程

G.H. ミード(4)は社会的自我について次のように述べている。「自我は発達するものである。自我は生まれた時から出来上がっているのではなく，社会的経験や活動の中で生まれてくる。すなわち，社会との関係やその中での他

者との接触を通じて，その個人の中で発達してくるのである。」という。つまり，他者との対立的関係性の中から自己の政治的自我が認知できるため，学習指導においては，相対化や内省化過程が重要となる。そこで，以下の3つの主要な学習段階とキー発問を位置付けた学習過程を設定する。

第1段階は，社会的論争問題の提示と対立（争点）を把握する学習過程である。社会的論争問題の起因や歴史的な経緯，各立場の主張などについて把握する。「誰が（どの立場が）何を主張するため対立が発生するのか。」という発問を通じて，争点や利害関係者などの具体的な対立内容について認識する。

第2段階は，他者との対立の中において，自他の差異を把握し，政治的自我の相対化を図る学習過程である。

・争点①：「自由の対立」（政治主体や税金の使用の対立）

税金を使用して行うべきか，市場原理や自助努力か，地域による共助か。

・争点②：「幸福の対立」（対象の対立）

仮に，税金を使うならば，予算を広く社会全体のために使用するべきか，弱者救済や格差解消に向けて配分するべきか。一方では，仮に個人や企業，市場原理に任せるならば，社会全体の利益につながる営みをするのか，各自の利益に走ってしまうのか等を考える。

また，議会における議事録と自分自身の意見とを比較したり，（模擬）選挙における多数派の理由と自分とを比較したりしながら，自身の立ち位置を政治的座標軸に位置付け，政治的自我の相対化を図る。

4　政治的主体化した市民育成を目指す社会科授業

中学校社会科の公民分野の社会保障において，3年間続いたコロナ禍での社会的論争問題を教材化してみる。コロナ禍における各種政策は生徒が経験しており，日本国憲法を学習した際の政治の仕組みを理解しやすいだろう。コロナ対策における一連の行政対応は法律に基づいている。コロナ禍や自然災害などの有事には臨時国会が開催され，時限立法が制定される。国会や地方議会で法律や条例が制定され，予算案が可決されることで，行政府が様々な政策や対策を実現できる。それらの政策について，主権者として「効率」と「公正」から選択や判断することを通じて，自己の社会保障に対する政治思想や政治信条を認知していく学習を構成した。

⑴学習指導計画　中学校第３学年　公民「憲法が保障する基本的人権」

事前　家庭にてコロナ禍における政治への願いをインタビューする。
第１時間目　基本的人権を尊重すること
第２時間目　差別をしない，させない
第３時間目　ともに生きる社会の実現へ
第４時間目　自由ってなんだろう
第５時間目　自由な社会のために
第６時間目　人間らしい生活とは（本時）
第７時間目　人間らしい生活の保障へ
第８時間目　自ら人権を守るために
第９時間目　自由と権利を守るために
第10時間目　発展する人権

⑵本時目標

コロナ禍における社会保障に関する問題を議論することを通じて，社会保障制度における個々人が重視する価値や思想について認識する。

(3)本時学習指導案

過程	主な学習活動と予想される児童・生徒の意見	留意点・資料
社会問題の把握	**1．コロナ禍当初に発生した社会的論争問題を知る。** A 政党は「所得制限付き30万円給付」 B 政党は「全国民一律10万円給付」 ・A 党も B 党も政権与党なのに異なる政策です。 ・30万円給付は事務手続きの複雑さがある。 ・納税しているのだから，10万円欲しいな。	資：給付政策に関する新聞記事と国会審議を扱った記事 留：与党内でも当初は政策に隔たりがあったことを伝える。
本時課題	「全国民一律10万円給付」か「所得制限付き30万円給付」か，どちらの政策を支持しますか。理由とともに考えましょう。	
立場の決定	**2．学習アプリ上に自分の立場を位置づけ，理由を書きこむ。** ・私の立場は「所得制限付き30万円給付」です。理由は困っている人に多く渡すべきです。 ・私の立場は「全国民一律10万円給付」です。理由は給付の速さを重視したからです。	準：学習支援ソフト 留：学習支援ソフトのポジショニング機能を活用して，理由を書きこむ。
討論	**3．理由を焦点化して考える。** **「有限な財源の効率」から見る** ・財源が限られているのだから，本当に生活が苦しい人に「30万円給付」を給付するべき。 **「事務手続きの効率」から見る** ・「一律10万円給付」ならば，全国民なので事務処理が簡単。 「所得制限付き30万円給付」ならば， ・税務署や勤務先などと市役所が連絡や連携を取り所得を把握しないといけないので3か月はかかるので待てない。	留：事務手続きの効率とは，時間という資源を無駄なく分配する考え方であることを伝える。

討論	**理由を焦点化して考える。** **（平等に近い公正さ）から見ると** ・普段は全員が納税者で納税しているのだから，外国人まで含めて「一律10万円給付」してほしい。 **「弱者救済」から見ると** ・病気や本当に困っている弱者に届けることが社会全体の公正につながる。 ・私たちの税金は，本当に困っている時や人に届けるために納税して社会保障制度ができている。	留：「平等や同一」に近い考え方 留：「ロールズ型の弱者救済リベラリズム」に基づいた「公正さ」の考え方であることを伝える。
意見交流	**4．相互に質問及び賛同意見や反論意見を述べる。** ・マイナンバーカードが普及しているので事務手続きを簡略できるのでは。 ・税金を納めていない人にはどう考えるのですか。 ・基本は一律10万円給付にしておいて，不要な人は断りが可能という選択肢を残せばよい。	留：社会保障における「フリーライド」の考え方であることを伝える。
政治的自我の認知	**5．社会保障制度の議論から自己認識する。** ・社会保障制度の議論を通じて，政策で重視していることは一番苦しい人に多く分配することが社会全体の幸福につながると考えました。	留：ここでの討論では，社会保障制度の原則について再考させる。

(4)本時の評価

コロナ禍における社会保障に関する問題を議論することを通じて，制度における各自が重視する政治的価値や思想について認識することができる。

（神野　幸隆）

註

（1）R. ドーソン，K. プルウィット，K. ドーソン『政治的社会化 市民形成と政治教育』芦書房，1999年を参照。

（2）C. ムフ『民主主義の逆説』以文社，2006年および『政治的なものについて 闘技的民主主義と多元主義的グローバル秩序の構築』明石書店，2008年。
（3）J. ランシエール『不和あるいは了解なき了解 政治の哲学は可能か』インスクリプト，2005年。
（4）G.H. ミード（船津衛，徳川直人訳）『社会的自我』恒星社厚生閣，1991年。

参考文献

・伊藤恭彦『タックスジャスティス』風行社，2017年。
・大杉昭英「社会科における価値学習の可能性」『社会科研究』第75号，2011年，pp. 1-10。
・小塩隆士『効率と公平を問う』日本評論社，2012年。
・神島裕子『正義とは何か 現代政治哲学の6つの視点』中公新書，2018年。

第5節　多様性社会の形成者を育成する小学校社会科授業

本稿は，様々な価値観を共有する多様性社会の形成に，小学校社会科ができることは何かについて論じる。

1　小学校社会科における多様性社会の理解と現状

小学校社会科において，多様性社会に関連する内容が取り上げられているのは第6学年である。ここでは我が国とつながりの深い国々について学習することにより，我が国とは異なる文化や習慣があることを認識していく。ここでいうつながりの深い国々とは，アメリカ合衆国や中華人民共和国，大韓民国などである。これらの国々の文化や習慣と自分たちの文化や習慣との差異を知り，その差異を尊重することが共に生きる上で大切であると考えられるようにしていく。しかしながら，文化や習慣に大きな差異が見られる場合，子どもたちは「海外の国々と我が国の文化や習慣は，差異があって当然」といった理解に留まってしまう。文化や習慣に，なぜ差異が生じているのか，その差異がどんな意味があるのかについてまで理解しなければ，多様性社会の理解を深めることができない。

多様性社会について理解を深められないのは，他にも原因が考えられる。第一に，多様性社会に関する学習が，先述の第6学年の一単元にしか見られないことである。海外の国々と我が国に生じる差異は，文化や習慣だけではない。経済面や環境面など多面的に差異は生じている。多様性社会における多様な「他者」を尊重するためには，できるだけ多くの差異に気付き，理解していくことが大切である。我が国とつながりが深い国々の学習以前にも，多様な「他者」についての学習を積み重ねていきたい。

第二に我が国とつながりが深い国々という多様性社会に関する学習が，第

6学年の2月頃に設定されていることである。第6学年の2月頃は卒業式を数週間後にひかえ，とても慌ただしい。海外の国々と我が国の文化や習慣の差異について，じっくりと腰を据えて学習する時間が多くはない。子どもたちは差異を知るものの，「海外の国々の文化や習慣には，それぞれの良さがある」といった予定調和的な理解に留まる。また，授業時間の都合上，現在における差異を中心に学習していく。そのため，歴史的経過のなかで差異が構築されていったことが認識できなくなってしまう。

そこで，多様性社会の理解を深めるために，あえて我が国の多様性を教材化することを提案する。小学校社会科は同心円状に学習が構成されている。我が国における多様性の見方・考え方を身に付ければ，世界規模の多様性についても理解を深めていくことができる。また，第6学年の2月頃だけに多様性社会の学習を集中させるのではなく，他の学習単元でも多様性との関連を図りながら学習を積み重ねていく。そうすることにより，多様性社会の学習に関する時期的な問題も改善していきたい。

2　多様性社会における「他者」の理解

J.A. バンクスは，多様性とは人種，階層，エスニシティ，宗教，言語，ジェンダー，障害，性的指向など，すべての国民国家の内部においてさまざまな形で存在する内的な差異としている(1)。わたしたちは，この差異によって「われわれ」とは異なる「他者」に分けて，「他者」の固有性を認識している(2)。したがって，多様性の尊重とは，「他者」との差異を知ることから始めなければならない。

しかし，多様性の尊重は，知り得た「他者」との差異をそのまま承認することではない。「われわれ」と「他者」に差異があるのは当然で仕方がないこととするのは，「他者」との差異に積極的に関わろうとしない態度である。また，「『他者』の固有性の尊重」という大義名分になってしまえば，多様性は社会に存在する課題を隠してしまうこともある。例えば岩渕功一は，「多様性をめぐる問題は「すべての差異を大切にする」といった心地よいハッピートークとして語られがちになり，既存の差別構造に異議を申し立てたり，差別による格差と分断を問題視したりするものではなく，あたかもそうした問題はすでに解決されて，もはや存在していないような平等思想を作り出すことに寄与する」(3)と述べている。また，塩原良和は，「他者」との文化的な差異を認め合い，対等な関係を築こうとする多文化共生に関して「マイノリティとマジョリティの関係の背後にある歴史や社会構造の問題を隠蔽する」(4)と述べている。たしかに多様性とは，現在において突然生じたものではない。人々が社会生活を営むなかで，歴史的に構築されてきたものであり，現在においても構築され続けているものでもある。「他者」の固有性を尊重することが社会の責務であるといった語りは，一般化してしまうと表面的な「他者」の尊重になってしまう。そのため，現時点で可視化されている「われわれ」と「他者」の間にある差異を知るだけでは不十分である。本当の意味で「他者」の固有性を理解するためには，「われわれ」と「他者」との間に差異が構築された過程や，意味がある差異とした社会構造をとらえていかなければならない。

3　「他者」理解のためのアイデンティティ観

かつて近代以前は，「武士は食わねど高楊枝」にように「武士は貧しくても不正をしない」といった身分制度中のアイデンティティと自己のアイデンティティが一致していた。この一致は，身分制度という個人の属する社会が限定されていたため生じた(5)。現在はグローバル化により，個人が属する社会は多様化，多層化だけではなく多面的にもなっている(6)。したがって，近代以前のように属する社会が，安定した自己のアイデンティティを担保してくれなくなったのである。そのため，自己のアイデンティティは主体的に形成していくことが求められている(7)。

先述のように現在は，個人は多様な集団や社会に属している。つまり，一人が一つの集団や社会に限定して属するのではなく，一人が複数の集団や社会に同時に属している[(8)]。そのため，自己のアイデンティティは，属する集団や社会の無数の組み合わせにより形成される[(9)]。このことをアンソニー・ギデンズは，アイデンティティは固定されたものではなく属する集団を選択して，常に書き換えていく「開かれた」状態にあると述べている[(10)]。多様性社会において「他者」の個性を尊重するには，「他者」のアイデンティティがどのように形成され，書き換えが行われようとしているのかを認識していくことが有効である。

4　授業開発事例―第6学年 琉球・沖縄のアイデンティティ―

多様性社会の形成者を育成する小学校社会科学習として，沖縄の歴史を教材化する。沖縄は独自のアイデンティティをもった地域であり，我が国の多様性を示す地域でもある。沖縄は日本と中国（明，清など）の両国に挟まれ，常にアイデンティティ形成の影響を受けてきた。また，1945年から1972年まではアメリカ合衆国の統治下におかれている。このような歴史的経緯を振り返ると，自分たちのアイデンティティをどのように保持したり構築したりするかということを考え抜いてきた地域といえよう。

(1)目標

【知識及び技能】
・江戸時代の琉球王国は，明や清の文化を取り入れていたことを理解できる。
・沖縄県は，戦後にアメリカの文化を取り入れつつ，沖縄方言ではなく，標準語による教育を推進したことを理解することができる。

【思考力・判断力・表現力等】
・明や清の文化を取り入れた琉球王国の文化は江戸幕府にとって憧れの対象であり，琉球王国は文化の力によって自国の存続を図ったと認識することができる。
・沖縄の文化は，他の地域や国々との関係で形や内容を変えてきていることを認識するとともに，これからの自分たちの文化のうつりかわり方についても考えることができる。

【学びに向かう力，人間性等】

・沖縄の人々がいかにアイデンティティを保持したり構築したりしてきたのかをとらえ，多様なアイデンティティを尊重しようとすることができる。

(2)単元計画（全12時間）

時	○主な問い	◎子どもの反応（含：習得知識）	アイデンティティとの関連（図）
	【第１次】江戸時代における琉球王国との文化交流（10月実施）		
1	○沖縄の文化はいつから伝わってきているのだろうか。 ○琉球王国は，日本の一部なのか。	◎江戸時代おける琉球王国が，江戸幕府と交易をしていたことを知る。 ◎琉球王国は一つの国として交易を行っているものの，対等な交易だったのか疑問をもつ。	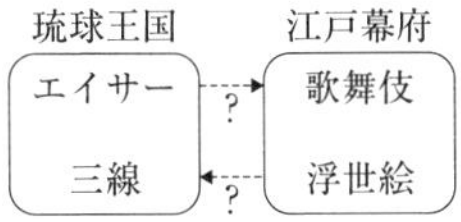 琉球王国　江戸幕府 エイサー　？　歌舞伎 三線　？　浮世絵 ※それぞれ，独自の文化をもっている。
2・3	・なぜ薩摩藩は，琉球王国を攻めたのだろう。 ○琉球王国を支配下にしたのに，なぜ薩摩藩は日本の風習を禁止したのだろう。 ・実際に，江戸幕府と琉球王国，明は何を貿易したのだろう。	◎薩摩藩が琉球王国を支配下においたのは，藩財政の立て直しと，明との貿易に琉球王国を利用しようとしたためである。 ◎琉球王国が「異国」として扱われたのは，「異国」を支配しているという江戸幕府や薩摩藩の権威が上げようとしたためである。 ◎明に，「日本が勝手に琉球王国を日本の一部とした」と思われたくなかった。 ◎日本からは，日本刀や陶器を輸出し，明からは銅銭を輸入した。 ◎琉球王国が，中継貿易において江戸幕府と明を仲介する役割を担っていたことを知る。	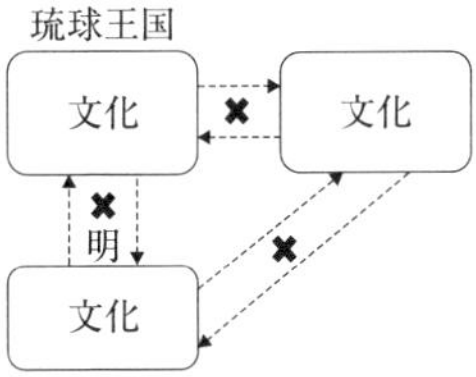 琉球王国 文化　✖　文化 ✖ 明　✖ 文化 ※江戸幕府，琉球王国，明は，それぞれ異なる文化をもっている。それぞれ固有の文化を押し付け合うことはなかった。
4・5	・江戸時代，琉球王国から伝えられた文化は何か。	◎「琉球芸能」は，三線にあわせて，琉球の言葉で歌を歌ったり，踊ったりする芸能であった。	

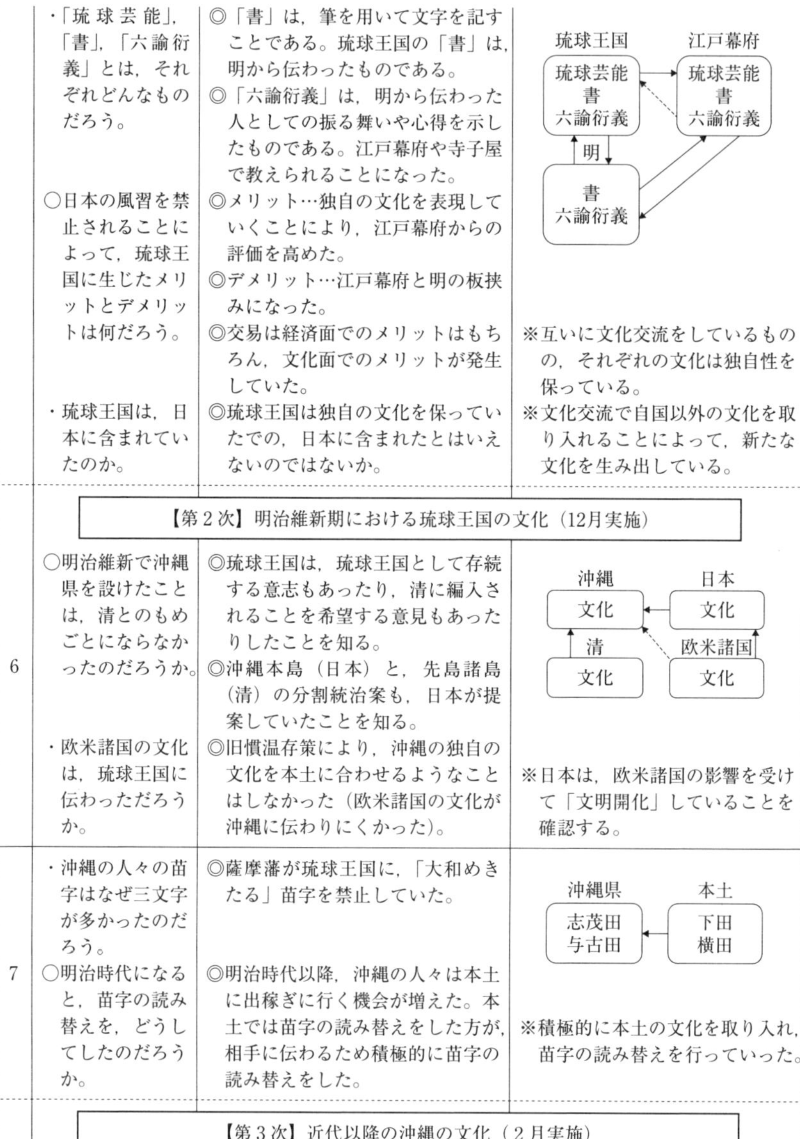

	・「琉球芸能」，「書」，「六諭衍義」とは，それぞれどんなものだろう。	◎「書」は，筆を用いて文字を記すことである。琉球王国の「書」は，明から伝わったものである。 ◎「六諭衍義」は，明から伝わった人としての振る舞いや心得を示したものである。江戸幕府や寺子屋で教えられることになった。	
	○日本の風習を禁止されることによって，琉球王国に生じたメリットとデメリットは何だろう。	◎メリット…独自の文化を表現していくことにより，江戸幕府からの評価を高めた。 ◎デメリット…江戸幕府と明の板挟みになった。 ◎交易は経済面でのメリットはもちろん，文化面でのメリットが発生していた。	※互いに文化交流をしているものの，それぞれの文化は独自性を保っている。
	・琉球王国は，日本に含まれていたのか。	◎琉球王国は独自の文化を保っていたでの，日本に含まれたとはいえないのではないか。	※文化交流で自国以外の文化を取り入れることによって，新たな文化を生み出している。
	【第２次】明治維新期における琉球王国の文化（12月実施）		
6	○明治維新で沖縄県を設けたことは，清とのもめごとにならなかったのだろうか。	◎琉球王国は，琉球王国として存続する意志もあったり，清に編入されることを希望する意見もあったりしたことを知る。 ◎沖縄本島（日本）と，先島諸島（清）の分割統治案も，日本が提案していたことを知る。	
	・欧米諸国の文化は，琉球王国に伝わっただろうか。	◎旧慣温存策により，沖縄の独自の文化を本土に合わせるようなことはしなかった（欧米諸国の文化が沖縄に伝わりにくかった）。	※日本は，欧米諸国の影響を受けて「文明開化」していることを確認する。
7	・沖縄の人々の苗字はなぜ三文字が多かったのだろう。	◎薩摩藩が琉球王国に，「大和めきたる」苗字を禁止していた。	
	○明治時代になると，苗字の読み替えを，どうしてしたのだろうか。	◎明治時代以降，沖縄の人々は本土に出稼ぎに行く機会が増えた。本土では苗字の読み替えをした方が，相手に伝わるため積極的に苗字の読み替えをした。	※積極的に本土の文化を取り入れ，苗字の読み替えを行っていった。
	【第３次】近代以降の沖縄の文化（２月実施）		

8	○人類館事件では，沖縄の人は何に怒ったのか。 ・本土からの偏見を解消するために，沖縄の人々は何をしたのか。	◎1903年の内国産業博覧会で，沖縄の人々が日常生活を見せる展示の一つとされたことに怒った。 ◎日本本土の文化を積極的に取り入れ，日本本土の人々から「沖縄が日本の一部である」と認識されるよう取り組んだ。 ◎欧米諸国の文化を本格的に取り入れていない沖縄やアイヌ，清は，未開の人々とみなされてしまった。	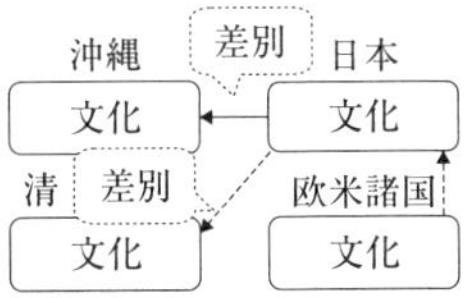 沖縄　差別　日本 文化　文化 清　差別　欧米諸国 文化　文化 ※日清戦争での勝利によって，日本がアジア諸国より欧米諸国の文化を重視するようになった。
9	・沖縄は日本と同じ扱いになるよう，日本の何を取り入れたのか。 ○言語がなくなると，本当にその土地の文化はなくなるのだろうか。	◎「クシャミまで本土人に似せろ」のように，日本本土の人に似せようとしたことを読みとる。 ◎沖縄方言を禁止し，学校教育においても，方言を方言札により取り締まった。 ◎「沖縄文化は変化する」という言葉から，沖縄の文化はなくならず形をかえて存在し続ける。	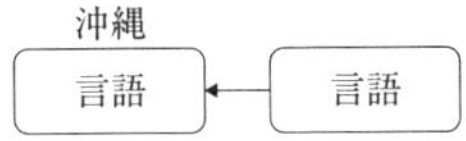 沖縄 言語　言語 ※沖縄は積極的に，日本本土の言語を取り入れて，新たなアイデンティティをつくりだそうとした。
10	・第二次世界大戦後，沖縄の文化は何か変わったか。 ○アメリカは沖縄を統治する際，「琉球」の名称を頻繁に使ったのは，どうしてだろう。	◎アメリカに占領されて，沖縄の文化もアメリカに影響されていった。 ◎アメリカは，沖縄統治の際，琉球政府を置き，琉球大学や琉球銀行，琉球電力，琉球水道公社といった「沖縄」ではなく「琉球」を名称にした統治体制をとったことに疑問をもつ。 ◎アメリカが，沖縄を琉球政府として新たな文化を根付かせようとしていた。	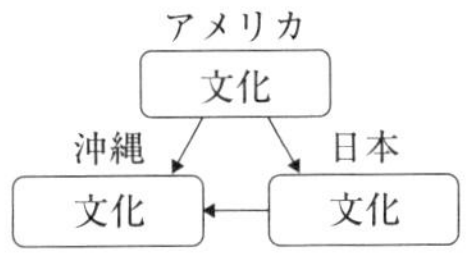 アメリカ 文化 沖縄　日本 文化　文化 ※沖縄はアメリカの文化を取り入れつつ，日本の文化も取り入れている。
11	・アメリカ統治時代に，沖縄に伝わった文化は何があるだろうか。 ○1972年後の沖縄返還後，日本は沖縄の文化を受け入れていったのはなぜだろう。	◎基地がつくられた。 ◎台風の多い沖縄でも，耐えうる建築であるコンクリート建築が広まったことを知る。 ◎アメリカの文化に，日本より沖縄の方が触れる機会が多かった。 ◎ロックは，本場のアメリカより伝わったものであり，沖縄のロックバンドが受け入れられていった。 ◎日本がアメリカの文化に対してあ	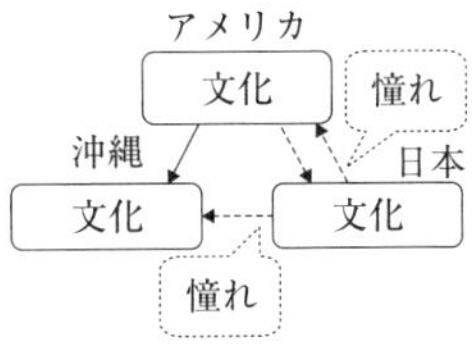 アメリカ 文化　憧れ 沖縄　日本 文化　文化 憧れ ※日本が，アメリカの文化を積極的に取り入れた沖縄の文化に憧

		こがれをもっていたと認識する。	れをもつようになった。
12	・近年，「琉球」の名称は使われているのか。 〇今後，わたしたちの文化はどう変わっていくのだろう。	◎プロスポーツチームは「琉球」をチーム名に用いている。 ◎沖縄の人々は「琉球」にも，誇りをもっている。 ◎我が国の文化は，積極的に異なる文化を取り入れ，自らの文化を変容させてきた。 ◎沖縄はもちろん，我が国の文化は，これからも多様な文化の影響を受け続ける。	多様な文化 沖縄　日本 文化　文化 ※沖縄の文化がそうであったように，文化は異なる文化の影響を受け，変わり続けている。

5　「他者」を尊重するために

沖縄は，日本や中国（明，清など），アメリカ合衆国の影響を受けながら，アイデンティティを形成してきた。日本や中国（明，清など），アメリカ合衆国の文化や習慣をただ受け入れるだけで，沖縄はアイデンティティ形成をしてきたわけではない。どうすれば自分たちの生活を守ることができるか考え抜くと同時に，文化や習慣を発信して「琉球らしさ」や「沖縄らしさ」を「他者」に伝えてきている。

本単元をとおして，子どもたちに多様性社会の形成とは，ただ「他者」を受け入れたり，「他者」に合わせたりすることではないと気付かせたい。多様性社会において「他者」を尊重するためには，自分が自分であるために，自分が大切にしていることについても理解していくことが肝要である。

（服部　太）

註

（1）J.A. バンクス/平沢安政訳『民主主義と多文化教育』明石書店，2006年，pp. 26-27。

（2）船木亨『差異とは何か』世界思想社，2014年，p. 300。

（3）岩渕功一「多様性との対話」岩渕功一『多様性との対話』青弓社，2021年，p. 52。

(4) 塩原良和『共に生きる』弘文堂，2012年，p. 52。

(5) 関連して，三浦展は，「これはまさにいわゆる近代的自我の問題であって，近代以前の社会であれば，自分が何者であるかは社会があらかじめ決定しており，本人はそれに疑いをあまり持たなかったし，そもそも持ってはならないとされてた。個人を取り囲む社会は基本的には小さな地域社会に限定されており，よって個人の存在は固定的で安定していた（というか個人はなかった)」(三浦展「消費の物語の喪失と，さまよう自分らしさ」上野千鶴子『脱アイデンティティ』勁草書房，2005年，pp. 108-109。）と述べている。

(6) アマルティア・セン/大門毅編，東郷えりか訳『アイデンティティと暴力』勁草書房，2011年，p. 3。

(7) 関連して，アンソニー・ギデンズは「とはいえ，私たちは，グローバル化という条件のもとで，私たちが能動的に自分自身を組成し，自分のアイデンティティを構築しなければならない，そうした新たな《個人主義》への移行に直面している」(アンソニー・ギデンズ/松尾精文，西岡八郎，藤井達也，小幡正敏，立松隆介，内田健訳『社会学　第五版』而立書房，2009年，p. 82。）と述べている。

(8) 個人が多様な集団や社会に属することを，ジンメルは「社会圏の交差」としている。「社会圏の交差」が生じている社会は，個人がどのような集団や社会に属するかは個人の自由な選択に委ねられているとしている。(早川洋行，菅野仁『ジンメル社会学を学ぶ人のために』世界思想社，2008年，pp. 35-36。)

(9) アンソニー・ギデンズ/秋吉美都，安藤太郎，筒井淳也訳『モダニティと自己のアイデンティティ』ハーベスト社，2005年，p. 3。

(10) アンソニー・ギデンズ/松尾精文，松川昭子訳『親密性の変容』而立書房，1995年，p. 51。

参考文献

・小川忠『戦後米国の沖縄文化戦略』岩波書店，2012年。
・岸政彦『同化と他者化―戦後沖縄の本土就職者たち』ナカニシヤ出版，2013年。
・木村博一「地に足を付けて主権者としての資質を育てるために」『学校教育』第1187号，2016年，pp. 14-21。
・高良倉吉『琉球王国』岩波書店，1993年。

第６節　新実在論に基づいた見方・考え方を育成する社会科授業

1　見方・考え方を育成する

学習指導要領（平成29年告示）では，各教科の特性がはっきりとした理由に，「見方・考え方」がすべての教科において明示されたことが挙げられる。社会科では，これまでの学習指導においても「見方・考え方」の重要性は述べられてきた。そうした蓄積もあって今回打ち出された「社会的な見方・考え方」も，他教科と比較してわかりやすくまとめられている。しかし，教室で行われている授業において，教師が意図的に見方・考え方を育成し，学習者も活用・深化させているような授業ばかりでもなかった。

これからの社会科では，これまで以上に学習者自身が空間，時間，相互関係などに着目し，社会的事象の意味や意義，特色や相互の関連について多角的に見たり考えたりする重要性を意識して使いこなし，社会について考えられることが大切である。今一度，学習者自身が主体的に社会を見ていくことについて点検をすることにする。

2　仮想現実の世界を実感できるのか

1999年に公開された映画マトリックスは，主人公が日々の生活を送っていた世界で，他の空間からの来訪者によって，その生活空間は仮想空間であることを告げられることで物語は始まる。主人公が現実と思っていた世界は，コンピューターによって支配された仮想現実空間であり，物語は真の世界との二重世界を舞台とし，様々な複線が解消されていく。

目の前に実在する世界は，果たして現実世界なのかというテーマはもっと古くから考えられている。これは人が見ているものはなにかという哲学的テーマであり，古くから哲学では懐疑主義的な見方・考え方として扱われてきた。懐疑主義によれば，人間が知り得るのは知覚にあらわれたものだけで，真の事物については知ることはできないということになる。そこで，事物に関する証明が必要になるが，それさえ真理かどうかを知ることができない。こうして否定や肯定を繰り返していけば，最終的には考えや判断を保留（エポケー）することになってしまう。ヒラリー・パトナムが提唱した「水槽の中の脳」という思考実験[(1)]は，懐疑主義的なマトッリクスと同じ世界観であり，人は自分の認識と物の一致を確かめることができるのか，認識するということはどういうことなのかを絶えず疑ってきた。

認識する場合，客観として認識の正しさを判定するものになるが，人は主観によって考えるため，主観の外に出て正しさを検証することはできないことにもなる。もし，主観と客観が一致しないならば，人間はものごとの本質や価値について，何一つ確実なことは言えなくなってしまう。一方，主観と客観が一致するのであれば，一切が定められているという決定の考えを避けられない。つまり，主観か客観という前提から出発するかぎり，論理的には必ず決定論か，それとも相対論，懐疑主義かにいきつくことになる。

3　新実在論とは

(1)実在を探る現象学

主観か客観という図式で考える限り，問題点から逃れることができないため，エトムント・フッサールは現象学というアプローチを用いてこの問題を解決した。現象学でフッサールが取り入れたのは，還元という考えであった。さらに現象学的な思考を進めたのが，フッサールの弟子であるマルティン・ハイデガーである。ハイデガーは，主観＝人間存在と客観＝物の存在が，まず存在するとは前提にせず，そもそも存在するとはどういうことかを考えた。例えば，暖房器具の前で猫が寝そべっていると想像する。この場合，猫という存在者とその猫が寝そべっている存在は別次元であり，存在することはいわば出来事であり動的に生じていると考えた。このように，存在者と存在の区別することをハイデガーは存在論的差異とした。

そして，ハイデガーは存在を明らかにしていくために，人間の存在について解き明かすことから始めた。ハイデガーは，人間だけが自分や自分以外の存在者について，存在することを漠然と理解しながら存在している特別な存在者だと考え，存在することについて問うことができるとした。例えばお菓子を入れている箱も，お菓子を食べてしまえば別な入れ物へとは変化を果たしていく。箱は，それ自体は変化をすることはないが，存在の仕方が状況や人の解釈によって変化を果たしていくことは，日々生活の中で感じるところである。つまり，存在とは主観の解釈であるとした。

フッサールやハイデガーが考えた，認識とは別にモノそのものの存在を認めている考え方を実在論という。

⑵新実在論が求める見方

認識論として実在論的立場は，一つの考え方ではあるが全てではない。紙面の都合上，詳細に記すことができないが，実在論と異なるものとして，イマヌエル・カントも主張する構成主義の立場がある。カントによれば「それ自体として存在しているような世界は，わたしたちには認識できない，～（中略）わたしたちが何を認識するのであれ，およそ認識されるものは何らかの仕方で人間の作為を加えられているほかない」[(2)]とした。例えば，地元の母親に富士山が見える駅で，電車にのって遠ざかる友人との別れの場面を伝えている富士山の在り方を，それぞれの論に結び付けてみよう。実在論的には対象である富士山は絶えずそこ一つあるだけで，富士山を見ているのが誰なのかということと山の在り様とは全く関係がない。一方で構成主義的に見える富士山は，駅から見ている富士山，電車で別れた友人が車窓から見る富士山，母親が別れの風景をイメージしている風景の中に映りこんでいる富士山という三つの富士山が存在するということになる。富士山という対象がありながら，現実には同じ富士山は存在しないのである。

つまり，実在論と構成主義では，存在の範囲が重なり合っていない。それに対しマルクス・ガブリエルは，この2つの考え方に架橋するような新実在論という考え方を提唱した(3)。

新実在論では，目の前にあるリンゴも，普通なら目に見えない原子も，人の感情とか，夢のようなものさえも異なる対象領域という意味の場で，互いに独立しつつ，部分的には重なり合いながらリアルに存在していると捉えた。つまり先ほどの見送りの風景で見られたすべての富士山は，例え母がスマホで聞いた風景の片隅にある山も，イメージの中でのリアルな富士山なのである。新実在論では，意味の場でリアルに存在にしていることを前提に存在を見つめてみようと考えるのである。

4　新実在論で育成する見方・考え方

(1)新実在論を社会科授業に援用する

社会科教育では，多くの授業方法の原理が提唱されてきた(4)。あえて社会科授業で得られる知識の在り方を重ね合わせるならば，実在論を活かした授業とは，社会諸科学を学ぶ説明型の授業ということができる。また，構成主義的な考え方を援用し学ぶ授業原理ということであれば，意思決定型・社会参加型・議論型などが該当する。また，反実在論であり，構成主義とも言えない授業原理としては，理解型が位置づくことになる。各授業原理についての詳細は避けるが，授業原理の目指すものにより，授業で設定される目標も方法も異なってくる。授業者に明確な方法原理の使い分けができていれば，学習者もその授業原理に沿った見方・考え方が育成されていく。

では，新実在論はどういった社会科の授業原理として用いることができるのだろうか。これまで述べてきた通り，ガブリエルの言う新実在論という枠組みでは，実在論や構成主義を部分的にではあるが，包括していくことになる。社会科教育の授業原理において，こうしたすべてを包括できるような授業原理は開発されることはない。

ただし，授業者が学習指導要領通りの授業をしようと，学習者の主体的学びと見方・考え方の充実を用いて展開するような授業を試みている場合，見方・考え方の解釈として新実在論を活用することはできる。授業において，教師の設定した見方・考え方以外は遮断するのではなく，学習者が主体的に見ようとしている意味の場を，教師も子どもが何を見ているのかと，その意味の解釈を読み解きやすくなるのではないだろうか。また，そうした見方を有効的に使えば，より授業も構造的になるであろう。以下，新実在論を用いた見方の調整を図る授業についてまとめていく。

⑵相互作用の場の意味

社会科授業に関わらず，学習における学びの深化は一律ではないことが多い。学習者の経験則も影響を及ぼす。特に初等の授業では，教師が捉えさせたい知識を伝えようとしても，学習者が自ら持ち合わせている情報と結びつけることができなければ，授業での知識は結合されず，思考も閉じられがちになる。そこで，より学びを創りあげていくためにも，学習に関して自分はどう考えているのか対話を通して表現し，確認する場が必要となる。他者との対話は，自分自身で深める場合よりも，「どうして？」「わからない」等という意見によって，思考が促されることになる。必然に迫られ，学習者も自分の見方や考えの一面性に気付き，未熟な理解も深まることになる。このように学習者が問題について互いに建設的な方向で意見を出し合い，問題解決の方向へと深め合うような対話の取り入れ方を建設的相互作用と呼ぶ。

学習指導要領の変化もあり，グループで対話を試みられる授業も増えている。しかし，参加している学習者が積極的に自らの考えをもち，対話によって知識を深め合っている授業ばかりではない。多くの授業では，グループには分かれているが，グループごとに同じ問題について話し合う昔ながらのグループ学習と変わっていないことが多い。問題も深まりのある工夫されたものであればよいが，表面的に与えられた問題では対話する意義が薄れ，学習者にも主体的に問題を設定し，解決したいという気持ちが減少していくことになる。その解決となる手法の一つが，東京大学 CoREF が協調学習として開発した知識構成ジグソー法である[5]。ジグソー法は，問いに対応した形で３つ程度の異なるコース設定を行い，知識を相互的に紡ぎ合う学びとして提唱された学習方法である。授業は，問いの解決に向け，コースごとに用意された資料を用いて，各学習者が図Ⅱ-6-1のような過程[6]において，多様な見方を取り入れながら異なる小集団で何度か対話を繰り返し，知識を創りあげるという手法である。

STEP. 0　問いを設定する
STEP. 1　自分のわかっていることを意識化する
STEP. 2　エキスパート活動で専門家になる
STEP. 3　ジグソー活動で交換・統合する
STEP. 4　クロストークで発表し，表現をみつける
STEP. 5　一人に戻る

図Ⅱ-6-1　知識構成ジグソー法の学びの過程

(3)新実在論を用いて複線学習的に知識構成ジグソー法を活用する

知識構成ジグソー法という学習法は，学習科学の成果を取り入れた対話をもとに学習を深化させるものである。一方で深化の過程では，教師と学習者がその手法を熟知する必要と工夫された資料が必要になる。日々の授業において，こうした事前の準備は，実施に向けてハードルとなることが多い。

そこで，日々の行われる社会科授業においては，知識構成ジグソー法をもとに簡易な形で，学習者が主体的に臨める複線化授業を提案する。問題解決的な学習では，単元全体と各単位時間の学習問題が設定される。単元全体に関わる学習問題を解くため，どんな問題設定をするべきか学習者から導き出し，ある程度の時間を用意して，学習者が主体的に選択したコースの探究が

オリンピック憲章にのっとり，4年間努力した選手が互いに競い合い，世界平和の意義を見つめることは重要である。しかし,時代と共にオリンピック開催も,安全･伝統･経済・国際関係などスポーツ以外の要素が増え，社会への影響が大きくなりすぎた。このままでは平和の意義を参加国で考えなければ，開催国がなくなるという事態もあり得る。

コース1
前回の東京大会は日本の景気を刺激し，その後の高度経済成長にもつながった。今大会も期待されたが，コロナ感染と計画不足から赤字となった。費用は高騰し放送権料に頼り，今後オリンピックを開催できる国は限定される。

・海外の観光客の渡航や、施設建設による経済効果など、開催国の利益が増収し、経済が成長する。
・IOCは、放映権料の収入で運営されている。
・開催コストが高く、施設建設や維持費もかかる。
・今大会は、新型コロナウイルス感染の中で、1年延期し、観客を入れずに特別な開催をしたが、最終決算経費は招致時の試算の2倍となった。

コース2
戦後日本が民主的な国家として国際社会の中で役割を果たせる国になったこと，今回も震災復興，脱コロナ感染など新たな価値を考える場であり，スポーツだけでなく社会と暮らしや互いの文化を理解し合う場である。

・前回の1964年の大会は、アジア発であり、戦後の日本の回復を世界に示すことができた。
・LGBTなど時代の変化にあった多様性について、世界に発信できる。
・SNSで、選手への誹謗中傷がおこなわれる。
・コロナウイルスの影響で、中止の声もあったが、延期や感染防止対策を行い、最後まで実施できた。

コース3
オリンピックは，スポーツの祭典であり，選手は4年間努力をしている。オリンピックは，努力を競い合う場として必要である。また，競技の普及や国民の関心を高まり，応援することでスポーツや競技者とも一体感が出る。

・クーベルタンによって創始された近代オリンピックは「平和を希求」する運動が始まりである。
・4年に1度しか開催されないため、選手にとって、その時にしか出場できない特別さがある。
・競技の普及や、開催前後でスポーツへの興味・関心が増え、スポーツ文化の浸透ができる。
・ワールドカップなどの国際大会でよい。

図Ⅱ-6-2　授業モデル　授業構造図（複線化する一部）

できるようにする。コースごとに必要な資料をタブレットなどで閲覧できるようにし，学習者の探究を保障するとともに，他の資料の閲覧もできるような環境を整えておく。その後，ジグソー法と同じように，コースごとの対話や異なるコースで集まったグループ対話を繰り返し，見方・考え方を深めながら内容の吟味と知識を創造する。例えば，図Ⅱ-6-2は愛知県の先生が試行された小6歴史単元で「なぜ，二つのオリンピックを開催したのだろう」という学習問題を解くためのコース設定案の一部である(7)。コース1では経済的見方で，コース3では競技者の見方でスポーツオリンピックを考え，我が国の歴史の中でオリンピックを開催する意義を，子どもなりに知識を膨らませ様々な判断ができるようにするという構想である。主体的にコースを探究し，他の見方の意味を学習者同士が対話し解き明かすのである。

5　モデルの意義

新実在論を用いて小学校社会科授業を見直すということは，学習者や指導者が見ている世界を新実在論的に捉えなおし，学習者の見ている世界の意味を解釈し，全体の交流が柔軟に絡みあうようにすることに意義がある。

1990年代に関心・意欲・態度の意欲を重視するということで，学習の複線化が提唱された。しかし，学習法としても定着しなかった。その重要性は分かっても，学習のための準備の負荷や，子どものレディネスを整えきることはできなかった。しかし，ICT環境も整い，指導の個別化や学習の個性化(8)といった主体的な学びが学校全体で言われ，学習者が自ら学んでみたいことを探究できる状況は整備された。さらに，新実在論的に教師が学習者の見ている世界を保障してくことができれば，一人一人の学習者が他者と深め合う意味を実感できる授業となるであろう。

（須本　良夫）

註

(1)島田洋子「パトナムの『水槽の中の脳』について」お茶の水女子大学大学院人間文化研究科『人間文化論叢４』，2001年，pp. 75-83。

(2)マルクス・ガブリエル・清水浩一訳『なぜ世界は存在しないのか』講談社，2018年。

(3)同上。

(4)社会認識教育学会『新　社会科教育学ハンドブック』明治図書，2021年。

(5)鈴木孝典・本橋幸康「知識構成型ジグソー法における教材構造類型と授業デザイン―埼玉県×CoREF「未来を拓く『学び』プロジェクト」を通じて―」『埼玉大学紀要69（２）』，2020年，pp. 237-261。

(6)上條晴夫「協同学習の可能性―学習科学の視点から」『授業づくりネットワーク』学事出版，2012年。

(7)愛知県尾張旭市旭丘小学校林諒先生による実践資料を参照（筆者修正）。

(8)教育課程部会「教育課程部会における審議のまとめ」，2021年，p. 2。

参考文献

・竹田青嗣『現象学入門』日本放送出版協会，1989年。

・戸田山和久『「科学的思考」のレッスン　学校で教えてくれないサイエンス』NHK出版社，2011年。

・マルクス・ガブリエル『欲望の時代を哲学する』NHK出版社，2018年。

・白水始『対話力』東洋館出版社，2020年。

・鈴木孝典・本橋幸康「知識構成型ジグソー法における教材構造類型と授業デザイン―埼玉県×CoREF「未来を拓く『学び』プロジェクト」を通じて―」『埼玉大学紀要69（２）』，2020年。

第７節　理解型授業における「創造的認知のモデル」を援用した教師支援

1　理解型授業における課題

近年，歴史教育学研究における，共感を歴史的エンパシーとして捉え直す新しい共感に基づく歴史教育の検討等，共感は，歴史学と歴史教育学の関係性，歴史教育固有の論理，科学的社会認識，児童の主体性といった多岐にわたる論点を提起し，現在に至るまで重要な研究対象とされている[(1)]。この共感的理解を方法とする社会科授業理論として理解型授業がある。伊東亮三が，「社会科の授業理論が多様にあるとしても，『理解』の理論に基づく『追体験し意味を理解する社会科』は，社会科授業の中心的位置を占め続けると考えられる。（中略）『理解』の過程や方法は，日常生活で分かっていく過程と近似しているので，学習過程が子どもたちになじみやすい」[(2)]と述べているように，現在も多くの小学校の現場教師が，意識・無意識にかかわらず授業を行っている。この理解型授業の課題として，森本直人は「主観の恣意性の排除」[(3)]をあげている。この課題の改善のために，これまで，多様な立場からの見方・考え方をすることによって克服しようとしてきた。しかしながら，次の問題点を指摘することができる。「主観の恣意性の排除」を意図して，多様な立場からの見方・考え方をする中で，それぞれの人物の立場に立って考えるのではあるが，「特定の歴史観や価値観を先行させた感情移入」[(4)]に陥っているのである。具体的にいうと，「ハワイへ移民として船で海を渡った人々は，トランク１つに何を詰め込んだのだろうか」と問うと，「ゲーム機」と答える児童のように「自分の世界」に入り込み，また自分の世界だけで考えてしまうのである。このことを心理学者の佐伯胖が提唱している「擬人的認識」で換言すると，「『歴史上の人物になってみて，その当時の社会を眺めてみよ』とか『感情移入』と一言で言っても，その『移入』の仕方は千差万別にあり得るのであり，偏狭な視点をそのまま移し換えてみても，それによって視点が広がる保証はない」という指摘と重なる部分が多い(5)。

2　理解型授業の課題の克服

⑴「特定の歴史観や価値観を先行させた感情移入」に陥る原因

その原因を考える上で，心理学の知見が示唆に富む。長谷川寿一は，共感には，情動的共感と認知的共感があるとし，情動的共感とは「対象者の状況や境遇を正確に知覚する結果として，観察者が対象者と同様な情動状態を抱くこと」，認知的共感とは「対象者の状況や境遇を正確に知覚する結果として，観察者が対象者の状態を表象すること。」と定義している(6)。このことから，社会科授業で児童が行っている共感は，認知的共感であり，「特定の歴史観や価値観を先行させた感情移入」に陥らないためには，「対象者の状況や境遇を正確に理解する」ことが有効であると考えられる。では，どのようにすれば対象者の状況や境遇を正確に理解し，的確に感情移入（「特定の歴史観や価値観を先行させた感情移入」の克服）することが出来るのであろうか。上記のことを考える上で，感情移入の思考について，次のように考えることが有効であると考える。

⑵感情移入の思考の捉え

児童は教師に尋ねられて，瞬間，瞬間に思考する。そして，自分の思いついたこと，閃いたことを発言する。例えば，「聖武天皇と大仏」の授業では，教師が「どのような思いで聖武天皇は，大仏作りを行ったのでしょうか」と問うと，「自分の力を示したい」「威張りたい」と答える。これは自分の経験を踏まえて瞬間，瞬間，思考した結果である。それは，聖武天皇に感情移入した結果ではなく，自分なりに思考した結果に過ぎない。児童は自分の経験を踏まえて，閃きを創造している。換言すると，児童の経験に基づく瞬間，瞬間の思考を重ねているのであり，教師がそのような思考の積み重ねを「感情移入」と呼んでいるに過ぎないのである。このように考えると，感情移入の思考は，児童の経験に基づく瞬間，瞬間の思考の積み重ねといえる。では，教師は「対象者の状況や境遇を正確に理解する」ことを目指して，児童に瞬間，瞬間の思考を適切に積み重ねさせ，的確に感情移入に導くために，どのように児童の思考を制御すればよいのだろうか。

(3)「特定の歴史観や価値観を先行させた感情移入」の克服

これまで，理解型授業において，児童の思考を適切に制御する方法として，多様な解釈学的操作がなされている。しかし，筆者が管見する限り，これらは1時間，1単元の児童の思考の制御を意図するもので，瞬間，瞬間の思考の制御を意図したものではない。ここで，児童の経験に基づいた瞬間，瞬間の思考に注目した研究として，原紺政雄の創造的認知のモデルがある(7)。その中で，「創造的思考とは，直感的思考によって，非現実的，非合理的に創造されたものを，論理的思考によって，現実的，合理的，具体的にしていくことである。その過程について，新しいイメージやアイデアの芽を直感力が生み出し，それを想像力が展開し，思考力がそれを確かめ，検討する」と説明している。本研究で取り上げる，子どもの経験に基づく瞬間，瞬間の思考は，「新しいイメージやアイデアの芽を直感力が生み出す」段階の思考にあたる。その思考を論理的思考によって，現実的，合理的，具体的にしていく過程を支援する有効な方法として，創造的認知のモデルを示している。そこで，「創造的認知のモデルを活用した教師の支援」ついて，「創造的認知のモデルの生成，解釈，制約の3つを意識して考えることによって，児童自身はどのように社会をわかり，社会をつくっていくのかわかり，教師はその過程を的確に支援できる」と述べている。しかし，これまでの原紺の研究では，

１時間，１単元における創造的認知のモデルを活用した思考活動における教師の支援について述べられているが，児童の瞬間，瞬間の思考への教師の支援は述べられていない。このような問題意識から，本稿では理解型授業の課題に対して，創造的認知のモデルの生成，解釈，制約を意識して，児童の経験に基づく瞬間，瞬間の思考を的確に捉え，適切に発問をすることによって，児童の思考を制御でき，的確に感情移入できることが本研究の仮説である。

3　創造的認知のモデルの全体構造と意義(8)

教師は，「創造的認知のモデル」の生成（自由な発想でアイデアを生み出す），解釈（対象とする人々の立場に立って，そのアイデアがどのような意義があるのかと思考を巡らす），制約（その物事の基本条件を踏まえる）という３つの要素を意識して，児童の思考をモニタリングし，適切に発問することによって，児童の瞬間，瞬間の思考を制御し，的確な感情移入に導くことができると考える。生成段階では，自由な発想のもとにいろいろなアイデアが出される。教師が，その特性（斬新性等）を意識して，児童の思考を見取り評価することで，多様なアイデアの生成を促すことにつながる。解釈段階では，その自由な発想が対象とする人々にとってどのような意義があるのかを探る。換言すると，発明先行構造を取り上げて，抽象的，理論的な解釈を見つけ出すプロセスである。例えば，ある発明先行構造は医学における新しい概念（医者からの解釈）や楽曲の主題（音楽家からの解釈）を表しているように解釈できる。それぞれ違った立場から，解釈することで，様々な解の可能性が高まる。他方で，生成・解釈されたものが，そのテーマの基本条件にかなったものとして認められない場合は，最初にイメージしていたものを棄てて，より創造的なものを新しくイメージすることになる。この営みが制約である。制約は，生成・解釈両段階に影響を与え，課題や要求にかなったものであるかを判断する。例えば，新しいコンピュータを作って欲しいと頼まれる。コンピュータの部品が固定されていれば，イメージできる形の組み合わせが限られる。コンピ

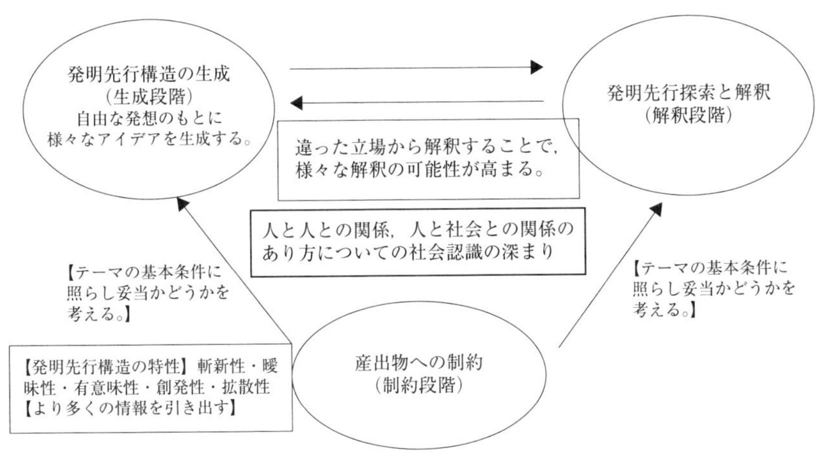

図Ⅴ-7-1　創造的認知のモデル図

ュータとして必要な機能が働かなければ，解釈段階で不適とされる。また，制約は産出物の特徴やアイデアを生成する際に利用できる構成要素や解釈の領域を制限することで，創造力を促進する。以上のことから，創造的認知のモデルを援用した授業構成では，生成，解釈，制約という学習過程をバランスよく，循環的に思考することができる。つまり，社会システム（制約）を考慮し，多様な立場から客観的に考え（解釈），その中に自分の考えを位置付ける（生成）ことができる。結果として，どのように社会をわかり，社会をつくっていくのか，児童自身がわかり，教師も的確に支援ができる。

4　創造的認知のモデルを援用した学習指導方略

(1)生成・解釈・制約を意識したモニタリングと発問

創造的認知のモデルの学習過程を循環的・能動的な過程として捉え，発問することが重要である。具体的には，教師が，児童の思考について，多様で柔軟な考えを生成できていないと判断すれば，生成段階を活性化させる発問をする。（生成段階における特性「斬新性，曖昧性等」を意識して評価することで，創造的な考えを促す。）児童の思考が，より多様な立場から考える必要があると判断すれば，解釈段階を活性化させる発問をする。（発問は「対象とする人物と関係する人物にはどのような人がいますか」）児童の思考が非現実的であると判断すれば，制約段階を活性化させ，社会的条件を考慮させる。（発問は「その対象とする人物が，○○（外国等で）で困ることは何ですか」）児童は，一度仮説を発見すると，その他の観点から考え，解釈を再構築しようとはしない傾向が見られる。その場合，生成・解釈・制約段階の循環的思考を促す発問をする。これには，テーマを再定義したり解釈・制約段階を活性化したりすることが有効である。その際，そのテーマに内包する概念の定義を明確にすることで，それまで見過ごされていた事柄に光が当てられ，その概念は，サーチライトになって，解釈段階における観点や，制約段階におけるテーマの捉え方の変更につながる。また，時間軸を意識させ，継続性を考えさせる発問をすることで，人間が社会の営みを続けていくために必要な人々の関係性と社会システムに目を向けることになる。

(2)第６学年単元「聖武天皇と大仏」の授業の場合

では，上記の方略を踏まえ，単元「聖武天皇と大仏」の具体場面における教師（T）の発問と子ども（C）の反応を，以下のように分析・整理した。

Ｔ１：「どのような思いで聖武天皇は，大仏作りを行ったのでしょうか」
Ｃ１：「自分の力を示したい」「威張りたい」「大仏の力で助けて欲しい・願いを叶えて欲しい・何かから守って欲しい」（思い付きの生成）
Ｔ２：「誰に対して自分の力を示したいのだろうか」（Ｃ１の思考に対する解釈段階を意識した発問）
Ｃ２：農民，貴族，他の天皇一族
Ｔ３：「聖武天皇は大仏の力で助けてほしいと願っていたのならば，何を困っていたのだろうか」（Ｃ１の思考に対する制約段階を意識した発問）
Ｔ４：「聖武天皇は，当時の社会でどのようなことで困っていたのかを調べましょう」（制約条件を意識した指示）

Ｃ３：貴族の反乱，疫病，飢饉等
Ｔ５：「貴族の反乱，疫病，飢饉等が起こっている中，農民，貴族，役人は，聖武天皇の大仏づくりをどう思っていたのでしょうか」（制約条件を意識した多様な立場からのアイデアの生成）
Ｃ４：「反乱を起こす人もいるぐらいだから，天皇に不満をもっている。協力しない人もいる」（貴族）
Ｃ５：「疫病等で人々が苦しんでいる中で，資金・材料は大丈夫だろうか」（役人）
Ｃ６：「飢饉等でこんな苦しい生活の中，大仏づくりを手伝わされることで，家族の生活が更に苦しくなる」（農民）
Ｔ６：「世の中が飢饉，疫病，貴族の反乱等で大変だったとき，その中で，聖武天皇は，９年間でのべ約260万人もの人に大仏を作らせました。どのような思いで大仏を作らせたのだろうか」（制約条件【時間軸】の追加による新しいアイデアの生成）
Ｃ７：「大飢饉や疫病，貴族の反乱が同時に起こり，聖武天皇は，『なんとかしたい』という思いで大仏づくりを強い覚悟をもって行ったのだと思う。そう考えた理由は，農民たちへの負担，貴族の反乱，飢饉・疫病の中，９年間ものべ260万人の人を働かせたことが，『強い覚悟』の表れだと思う。そこには，本当に大仏づくりを続けてもいいのだろうかという迷いや葛藤があったと思う。」

このように，「聖武天皇の立場から考え続けた上で，工事期間や動員人数，人々の不満等を考慮した結果，心の迷い・葛藤，強い覚悟という思考に至った」と解釈でき，Ｃ１の児童の閃きを創造的認知のモデルの生成・解釈・制約を意識してモニタリングし，適切に発問したことによって，的確に感情移入することが出来たと考える。

5　本研究の成果

本研究の成果は，理解型授業の課題に対して，児童の経験に基づく瞬間，瞬間の思考を創造的認知のモデルの生成・解釈・制約を意識して捉え，適切に発問することで，結果として的確に感情移入が深まることがわかった。創造的認知のモデルのわかり方は，説明や理解といった授業論の１単元，１時間単位のわかり方ではなく，５～10分のわかり方である。児童は，授業理論を意識して考えてはいない。瞬間，瞬間で自分なりに創造的に考えている。それを教師が，１時間，１単元の単位で授業理論の名前を付けているにすぎない。児童たちが瞬間，瞬間，創造的に考えている場面をピンポイントで支援できるのが創造的認知のモデルである。理解理論と創造的認知のモデルの関係は，入れ子関係にあるといえる。

（原紺政雄）

註

（１）宇都宮明子「エンパシー・シンパシー」棚橋健治・木村博一『社会科重要用語辞典』明治図書，2022年，p. 169。

（２）伊東亮三「社会科授業理論の認識論的基礎づけ（Ⅰ）―『追体験し意味を理解する社会科』の場合―」『日本教科教育学会誌』第８巻第１号，1983年，pp. 27-32。

（３）「主観の恣意性の排除」については，森本直人「『理解』理論による主体的な歴史解釈力の育成」『社会科研究』第48号，1998年，pp. 54-55を参照。

（４）木村博一「児童が追究する社会科授業」社会認識教育学会編『社会科教育のニュー・パースペクティブ－変革と提案－』明治図書，2003年，pp. 139-140。感情移入については，自分の立場から自己の体験や価値観といった枠組みをもって相手の気持ちを認識することとし，共感よりも能動的な認知活動と定義する。

（５）佐伯胖『イメージ化による知識と学習』東洋館出版社，1978年を参照。

（６）長谷川寿一「共同性研究の意義と課題」Japanese Psychological Review 2015 Vol. 58，No. 3，pp. 411-420。

（７）詳しくは，原紺政雄「『創造的認知のモデル』を活用した社会科学習指導過程の有効性－介護プランづくりの授業における社会認識の深化－」『社会科研究』第64号，2006年，pp. 71-80を参照。以下，同様。

（８）詳しくは，フィンケ・ウォード・スミス著，小橋康章訳『創造的認知－実験で探るクリエイティヴな発想のメカニズム－』森北出版，1999年を参照。

第Ⅲ章　子どもの心理と教育内容の論理を結びつけた地域学習

第1節　社会的事象の比較を大切にした小学校社会科授業

―第3学年単元「店で働く人　山崎清春商店」の実践を通して―

1　研究の目的

児童は，物事を考えるときに対象を比較することで，社会的事象を概念として認識したり，価値判断を行ったりしている。児童に認識させたい社会的事象とそれを比較するための対象を明らかにすることが魅力ある授業の決め手の一つになる。

例えば，小学校3年の社会科では，店の学習を通して，地域の販売の仕事を理解する単元がある。自分たちの地域にある店を比較し，もっとも多くの人が買い物に行く店を調べ，安さ，品揃え，立地等に着目し，消費者の願いとそれに応える店側の取組を結び付けて学んでいく。自分たちの経験や店の見学を通して，「A店は，他の店と比べて，安くて，品揃えが多くて，駐車場が広いから，たくさんの消費者が買い物に行く。」のように学んでいく。店と店を比較することで，一番多くの消費者が行く店を決定し，安さや品揃え等の規模を捉えることができる。

しかし，一口に店，消費者，願いといっても，実に様々である。店には，スーパーマーケットのほかに，コンビニエンスストア，ドラッグストア，デパート，商店街等がある。教科書においても，スーパーマーケットを学習した後で，近所の店，商店街，大型専門店，コンビニエンスストア等を写真で紹介し，スーパーマーケット以外の店についても調べるように促している。また，消費者には，子育て世帯，高齢者世帯，一人暮らし等の個人消費者もいれば，事業者としての消費者もいる。様々な消費者がいて，消費者の願いも多様である。小学校3年の社会科は，地域学習であることから，児童が地域を学ぶ前に，まずは，教員が積極的に地域に足を運んで，地域で販売の仕事に携わる人と話をしてほしい。商店街に行けば，他地域にはないその地域特有の店に出会うだろう。過疎地域であれば，高齢者世帯の願いに応える工夫があるだろう。児童がその様子を直接見学したり，販売に関わる人から話を聞いたりすることを通して，地域にいる消費者とその願いに気付き，地域への理解を深めていくことができると考える。

本研究では，社会的事象の比較を大切にした地域学習の授業実践例を紹介することで，どの教員も自分の勤務する学校の地域教材を積極的に開発していくことを期待する。

2　研究の内容

(1)子どもの心理

井田仁康・唐木清志は，児童が社会科の学習を好きな理由を，「児童のもっている認識が揺り動かされた時（矛盾），未知のもの，珍しいものに好奇心が湧いた時（好奇），対立した２つの事実や事象に出会った時（対立），２つ以上の事実や事象に共通点を発見した時（共通）」と示している[1]。現地に出向いて直接観察し，矛盾，好奇，対立，共通に出会った時，児童は，目の前にある社会的事象を自分ごととして捉えるようになる。さらに教室内の学習では，児童が見たり聞いたりしたことを基に比較させることで，新たな矛盾，好奇，対立，共通に出会うことができる。

(2)学習指導要領上の位置付け

小学校学習指導要領には，以下のように示されている[2]。

ア　次のような知識及び技能を身に付けること。
　(イ)販売の仕事は，消費者の多様な願いを踏まえ売り上げを高めるよう，工夫して行われていることを理解すること。

> イ　次のような思考力，判断力，表現力等を身に付けること。
> 　(イ)消費者の願い，販売の仕方，他地域や外国との関わりなどに着目して，販売に携わっている人々の仕事の様子を捉え，それらの仕事に見られる工夫を考え，表現すること。

身に付けるべき知識及び技能として，販売の仕事が，消費者の多様な願いを踏まえ売り上げを高めるよう，工夫して行われていることとしている。ここで重要になってくるのが，地域の消費者は，誰であるかということ，また，消費者の願いは，何であるかということを明らかにすることである。そして，販売の仕事は，売上げを高めるために，消費者の願いに応えるどのような取組を行っているかということを明らかにすることである。

(3)取り扱う主たる地域教材

①イオン尾道店

イオン尾道店は，1979年に開業したニチイ尾道店が，店名を尾道サティに変更した後，2011年にイオン尾道店に変更し，2019年に店舗の老朽化等により閉店した総合スーパーである。学校の西側800m 先にあり，周辺は，マンションや一軒家が立ち並ぶ住宅街である。多くの児童の家族が利用していることから，イオン尾道店を取り扱うことは，児童の生活経験と結び付けた学びを生み出しやすい。また，直接見学したり，店員にインタビューをしたりする活動を通して，消費者の願いに合わせて，できるだけ安全でおいしく，安く手に入る品物を選んで店に並べるために，日本全国や外国から品物を仕入れ，宇品に集積し，毎日トラックで店舗まで運んでいることにも気付くことができる。

②山崎清春商店

学校の南側には，全長約1.2km にわたる日本有数の長さを誇る尾道本通り商店街が東西に伸びており，現在も約210件の店舗が軒を連ねている。尾道は港町として繁栄し，尾道本通り商店街は，その歴史と共に歩んできた。

図Ⅲ-1-1　山崎清春商店と店主

創業100年を超える老舗は24店舗残っており，歴史文化財の建築物も擁している。また，四季折々のイベントやお祭りが開催される。山崎清春商店は，本通り商店街の西側，学校から200m 先にある。1919年に創業した美術刀剣や刃物を取り扱う全国でも珍しい専門店である。専用の駐車場はなく，児童の自宅から車で買い物に行くことは難しいが，西側400m 先にある JR 尾道駅を利用して市内外から商店街に足を運ぶ消費者がいる。また，包丁や鋏は，料理人や尾道で帆布を生産，販売する人にも利用されている。多様な消費者の願いに合わせ，品物を販売するほかに，品物の説明や修理，地域への配達，全国への宅配等をしている。

3　授業実践事例

(1)単元の目標

地域に見られる販売の仕事について，消費者の願い，販売の仕方に着目して，見学・調査したり，白地図やポスターなどにまとめたりすることで販売に携わっている人々の仕事の様子をとらえ，それらの仕事に見られる工夫を考え，表現することを通して，販売の仕事は，消費者の多様な願いを踏まえ売り上げを高めるよう，工夫して行われていることを理解できるようにするとともに，主体的に学習問題を追究・解決しようとする態度を養う。

(2)単元計画（全16時間）

次	学習活動	児童の思考	教材・教具
1 （3）	私たちは，どこの店でどんな物を買っているのだろう。		
	・自分たちの買い物について，振り返り，学習計画を作る。 ・自分たちが買い物をしている店を調べ，お店マップを作る。	◯スーパーやドラッグストアによく買い物に行く。 ◯家の近くに買い物に行く人が多い。学級の中で，商店街で買い物をする人は少ない。	・写真（店） ・広告（店） ・地図（自分たちの住む場所と店の場所）
2 （7）	尾道にはたくさんの店があるのに，なぜ多くの人はイオン尾道店に行くのだろう。		
	・店を見学する計画を立てる。 ・イオン尾道店や商店街に行き，店の中を見学したり，店で働く人にインタビューしたりして働く人の工夫を調べる。 ・商品の仕入れ先や働く人や買い物客がどこから来ているか話し合い，地図にまとめる。 ・イオン尾道店に多くの消費者が行く理由について考え，話し合う。	・クラスで一番多くの人が買い物しているイオンは，学校からも近い。学校のもっと近くには，商店街もある。 ・イオン尾道店は，みんなが住んでいる近くにあるし，大きな駐車場があるので，歩いても車でも買い物に行きやすい。 ・イオン尾道店は，食品や食品以外の品物が多いので，いろんなものを選んで買うことができる。 ・品物は，国内外から仕入れていて，働く人は，市内外から来ていて交代で働いている。	・写真（店） ・見学メモ ・地図（商品の仕入先） ・地図（働く人の住む場所）
3 （6）	なぜ，商店街の店は古くから続いているのだろう。～創業92年，山崎清春商店を調べてみよう～		
	・山崎清春商店の工夫について考え，話し合う。 ・山崎清春商店を見学したり，店で働く人にインタビューしたりする。	・山崎清春商店は，イオン尾道店と同じ工夫をしていないのに，なぜ長く続いているのか。 ・商店街のお店には，イオン尾道店とは違ったお客さんがい	・写真（店） ・見学メモ ・グラフ（消費者） ・表（値段と売上げ）

	・商店街の工夫について考え，話し合う。 ・店で働く人の様々な工夫や消費者の願いについて調べたことをポスターにまとめる。	ることが分かった。お店はそれぞれのお客さんの願いに合った工夫をしている。 ・地域には，いろんな消費者がいて，それぞれに願いがある。お店は，いろいろな種類があって，お客さんの願いに合った工夫をしている。	・表（イオン尾道店と山崎清春商店の比較） ・ポスター

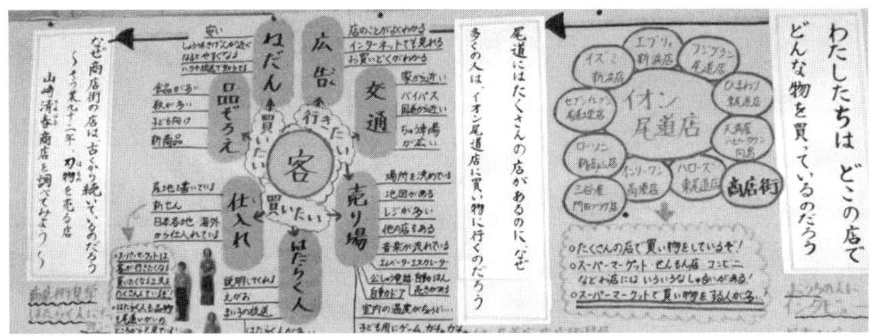

図Ⅲ-1-2　教室に掲示した単元計画

(3)本時の展開（第３次第１時）

学習活動	指導上の留意事項
1　イオン尾道店と山崎清春商店の包丁の値段と売上げを比較する。	○清春商店とイオン尾道店の包丁を比較し，清春商店の包丁の方が，値段が高いのにもかかわらず，よく売れていることに気付かせる。
2　本時のめあてを確認し，自分の考えを持つ。	○学習課題「品物は安い方が売れるのに，なぜ清春商店の包丁は高くても売れるのだろう。」に対する答えを予想させ，山崎清春商店の販売の仕方や消費者の願いについて考えさせる。
3　資料から読み取ったことをもとに，山崎清春商店の販売の工夫を説明し合う。	○写真資料（説明する，修理する，配達する，宅配する）や，グラフ資料（山崎清春商店の消費者の割合）から，消費者の願いに合わせた山崎清春商店の販売の工夫について考えさせる。
4　山崎清春商店で包丁を買った人の話を聞く。	○山崎清春商店で購入した包丁を利用する料理人に登場してもらい，包丁で野菜を切る所を見せ，切れ味の違いに気付

	かせる。料理を食べてもらう人においしく食べてもらうために，包丁の切れ味にこだわっていることを話してもらう。
5　山崎清春商店で働く人の話を聞く。	○山崎清春商店の店主に登場してもらい，地域の方，観光客，料理人等の願いに合わせた販売の工夫をしていることを話してもらう。
6　学習のまとめをする。	○山崎清春商店には，イオン尾道店と違った願いをもった消費者が品物を買いに来ていることや願いに応じた工夫をしていること，お店は人とつながるための工夫をしていることをおさえる。

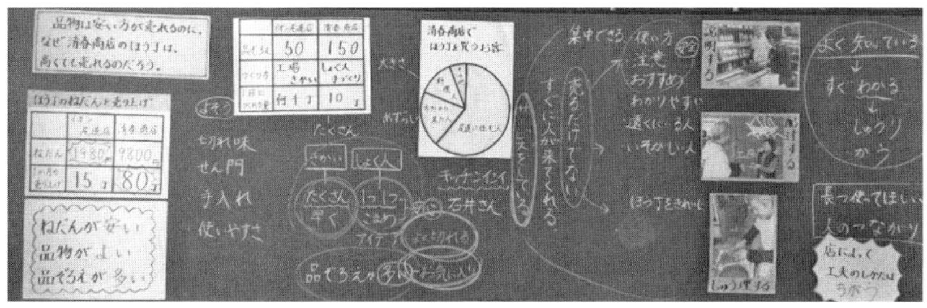

図Ⅲ-1-3　本時の板書

⑷授業の実際

本時では，はじめにイオン尾道店と山崎清春商店の包丁の値段と売上げを比較した。1980円と9800円で約５倍もの値段の差があったが，児童はイオン尾道店の品物が安いことを知っているので，さほどの驚きはなかった。「安くしないと売れないよ。」と言いたくなるところである。次にイオン尾道店の１ヶ月の包丁の売上げが15丁であることを伝え，山崎清春商店の売上げを予想させた。予想は１～３丁で落ち着いた。実際の売上げが80丁だったことを伝えると，児童のもつ認識が揺り動かされた。値段は安い方がよく売れるという認識が覆されたのである。ここで，学習課題が「品物は安い方が売れるのに，なぜ清春商店の包丁は高くても売れるのだろう。」に決まった。児童は，商店街の見学を思い出しながら，切れ味，専門性，手入れ，使いやす

図Ⅲ-1-4　料理人の使う包丁を見る児童

さに違いがあるのではないかと新たな予想をした。しかし，それでも80丁も売れたという事実に納得がいかないようであった。しばらくしてある児童が，「観光客がお土産に買うのかもしれない。」と考えた。そこで，山崎清春商店に来る客の割合を示し，２割が観光客であることを知った。そして，もう２割は料理人等であることに気付き，ゲストティーチャーの料理人の方に登場していただいた。その方は，尾道を中心に，各種弁当，仕出しを届けているキッチンイシイの料理人である。実際に普段使っている山崎清春商店の包丁で玉ねぎがすいすいと切られていくところを見た。トマトを切ってもらい，汁の出ないトマトの断面を見た児童から大きな歓声が上がった。「お客様においしく食べてもらうために切り方を工夫しているんです。」という料理人の言葉に児童は納得の様子であった。他店を上回る品質のよさを確認した。そして，残りの６割は，尾道に住む人であり，その中には，尾道帆布も含まれていることを知った。忙しくて店に行くことができない消費者に対しては，修理の配達をしていることを知った。山崎清春商店の店主は，「販売する品物については，切れ味にこだわっている。買い物が日本の職人を育てることにつながる。物は長く大切に使ってほしい。マナーのよい賢い消費者になってほしい。」と思いを述べられた。授業の終わりに，販売の仕事の工夫につ

図Ⅲ-1-5　清春商店主の思いを聞く児童

いてまとめた。店によって消費者や工夫の仕方が違うこと，どの販売の仕事も消費者とのつながりを大切にした工夫を行っていることに気付くことができた。

4　研究のまとめ

本研究で紹介した授業実践では，多くの児童とその家族が利用しているイオン尾道店と学校のそばにある商店街の山崎清春商店を扱った。最初にイオン尾道店での学びを通して，児童は，見方・考え方を働かせ，養った見方・考え方を活用して山崎清春商店で見られる販売の工夫を追究した。「品物は安い方が売れる」という見方から，「消費者の願いに合わせた工夫によって売れる」へと変容していった。安い品物がよい物で，高い品物が悪い物ではない。機械であれば，1日に何千丁もの包丁を作ることができるが，職人の手で作られる包丁は，10丁程度である。値段で言えば，手作りの方が，高くならざるを得ない。山崎清春商店に並ぶほとんどの品物が国内の職人によって作り出された品質のよい包丁や鋏である。その品質を認め，職人の作った包丁を買うことは，山崎清春商店の店主が言うように，買い物が日本の職人を育てることにつながる。また，その品質やサービスがあるからこそ，市外の消費者や地域の事業者とのつながりが生まれる。山崎清春商店をはじめとした商店街の個性ある１つ１つの店は，尾道の魅力になっている。山崎清春商店の販売に係る営みが，地域の料理人や帆布の販売店で働く人ともつながっていたことに児童が気付くことができたことは，地域に誇りと愛情をもつことにつながった。

最後に，木村博一は，「『わかる』社会科授業を創造して展開すれば，『わかった』という喜びを子どもがかみしめることができる。『個性ある授業デザイン』を磨いていくことは教師の楽しみであり，それが一歩でも前進することは教師の喜びである。生きがいあってこその人生であり，教師が楽しんでこその授業である。」と述べている(3)。筆者は，この地域で生まれ育ったわけではないが，この地域の学校に赴任した十年間で数々の教材研究と校外学習を行った。児童が地域学習を通して，「わかった」と実感したことやこの地域に誇りと愛着をもつことができたことは，教師の生きがいとなった。

（才谷　瑛一）

註

（１）井田仁康・唐木清志『初等社会科教育』ミネルヴァ書房，2018年，p. 63。

（２）文部科学省『小学校学習指導要領（平成29年告示）解説　社会編』日本文教出版，2018年，p. 37。

（３）木村博一『「わかる」社会科授業をどう創るか』明治図書，2019年，p. 16。

第２節　身近な事象の社会的価値を考える社会科授業
―第３学年単元「移動スーパーとくし丸」の開発を通して―

1　地域社会が直面する課題

⑴勤務校が所在する市町村の課題

筆者の勤務校は高知県高知市に所在する。高知県は，全国１位の森林面積率を誇るなど，豊かな自然環境に恵まれた土地であるが，人口は35年連続して減少し1920年以降最少を記録，大正時代と同じ水準となっている。高齢化率も35.9％で全国２位となっており，人口減少や高齢化による問題が，全国に先駆けて深刻化している。また，高知市でも，2010年より人口減少が続いている。市街地ではバスと路面電車が運行されているが，利用者数の減少や運転士不足による減便や路線の廃止があり，将来の存続が危ぶまれている(1)。

⑵人口減少に対する商店の課題

消費市場の縮小によりスーパーなどの小売業は，ディスカウントを中心とした販売戦略の見直しに迫られている。例えば，高知県香美市で３店舗のスーパーを展開するバリュー社長の石川靖氏は次のように語っている(2)。

> *実家に帰ってきたのが1994年くらい。ディスカウントで安く売って人を呼んでいて，すごく業績が良かったんです。1998年が売上の最大ピーク。僕が店長に就いて，その翌年の1999年からジワジワ下がり始めました。そのとき，「もっと安く売らないかん」という考えでした。安く売れば売るほど，ジワジワ下がっていく。*

このように，人口が減少する地域では売上の増加は見込めない。そこで，バリューではディスカウント商品に加えて，地場産品や生産方法にこだわった商品など，高付加価値の商品を充実させ，客単価を上げようとしている。

もっとも，経営を立て直す企業ばかりではない。高知市の飲食料品小売業は，2004年に1360事業所であったが，2016年には734事業所に減少している[(3)]。

⑶商店の減少に対する消費生活の課題

商店の減少などを理由に，買い物弱者とよばれる日常的な買い物に困難さを感じる人々が増加している。農林水産省の報告書[(4)]によると，店舗まで500m 以上で自動車のない65歳以上の人口は，2010年に382万人であったのが，2025年には598万人に及ぶとされている。これは，過疎地に限らず都市部でも顕著で，三大都市圏（特に東京圏）でも大きく増加している。

高知市においては，人口減少や高齢化の進行だけでなく公共交通の減便や路線の廃止，存続の危機といった問題があることを考えると，今後ますます顕在化していく問題として，重要な意味をもっているといえる。

⑷買い物弱者支援の在り方

買い物代行やドローンなどの科学技術を生かした配達など，様々な買い物支援が検討されている。しかし，買い物支援について利用者の意識から研究した谷本圭志ら[(5)]や金田優希ら[(6)]によると，買い物支援に対して，利用者は，食料の調達だけでなく，「自分で買い物ができる」「直接商品をみることができる」といった副次的な価値を見出しているとされる。

食料調達以外の副次的な価値も提供でき，買い物弱者の生活の質を高めるものとして注目されるのが，車両に商品を載せて移動販売を行う，移動スーパーである。金田ら[(7)]は，移動スーパーにおける買い物が「毎週の楽しみになっている」など，生きがいを創出していることやコミュニケーションの場を提供していることを示唆している。

2　地域社会が直面する課題に対する販売に携わる人々の取り組み

(1)買い物弱者への支援の難しさ

高知県土佐市に本店を置き，6店舗のスーパーと5店舗の業務用スーパーを経営するサンプラザは，1986年から移動スーパーのハッピーライナーを運営している。採算が合わずに競合企業が撤退する中，現在でもバスタイプ6台，ミニトラックタイプ5台を運行している。このことについて，移動販売車事業部課長の小田浩氏は次のように語っている[8]。

過疎化により毎年赤字事業ではありますが，弊社は利益優先ではなく社会貢献，困っている地域の人を助ける取り組みとして継続しています。例えば，これまで多くの方が利用してくださっていた場所で，施設に入られる方が出てきたとします。そのエリアの利用客がたった一人になってしまったとしても，もう来れなくなりましたなんてことは言えませんよね。

社会貢献として長年続けられてきたハッピーライナーでは，車両更新などに，自治体の補助金が活用されている。買い物支援事業の採算性について研究した赤坂嘉宣ら[9]は，買い物弱者への支援の困難性を次のように説明している。

潜在的利用者の絶対数が少なく，客単価が低く，居住地域が散在しているような山間部，あるいは高齢化をむかえた大都市近郊などの地域では，いかに社会的に必要な買物弱者対策であっても，事業を継続させることは困難なのである。

このように，移動スーパーは買い物弱者の生活の質を高めるという社会的価値がある一方で，事業の採算性の観点から，行政サービスとして税金の投入を必要とする。しかし，人口減少と高齢化に直面する自治体において，税収の減少が見込まれる中で，行政支出を増やすことは容易なことではない。

⑵移動スーパーとくし丸の社会的価値

サニーマートは，高知県と愛媛県に23店舗を出店するスーパーで，2014年よりとくし丸本部との契約により，移動スーパーとくし丸を運営している。

とくし丸は，とくし丸本部とサニーマートなどの地域スーパー，販売パートナーの３者により運営される移動スーパーである。販売パートナーは，地域スーパーの販売代行を行う個人事業主であり，商品は地域スーパーから補充し，総菜など売れ残った商品は店頭で再販される。販売パートナーにとっては在庫を抱える心配がなく，地域スーパーにとってはコストを抑えて売上を増やすことができるというメリットがある(10)。

とくし丸の販売形態は，軽トラックを利用した移動スーパーであり，対面販売による丁寧な接客が行われていることは，これまでの移動スーパーと相違ない。特異なのは，開業にあたり徹底した需要調査が行われ，ニーズがあると思われるエリアを一軒一軒訪問し，玄関先まで来てほしいという消費者を，採算ラインに達するまで調べ上げる点である。また，家の軒先で買い物ができるという付加価値への対価も価格に反映させ，店頭価格より10円高い価格(11)で販売している。顧客に高齢者が多いという特徴を生かして，商品のモニタリング調査の代行を行うなど，利益を上げる様々な工夫によって，買い物弱者への支援を経済活動として成立させ，補助金に頼らない運営を実現しているのである。

しかも，とくし丸は，地域スーパーがこれまで対象とすることができなかった，来店が困難な顧客をターゲットとしている。そのため，とくし丸は，地域スーパーの収益を改善するとともに(12)，社会貢献による企業価値の向上や働き甲斐の創出という，２つの利益をもたらしている。

このように，地域スーパーの売上減少と買い物弱者の生活の質を向上させるという，地域社会が直面する課題に対して，とくし丸は経済活動による解決策を示している。その結果，2012年に徳島県で２台が稼働する事業であったのが，2022年には全国47都道府県に拡大，1006台を稼働させるに至っている[13]。

3　とくし丸の教育的価値

都市部でも多く運行されているとくし丸は，日本の多くの小学校で児童に身近な教材として扱える可能性があり，教材としての価値は大きい。

また，地域社会が直面する課題を，行政サービスではなく経済活動として解決を図るとくし丸の取組は，予測不能とされる社会において，望ましい社会の在り方を主体的に追求する人々の姿といえる。学習を通して，そのような人々と出会わせ，地域が直面する課題を顕在化させることができるとくし丸の教育的価値は，非常に大きいと考える。

4　身近な事象の社会的価値を考える社会科授業

小学校第３学年の販売に携わる人々に関する学習において，とくし丸の社会的価値を考える社会科授業を実践した。

⑴単元の目標

販売の仕事は，消費者の多様な願いを踏まえ，売り上げを高めるよう工夫して行われていることについて考え，地域の消費者やスーパーが抱える問題の解決を図っていることを理解することができるようにする。

⑵単元の展開

時数	学習課題	学習内容
1	どこで買い物しているか調べよう。	○家の人が普段どこで買い物をしているか調べる計画を立てる。
2		○結果をまとめ，スーパーで買い物をする人が多い理由を予想し，学習の計画を立てる。
3	なぜスーパーで買い	○教科書の資料からスーパーの人がどのように働いて

	物をする人が多いのだろう。	いるか調べる。
4 5		○サニーマートを見学したり，店長さんにインタビューしたりして，たくさんの人に来てもらうための工夫を見付ける。
6 7		○見学して見付けた工夫を発表し，「１つでも多く買ってもらう」「いろいろな人に来てもらう」「買い物を楽しくする」の観点からベン図に整理し，店員さんの願いを考える。
8		○サニーマートの品物がどこから来ているのか調べ，様々な産地から品物を取り寄せる理由を考える。
9	スーパーのこれからについて考えよう。	○高知市の人口推移や75歳以上人口推移のグラフ，高齢者が買い物をする様子を伝える動画から，サニーマートがどのような課題に直面しているのか考える。
10		○拡大写真からとくし丸がどんな商品を売っているのか調べる。
11		○動画から販売パートナーの杉本さんがどのような工夫をしているのか調べる。
12		○お客さんがとくし丸で買い物をする理由を考える。（本時）
13 14		○とくし丸の良さを考え，はがき新聞にまとめる。

(3)本時の展開

学習活動	教師の働きかけ
1．課題をつかむ 前時の学習を振り返る。 ・高齢者向けの商品をそろえている。 ・消費期限を見て新鮮な物を売っている。 ・スーパーと同じようにお買い得の商品を売っている。	○１品当たり10円割高であることを示し，とくし丸で購入する理由に疑問をもたせる。
お客さんがとくし丸で買い物するのはなぜだろう。	

2．課題について考える とくし丸を利用する高齢者の動画から10円高くても買う理由を考える。 ・足が悪くて歩くのが大変で，家の前まで来てくれるのが便利だから。 ・スーパーは広いからたくさん歩かないといけないけれど，とくし丸は小さいからあまり歩かなくてすむから。 ・とくし丸だったら自分で買い物ができるから。	○動画から，家族が買い物をしてくれているのにとくし丸で買い物する高齢者がいることに気付かせ疑問をもたせる。
3．課題を深める 家族が買い物してくれるのに，なぜとくし丸で買うのか班で話し合う。 ・家族に頼むと，欲しいときにすぐに買えないからだと思う。 ・自分で買えたほうが楽しいからだと思う。	○「家族が買ってきた方が安いよ？」と発問し，消費者が自分で買うことに10円の価値を見出していることに気付けるようにする。
4．学習のまとめをする 課題に対する考えを発表する。 ・できれば自分で買いたいんだと思う。 ・買いに行けない高齢者にとっては，自分で買うのは夢みたいなものだから，値上がりしても買うんだと思う。 ・杉本さんも高齢者の役に立ってうれしい。 ・サニーマートも儲かるし，役に立ってうれしいと思う。	○昨年度から1品20円に値上がりしたこと，杉本さんのお客さんで利用をやめた人はいないことを示し，考えを深められるようにする。

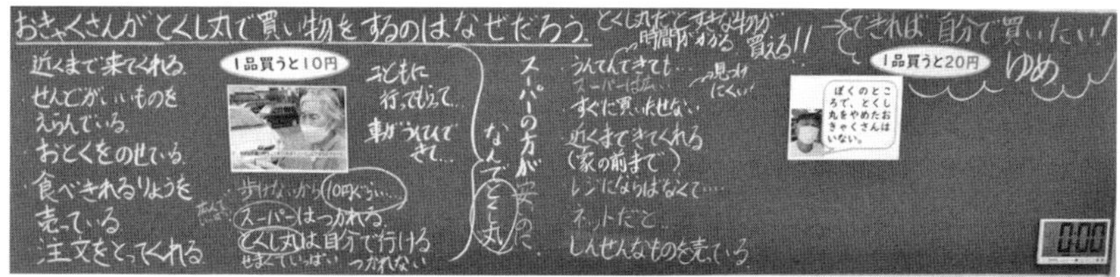

図Ⅲ-2-1　本時の板書

(4)成果と課題

本時では，とくし丸の商品が10円割高であることや家族が買い物を代行している高齢者がいることを示し，児童の考えが繰り返し揺さぶられるような授業展開とした。とくし丸のサービスに対して高齢者が感じる価値について視点を変えながら発問することで，児童はとくし丸の価値を多面的に考え，「自分で買い物したい」という高齢者の思いに気付かせることができた。

終末では，自分で買い物ができるという，児童が気付いたとくし丸の価値を再度問い直すために，「20円に値上がりしている」という事実を示し，それでもとくし丸の利用をやめなかった理由について発問した。繰り返しとくし丸の価値を考えさせることで，「それだけ，高齢者は自分で買いたくて，それが夢みたいなものだから，20円になってもとくし丸で買うのをやめなかったんだと思う」など，児童は，とくし丸のサービスの価値と高齢者の思いを関連付けて捉えることができた。

さらに，板書に残せていないが，「とくし丸で助かるのって高齢者だけ？」と発問することで，「杉本さんもうれしい」「スーパーも儲かるから助かる」と，スーパーの立場からもとくし丸の価値を考えさせることができた。

今後は，身近な事象の社会的価値を考える教材を販売の学習以外でも教材化し，児童の考えを繰り返し揺さぶる授業展開の有効性を検討していきたい。

（野村　晃弘）

註

（1）とさでん交通株式会社「持続可能な公共交通の実現に向けての課題～5年半の事業再生計画の総括～」，2020年。https://www.tosaden.co.jp/download/?t=LD&id=1643&fid=5969（2023年9月3日最終閲覧）

（2）EIMONS「土佐山田ショッピングセンター石川靖 食を通して地域を元気に。」https://eimons.jp/entrepreneur/value-tsc（2023年7月24日最終閲覧）

（3）高知市『高知市統計書令和4年度版』高知市総務部総務課，2023年。

（4）薬師寺哲郎「食料品アクセス問題と高齢者の健康」『農林水産政策研究所レビュー』第63号，農林水産政策研究所，2015年。

（5）谷本圭志・倉持裕彌・土屋哲「中山間地域における移動販売サービスの顧客層に関する実証分析」『都市計画論文集』vol.50，2015年，pp.324-330。

（6）金田優希・田畑智博「利用者の意識や買物行動からみた買物弱者対策としての移

動販売事業の展開に関する考察」『都市計画報告集』vol.22，2023年，pp.1-7。

（７）同上，p.3。

（８）高知家の〇〇高知県のあれこれまとめサイト「地域の人に無くてはならない存在！商品と幸せを運ぶ移動販売車『ハッピーライナー』」https://kochike.jp/column/101207/（2023年７月24日最終閲覧）

（９）赤坂嘉宣・加藤司「『買物弱者』対策と事業採算性」『経営研究』第63号，2012年，pp.19-38。

（10）Tmedia ビジネス ONLINE「移動スーパー『とくし丸』はなぜ“独走”しているのか　1000台突破の舞台裏」https://www.itmedia.co.jp/business/articles/2206/11/news022.html（2023年７月22日最終閲覧）

（11）2022年より１品20円に値上がりしている。

（12）サニーマート中万々店店長への聞き取りによると，とくし丸１台の売上は店舗売り上げの１割程度になるそうである。

（13）サニーマートでは26台のとくし丸が83コースで販売を行っている。

第3節　地域への愛情と誇りを育てる伝統文化学習の創造

―第4学年単元「諸木十二神祇神楽」の開発を通して―

本稿では，「諸木十二神祇神楽」を教材化することで，児童に地域への愛情と誇りを育てる授業例について提案する。

1　問題の所在

広島市安佐北区倉掛地区にある高陽ニュータウンは，1970年代広島市のベッドタウンとして丘陵地を造成して建設され，日本の三大ニュータウン計画の一つであったという。本地区内には県立高等学校2校，消防学校，公民館，浄水場といった公共施設があり，地域の様子はニュータウン建設により大きな変貌を遂げた。また広島市重要無形文化財に指定されている「諸木十二神祇神楽」があり，地域の伝統文化として長年受け継がれている。どの学区にも，社会科の学習材になりうる事例があると考えられるにもかかわらず，授業では教科書や副読本に掲載された事例をそのまま取り上げて授業し，身近な学区を学習材としないことが多い。このような矛盾について木村博一は次のように指摘している[(1)]。

> 社会科授業の最大の問題点は，教科書に描かれた社会を理解させることだけを目標とするため，現実の具体的な社会と向き合うことなく学習が終わることにある。小学校社会科学習指導要領の『目標』の冒頭には，『社会生活についての理解を図り』と明記されている。にもかかわらず，多くの普通の教師は，児童が生活している社会，すなわち現実の社会の理解を図ることが社会科教育の第一の目標であることを忘れ去ってしまっているのである。

さらに「『これからの社会科教育で身につけさせたいこと』は，(略)児童が『ここ（here)』と『今（now)』を認識することであり，教師が『ここ』と

『今』を念頭に置いた社会科授業を構成することである。」とも述べている[2]。

そこで，本稿では第4学年の伝統文化学習として「諸木十二神祇神楽」を取り上げ，「ここ」と「今」を念頭に置いた社会科授業を構成する。

2 「諸木十二神祇神楽」とは

(1)神楽とは

神楽（カグラ）の語源については諸説あるが，カミクラないしカムクラからカグラと転訛し，そのカミまたはカムは「神」，クラは「座」であると考えられる[3]。クラは「高い所に作られた場所」「高みの位置」を表す古語である。つまり，「カグラ」の意味は，もとは「神の居給う高き尊き場所」であったと考えられる。神が人間と同じ世界，同じ空間に居給うことは，人間にとって畏れ多くありがたいことであり，いろいろな心づかいが行われたと思われる。その中に楽器を鳴らし歌を歌って聞いていただき，舞を舞って見ていただくことも考えたであろう。平安時代に入ると，古代のカグラの意味とは変わり，カグラは「歌」と「舞」とを合わせて指すようになり，以後「神楽」と書いて「カグラ」と読み，神前で演ずる歌と舞とを意味するようになる。

(2)広島県の神楽

広島県は，全国でも神楽が盛んな所で県内には300近い神楽団が活動している[4]。特に有名なのは「芸北神楽」であるが，広島県内の神楽は芸北地区だけではなく，他の地域にも数多く存在する。それらを特徴ごとに分類すると大きく次の5つのグループに分けられる。

①「芸北神楽」

広島県の神楽として知名度は高く，県内の神楽の約半数は芸北神楽である。江戸時代の終わりごろ，石見地方から伝わった神楽が芸北地方で独特の神楽として展開された。広島県では最も新しい神楽で，「新舞」と「旧舞」の区別がある。

②「安芸十二神祇神楽」

安芸南部（広島市，廿日市市など）で行われている神楽で，毎年地元の人々によって行われる。芸北地方にあった中世末の神楽が，江戸時代の終わり頃から明治にかけてこの地域に伝えられ，広まったものである。毎年の秋祭りの前夜祭の神楽で十二の舞を奉納し「荒平舞」といった貴重な神楽を伝えている。

③「芸予諸島の神楽」

瀬戸内の島々とその沿岸部で行われている。競演大会等に出場しないので，その存在はあまり知られていないが，学術的に高く評価されている神楽もある。

④「比婆荒神神楽」

旧比婆郡内とその周辺の一部地域で行われている。岡山県の備中神楽の影響を受けていて，非常に古い固有の伝統を残す広島県独自の神楽である。全国でも数少ない託宣神事を残している。

⑤「備後神楽」

比婆荒神神楽を除く備後地方と，安芸の一部にまたがる広い地域に分布している。「五行祭」といわれる，聞いて楽しむ神楽など古い形の能舞を残している。

⑶「諸木十二神祇神楽」とは

「諸木十二神祇神楽」は「安芸十二神祇神楽」の一つで，平成16（2004）年に広島市重要無形文化財に指定されている。広島市安佐北区には14の神楽団があり，そのうち高陽地区には６団体ある。その中で「諸木十二神祇神楽」は唯一，広島市重要無形文化財に指定されている。かつてこの地区が木履の産地であったことから，その技術を活用したお面の製作などが評価されたためである[(5)]。

表Ⅲ-3-1　諸木十二神祇神楽の主な歩み

西暦（年）		できごと
1595	文禄4	備中吉備津神社より勧請
1622	元和8	下駄技術導入
1830	天保元	諸木地区で神楽を舞っていた
1921	大正10	恭愛舞子団　若連中　青年会員が世鬼面を製作
1941	昭和16	戦争のため神楽中断（～1945）
1946	21	神楽復活
1949	24	吹火復活　火方連中
1970	45	火方舞子連中から諸木神楽保存会に改称
1978	53	フラワーフェスティバルで世鬼舞
1984	59	広島城400年祭で世鬼舞
2000	平成12	高陽東高校へ指導
2001	13	ハワイホノルルフェスティバル参画
2004	16	広島市指定重要無形文化財指定
2005	17	彦根城で世鬼舞奉納
2007	19	佐太神社で奉納　大邱市で文化交流参画
2008	20	春日神社　岩戸舞奉納
2009	21	厳島神社　世鬼舞奉納
2010	22	ハワイホノルルフェスティバル参画
2011	23	備中吉備津神社で奉納
2012	24	倉掛小学校で子供神楽同好会開設

「諸木十二神祇神楽」は，江戸時代の後期の天保年間（1830～40）の頃から，旧高宮郡諸木村の村民たちが，大原山吉備津神社の秋祭りに奉納する神楽を舞っていたという。この神楽は，先人達により代々継承され，現在も，本地区の住民により毎年，秋祭りに境内の神楽殿で奉納されている(6)。

「諸木十二神祇神楽」には12の演目があり(7)，以下の３点が特徴として挙げられる。

○　下駄製造技術を応用して桐材の神楽面と神楽衣装を製作している。

○　山や農作業での足腰の動きを基本とした所作で舞う演目が多い。

○　年間を通して，幼児から大人までが練習して，伝統ある民俗芸能の継承，後継者の育成に努めている。

「諸木十二神祇神楽」について，諸木郷土芸能保存会の重本一馬会長（当時70）は次のように語っている。「住宅化で山河は変わっても心の古里だけはそのままのこしたい。その意味から伝統の神楽を守り，新しい町づくりの中に引きついでもらいたい。」（昭和49年２月21日　中国新聞朝刊）

また「平成18年吉備津神社秋例大祭」（秋祭り行事実行委員会）の中で，重本英明会長（当時）は「この貴重な文化遺産を皆様と共に次の時代へと伝承していく。」と述べている。

「諸木十二神祇神楽」の継承者たちは，神楽に関わる者だけではなく，周りの人たちとともに神楽を引き継いでいきたい，神楽への思いを大事にしたいと述べている。つまり，伝統芸能である神楽の継承だけではなく，神楽を通して人と人とのつながりを大事にしたいと考えていると捉えることができる。

3　授業構成

本単元では，この「諸木十二神祇神楽」を取り上げ教材化することで，児童に地域への愛情と誇りを育てることを目的とする。「諸木十二神祇神楽」を初めとする伝統芸能は，どれも後継者不足等による継承の課題がある。伝統芸能には，それ自体の存続はもちろんだが，人と人とをつなぐ重要な役割がある。その要になるのは次代を担う子どもたちであろう。子どもたちが地域の伝統芸能の歴史や存在価値を知り，大人世代や，地域住民に伝えることで，伝統芸能が受け継がれるとともに，人と人がつながることもできる。

そこで本単元では，初めに今まで神楽を受け継いできた人々の努力や願いを理解させるとともに，調べたことを分かりやすい表や年表にまとめさせる。実際に神楽の伝承に携わっておられる方にお話を聴く機会を取り入れ，本地区にとって神楽は，元々の住民と，ニュータウンができて転居して来た住民とをつなぐ役割があることにも気づかせたい。次に，「諸木十二神祇神楽」と同様に，県内の文化財や年中行事で関心をもったものについて調べ，まとめさせる。「諸木十二神祇神楽」や，県内の文化財や年中行事について調べる活動を通して，様々な文化財や年中行事は，形を変えながらも人によって受け継がれていることを理解させるとともに，神楽をはじめとする伝統芸能は，人と人のつながりを深めたり，一つのコミュニティを形成したり，再構築したりすることができることを認識させたい。そのうえで，これからの伝統芸能（神楽）の存続について自分なりの考えをまとめさせる。文化財や年中行事を受け継ぐには，後継者の育成だけではなく，次世代を担う自分たちが文化財について学習し，地域に参画していく姿勢が大事であることに気づかせたい。

このような学習展開にすることで，児童が「ここ（here）」（諸木十二神祇神楽のある本地区）と「今（now）」（今自分にできること）を認識できるようにする。

4　本単元の目標・授業展開

(1)目標

○「諸木十二神祇神楽」について歴史的背景，現在に至る経過，保存や継承の取組などに着目して聞き取りをしたり，資料を調べたりして，まとめることで，「諸木十二神祇神楽」を支えてきた人々の願いや努力を考え，表現することができる。

○　様々な文化財や年中行事は，地域のさまざまな願いがこめられていることを理解できるようにするとともに，主体的に学習問題を追究・解決しようとする態度や，地域の伝統や文化の保存や継承に関わって，自分たちにできることを考えようとする態度を養う。

(2)授業展開

<table>
<tr><th></th><th>ねらい</th><th>主な学習活動と内容</th><th>■教師の働きかけ　□評価</th></tr>
<tr><td rowspan="4">であう</td><td>文化財や年中行事に関心をもつことができる。</td><td>①県内や地域に残る古いものを思い出し，気づいたことを話し合う。</td><td>■児童の経験や地域の様子や行事を想起させて話し合わせる。</td></tr>
<tr><td colspan="3">県内に古くから残っているものには，どのようなものがあるのだろうか。</td></tr>
<tr><td>地域に残る古いものについて学習問題をつくり，調べる計画を立てることができる。</td><td>②前時の話し合いをもとに，学習問題をつくり，調べる計画を立てる。
・吉備津神社や諸木十二神祇神楽について調べたい。</td><td>■地域に残る諸木十二神祇神楽について調べた後，広島県内の文化財や年中行事について，各自が調べることを示し，学習の見通しをもたせる。</td></tr>
<tr><td colspan="3">地域に残る古いものは，どのように残され，だれのどのような願いがこめられているのだろうか。</td></tr>
<tr><td rowspan="4">ふかめる</td><td>諸木十二神祇神楽の歴史的背景や現在の取組等について理解することができる。</td><td>③④諸木十二神祇神楽について調べたり，話を聞いたりする。</td><td>■諸木十二神祇神楽に関する資料を集め，そこから分かることをまとめるようにする。
■吉備津神社の見学や，保存会の人へのインタビューをする活動を取り入れる。</td></tr>
<tr><td colspan="3">諸木十二神祇神楽には，だれのどのような思いがあるのだろうか。</td></tr>
<tr><td>諸木十二神祇神楽に込められた人々の願いを理解することができる。</td><td>⑤⑥諸木十二神祇神楽について分かったことをまとめる。残されている理由や神楽に込められた人々の願いをまとめる。</td><td>■これまで調べたことや話を聞いて分かったことを関連付けながらまとめるように促す。</td></tr>
<tr><td colspan="3">諸木十二神祇神楽に込められた願いや努力をまとめよう。</td></tr>
<tr><td>まとめる</td><td>これまでに調べて分かったことをもとに，自分にできることは何かを考えるこ</td><td>⑦伝統的な文化や行事，建物など残されたものを受け継ぎ，伝えていくために自分たちにできること</td><td>□前時までの学習を振り返りながら，保存会の人の思いを考えつつ，自分たちにできることをまとめ</td></tr>
</table>

	とができる。	を話し合う。	ている。
いかす	関心をもった県内の文化財や年中行事について，まとめることができる。	⑧⑨県内にある文化財や年中行事の中から一つ選び，そこに込められた思いや願いをまとめよう。	■詳しく調べたいものを決めて，調べる計画を立てるようにする。
	県内に残る古いものについて，調べたことをまとめよう。		
		・これから残されたものを受け継いでいくためには，もっと学ばないといけない。	□文化財や年中行事には，それぞれ関わっている人たちの願いがあることを理解している。

5　考察

本稿では，児童が生活している社会の中から学習材を取り上げ，現実の社会の理解を図る社会科授業を構成した。私たち社会科教師は，教科書や副読本にある事例をそのまま授業するばかりではなく，身近に社会科の学習材となり得る教材がないか，絶えずアンテナを張りめぐらせたい。それは木村博一がいう「セレンディピティ（serendipity）」[(8)]につながるだろう。今後も，自分自身が「ここ」「今」を認識し，自己理解を深める努力と実践を積み重ねていきたい。

（沖西　啓子）

註

（１）木村博一「これからの社会科教育で身につけさせたいこと『ここ』と『今』の認識を通して育成する自己理解と自立した精神」『学校教育』第1169号，2015年，pp. 14-21。
（２）同上論文，p. 16。
（３）真下三郎『広島県の神楽』第一法規，1981年，pp. 10-15。
（４）広島の神楽については，以下が詳しい。
・三村泰臣『広島の神楽探訪』南々社，2004年。
・三村泰臣『中国・四国地方の神楽探訪』南々社，2013年。

(5)落合郷土史研究会『新訂　落合郷土史』落合郷土史研究会，2013年，pp. 77-78。

(6)重本義之『つなげようわがまち倉掛の歴史』重本義之（自費出版），2021年，pp. 28-29。

(7)同上書，p. 29。

(8)木村博一「“広島らしさ”のある社会科授業を創造し続けていくために」『広島の社会科』第48集，広島市小学校教育研究会社会科部会，2019年。

第４節　社会的な見方や考え方を働かせ，仲間とともによりよい社会づくりの力を育てる社会科の授業

―第４学年　岡崎の「石」の実践を通して―

⑴子どもの心理と教育内容の論理

梅園学区の米作り農家が減少している現実を目の当たりにした子どもたちが，米作り農家の実態や，工夫，苦労といった学びを生かしながら，米作り農家のあるべき姿についてかかわり合う姿を見た。このように，子どもたちは，問題を強く感じた時，多角的な視点を生かしながら，その解決に向けて動き出すのだと考える。そこで，子どもたちのこの心理を生かし，岡崎の「石」の教材化を進めた。

岡崎の「石」の学習で子どもたちは，伝統や，石工の技術の高さなどから，岡崎の「石」が有名なことに気付く。また，その中心が梅園学区であることを知り，岡崎の「石」に関心を寄せるだろう。しかし，岡崎の石屋が減っており，「石」が衰退している現在の状況も同時に知る。そのとき，子どもたちは，なぜ岡崎の「石」は有名だったのに衰退しているのか，問題を強く感じるだろう。そして，岡崎の「石」の持続可能性について考えずにはいられなくなるだろう。

⑵抽出する子ども

次の子どもを抽出し，実践での変容を追っていくこととした。

A：社会科における課題に対して意欲的にひとり調べができる。ただ，ひとり調べがある程度に留まり，その範囲で満足して，一面的な見方に陥る傾向もある。岡崎の「石」の持続可能性を仲間と考える授業を通して，岡崎の「石」を多角的に捉え，見方や考え方を広げながら自分の思いをもってほしい。

⑶実践の内容

第１時　岡崎の有名なものは「石」？

「岡崎にある有名なものって何がある？」との教師の問いかけに対し，子どもたちは「八丁味噌」「仏壇」「和蝋燭」と答えた。そんな子どもたちに，教師は石の灯ろうや像を提示した。まさか石が出てくると思ってもみなかった子どもたちは「えー？石？」と驚いた。そんな時，ある子どもが「梅園小に石っていっぱいない？」と，身近な石の存在に気付き始めた。すると子どもたちが「ビオトープにあった」「うさぎ小屋のほうにもあったよ」と，次々に発したため，学校を散策することとした。子どもたちは学校の石の灯ろうや像，石碑などを発見し，「思った以上に石が多くてびっくり！」と，さらに驚いた。それと同時に，子どもたちは，Ａの感想からも分かるように「岡崎ってなんで石が有名なの？」と，問題を感じ，「なぜ岡崎の石は有名なのだろうか」の問いを確立した（Ⅲ-3-1）。

Ⅲ-3-1　第１時のＡの感想
なぜ岡崎の石は，こんなにたくさんあって，有名なのか気になりました。

第２・３・４時　岡崎の「石」は有名？

子どもたちは「なぜ岡崎の石は有名なのだろうか」の問題のもと，ひとり調べに取り掛かった。子どもたちのひとり調べには，発達段階や，地域の特色ある産業の資料を探す難しさを考慮し，教師が自作した資料を活用した。子どもたちは資料をもとに，岡崎の石の材質や，それを生かして石工品と呼ばれる工芸品をつくる職人が，岡崎には昔から存在していること，職人は石工と呼ばれ，高い技術をもつ石工が，多くの石屋を岡崎で営んでおり，そういったことを総合して石都と言われていることなど，岡崎の「石」の多面的な要素をつかんでいった。資料から得た知識は子どもたちが授業で伝え合い，一人一人が岡崎の「石」が有名であることを認識できるよう共有した（Ⅲ

-3-2)。Aの感想のように，子どもたちはひとり調べを通して，岡崎の「石」が有名な理由を捉えることができた（Ⅲ-3-3)。

Ⅲ-3-2　岡崎の「石」の多面的な要素が表出した板書

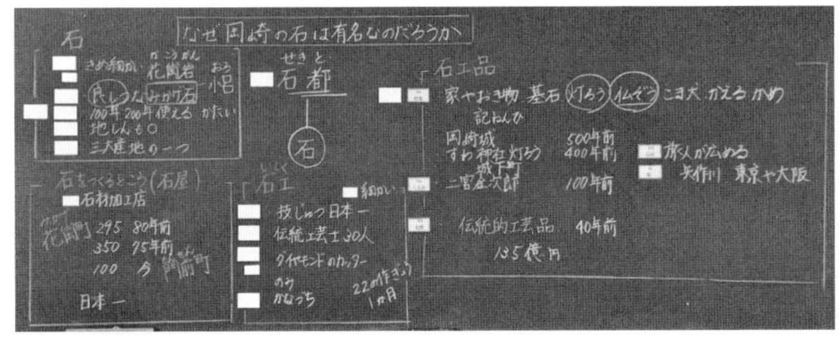

Ⅲ-3-3　第2・3・4時の児童Aの感想

岡崎の石は，すごいようそがいっぱいあって，これだからやっぱり有名になるんだなと思いました。岡崎はいい石がいっぱいとれるし，しょく人さんががんばってやっているし，うでのいいしょく人さんの苦ろうがつまっているから有名なのかなと思いました。

ひとり調べの過程で，「岡崎の石が有名で，しかも梅園に石の公園団地があることもわかったから行ってみたい」と，石の現場に興味を抱く子どもが多くいた。そこで，石の公園団地を訪れ，岡崎の「石」とふれ合う機会を設けることとした。

第5時　岡崎の「石」はとにかくすごい！けど……

石の公園団地では，石材店を営み，ご自身も石工として活躍されている今井さんと楠名さんの案内で，子どもたちは石の灯ろうや象，お墓などがつくられる複数の事業所の作業現場を見学した。工具で石を打ち砕く作業の体験もでき，「石工さんは簡単に石を削っているけど，力もいるし，工具で石を打つのも難しいし，かなり大変だった！」と，Aのように石工の技術の高さに感心し，岡崎の「石」が有名な理由を実感しつつも，苦労を肌で感じる子どもたちが多くいた（Ⅲ-3-4）。

Ⅲ-3-4　第5時の児童Aの感想

　たくさんの石工でものをつくっているわけではないのに，たくさんの作品があって，すごいと思いました。でもつくる作業はやっぱり大変だと思いました。

　この見学や体験の中で，多くの石工が「後継ぎがいなくて今後が心配」であることを子どもたちに語る場面があった。子どもたちは「高い技術をもった石工さんがいなくなるのはもったいない。このまま石も石工さんもなくなってしまうのか？」と，新たな問題を提起し始めた。

第6・7時　岡崎の「石」はこのままなくなる！？

Ⅲ-3-5　廃業した石屋

　新たな問題を子どもたちの新たな問いとして確立することを考えていた際，ある子どもから，「花崗町にボロボロになった石屋があるから見に行こう」という提案があった。そこで，その石屋を訪れ，子どもたちと相談し，そばにある岡崎石製品工業協同組合に話を聞いてみることとした。子どもたちは学区の石屋の歴史，中でも学区が石屋で栄えていたことを示す，精巧な彫りが施された巨大石灯ろうに関する逸話を聞くことができた。また，廃業した石屋を目の前にし，石屋の数が最盛期に比べて少なくなってきていることを教えてもらい，子どもたちは岡崎の「石」がこのままなくなってしまうのではないかという思いを今まで以上に強くした（Ⅲ-3-5）。教室へ戻り，

見学して分かったことを子どもたちが伝える中で，教師は岡崎石製品工業協同組合の話に重ね，石屋の数や石工品の売り上げが減少していることが分かるグラフを黒板に貼り出した（Ⅲ-3-6)。子どもたちはグラフの右肩下がりの状態を見て，「石屋が全めつしちゃう！」「石屋はこれからどうなるの？」「石屋の売り上げがへってかわいそう」と今後を心配した（Ⅲ-3-7)。岡崎の「石」に関する変化を感じ取った子どもたちは，「岡崎の『石』はこのままなくなってしまうのだろうか」という問題を強く感じ，新たな問いを確立した。

Ⅲ-3-6　岡崎の「石」はなくなるの？

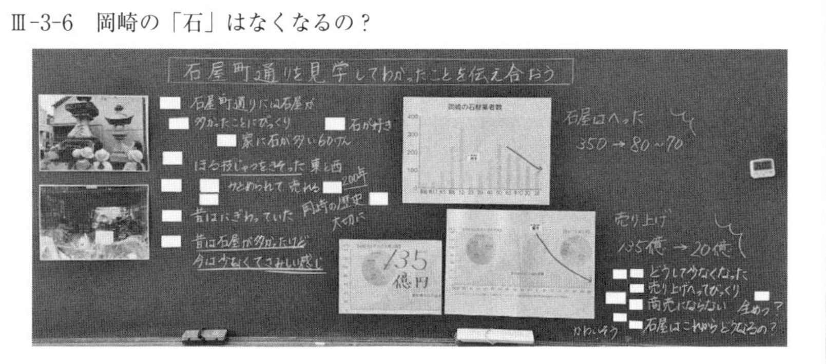

Ⅲ-3-7　第7時の児童Aの感想

今はやっていないけど，学区に石屋が残っていることにびっくりしました。石灯ろうのりゅうやこいといったほりがこまかくて石工の技じゅつはすごいと思いました。でも石屋の売り上げがへってかわいそうだと思いました。今の人には石よりももっと大切なものがあるからかな？と思いました。

第8時　岡崎の「石」への思いをもつ

新たな問いについて，「楠名さんのような石工さんがいるから大丈夫」「石屋の売り上げが厳しいからやばい」とつぶやく子どもたちの姿が見られたため，ひとり調べのもとになればと思い，予想を考える時間を設けた（Ⅲ-3-8)。子どもたちは予想をもとに，教師が自作した資料や，石の公園団地の見学な

Ⅲ-3-8　A の予想

伝統を守っていく考えの人もいるだろうから，石屋はなくならないと思うけど，みんなにとって石が大切なものではなくなっているかもしれないので，まだ分からない。

どをふり返りながらひとり調べを進め，それを根拠に思いをもった。A は「みんなにとって石が大切なものではなくなっているかもしれない」との予想をもとに，古くから営む石の公園団地の石屋に着目し，どのように活路を見出しているのか，石屋の HP も探った。その中で A は，ストラップや小さな置物など，石屋が新しい石工品を作っていることを発見した。また，A は家族への聞き取りも行い，キッチンや階段など，岡崎の石が身近な部分に取り入れられていることを知った。そして，岡崎の「石」が，人々にとって必要性の高いものになってきている事実に，ひとり調べでの成果を感じていった。そのようなひとり調べを通して A は，「石屋さんが石のストラップやお守りなど，生活で使える物を作っていて，そういった物はみんなほしいと思うからなくならないと」という思いをもち，根拠となる石工品の写真をタブレットにアップした（Ⅲ-3-9）。

Ⅲ-3-9　第 8 時の A の感想

わたしは，石屋さんがストラップやお守りなど，いつもの生活で使える物を作っていて，そういった物はみんなほしいと思うから必要性も高まるし，なくならないと思います。

子どもたちの中には「石」への思いをもつと同時に，「このままの状況では石屋さんはピンチだから，大丈夫だって思っている人に伝えたい」という思いを抱く子どもがおり，実際にまわりの子どもと話し合う姿が見られた。そこで教師は，グループでのかかわり合いの場を設け，岡崎の「石」の魅力や課題を明らかにしていこうと考えた。

第9時　岡崎の「石」はどうなる？

Aは，タブレットに保存したひとり調べで得た写真を提示しながら自分の思いをグループの仲間に伝えた。グループでは，石屋の後継者が不足していることや，石への世間の関心が薄れていることの話題でかかわり合う姿が見られた（Ⅲ-3-10）。その中でAは，C8の「石を知らない人が多い」に対し，「石屋がある限り，石のことを忘れることはない」とし，C7の思いも踏まえ，実際には石屋の後継者がいることから，岡崎の「石」は存続することを伝えた。Aが岡崎の「石」の存続をアピールするために，まわりの仲間の思いを受け入れながらかかわり合う様子が見て取れる。その後，いくつかのグループで，C9のように，「なくなるかどうか分からない」となり，視野を広げるべく，学級全体でかかわり合うこととなった。

Ⅲ-3-10　児童Aのグループの発話記録

C7：あとつぎがいる石屋さんもいるから，思いをつないでくれるはずだからなくならない。

C8：私は今井さんに聞いたんだけど，最近は石を知らない人が多いから，なくなると思う。

A　：でもさ，石屋さんが1軒でも残っていたら石のことを忘れないと思うから，なくならないと思う。C7も言ってくれてるけど，実際にあとつぎがいるんだから。

C9：うーん。どっちの考えも分かるから，なくなるかどうか分からない。

学級全体のかかわり合いでは，500年の石屋の歴史や石工の技術，現在60軒ほどを30人で経営している状況について，また，新しい石工品や取り組みなど，Aのグループでは交わされなかった様々な視点が表出した（Ⅲ-3-11）。Aは，C16の石屋と石工品の売り上げの減少に対し，C17の新しい石工品についての思いを踏まえ，「小さいストラップやお守り」を，全体のかかわり合いの場でも伝え，岡崎の「石」が存続する理由を具体的にアピールした

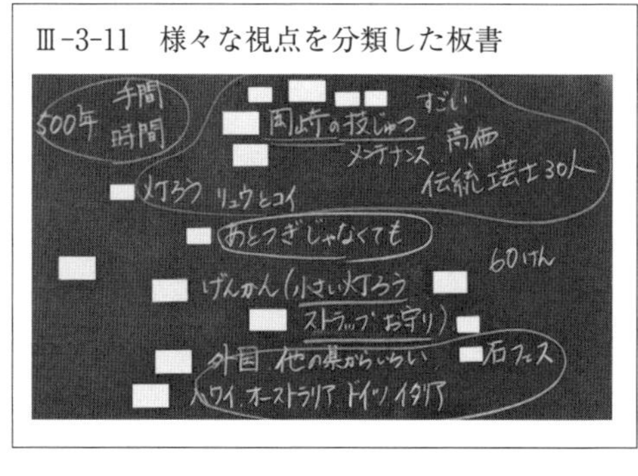

Ⅲ-3-11　様々な視点を分類した板書

（Ⅲ-3-12）。その後，C19からは，石工品の値段や，石の一般的な評価を中心にかかわり合いが進んでいった。そんな中，Aは，石工品の値段が高かったり，海外や県外から注文の依頼があったりする理由について，C21や22の「外国や他県から注文の依頼がきている」やC25の「岡崎の石工さんにしかない技術」を踏まえ，「技術があるから高い」「だからほしい人はいる」と言及し，岡崎の「石」の価値を語ることができた。ここでもAが，岡崎の「石」の存続をアピールするために，まわりの仲間の思いを受け入れながらかかわり合う様子が見て取れた。かかわり合いの終盤では，C27の「売り上げをどうやって上げればいいか」をきっかけに，岡崎の「石」を持続可能にするための具体案が出された。その中でAは，「すごさを伝えるポスター」や「今の時代に合った石工品」を提案した。Aの，岡崎の「石」の価値をポスターによって広げていこうとする考えは，まわりの共感を得た。Aはかかわり合いをふり返って，ひとり調べから，「小さいストラップやお守り」が，今後の岡崎の「石」には必要だと結論付けた。また，「岡崎の石工品を，日本だけでなく，外国の人までほしいと言っている」と，かかわり合いでの仲間の思いを受け入れる中で気付いた岡崎の「石」の価値を加え，岡崎の「石」が存続する確かな思いをもった（Ⅲ-3-13）。

当初，岡崎の「石」の今後について，「まだ分からない」としていたAが「岡崎の「石」はなくならない」と言い切ったのは，岡崎の「石」が存続できる視点に触れ，自信を深めたためだと考える。

Ⅲ-3-12　児童Aのグループの発話記録

C15：500年も続いているからなくならないと思う。石工さんも工夫してる。
C16：500年続いても，買う人は減っているし，石屋もへってるよ。
C17：でも，今の暮らしに合っていて，小さい灯ろうなどの置物は，石に興味がある人は買っている。
T18：新しい石工品があるってこと？
A　：小さいストラップとかお守りなどの石工品。置物だけじゃない。
C19：確かに楠名さんはいろいろ作っているけど，高いよ。
C20：お墓は岡崎が100万，インドが65万。
C21：でも，外国や他の県から作ってほしい依頼が楠名さんにきてるよ。
C22：ハワイ，オーストラリア，ドイツ，イタリアなどから注文がきてる。
C23：でも岡崎では知らない人が多いって今井さんは言ってた。
T24：ということはなくなるのかな。
C25：花崗町の常夜灯のように，岡崎の石工さんにしかない技術がある。
C26：でも高いよ。
A　：技術があるから高いんだよ。それをほしい人はいる。
C27：でも資料とかを見ると，やっぱり売り上げは減っているからどうやって上げるの。
A　：すごさを伝えるポスターなんかはどうかな。あと，ほしいと思う石工品や，今の時代に合ったものを作る。

Ⅲ-3-13　第9時の児童Aの感想

小さいストラップやお守りのように，持ちはこべる石工品もあるし，ヒットもしているからなのと，岡崎の石工品を日本だけでなく，外国の人までほしいと言っているから私はなくならないと思います。

第10・11・12時　岡崎の「石」の力になれたらうれしい

Aは，「岡崎の石工さんは伝統工芸士だから，その技術を生かしてアニメやゲームのキャラクター，花瓶や箸置きなどを作るべき」と考え，そのアイデアを石の公園団地に提案した。授業をふり返り，Aは「岡崎の石工業がピンチになっても，石工さんはあきらめずに新しい石工品を作っていた。自分のアイデアが少しでも石屋さんの力になればうれしい」と語った。

（新井　健祐）

第５節　土砂災害を共に乗り越えるための社会科授業

―第４学年単元「土砂災害から安全を守る」―

本稿では近年頻発する自然災害に傷ついた当事者である子どもと一緒に追究した授業実践について述べる。

1　問題の所在

本実践を行う年の梅雨に入ったころ，とある子どもが情緒的に不安定になっていった。そして豪雨の心配が報道でなされるようになるころには，天気が悪くなるとその子どもは教室で安心して過ごすことができず，保健室などで過ごすことが増え，学校生活を平穏に送ることが困難になった。聞くと，2018（平成30）年の西日本豪雨でトラウマになるような経験をしたとのことだった。その子どもの他にも，その時の学級には西日本豪雨が起こった日に気温30℃を超す小学校の体育館に避難し，大雨が降る中，不安な一夜を過ごした子どももいた。

筆者は教材の論理と子どもの心理を結び付けた授業開発を心掛けてきた。目の前にいる子どもの困り感をいかに和らげ，そして授業によってトラウマ体験を乗り越えられるために，目の前の子どもにとってほんの少しでも力になれるよう授業実践を行った。

2　トラウマ体験を乗り越えるために必要なこと

精神科医の白川美也子氏によると，トラウマ記憶は「冷凍保存記憶」である(1)とし，トラウマを抱えた子どもの頭の中について次のように述べている(2)。

> 脳の中に毎日使う「作業テーブル」があるとしたら，その上に「大きな過去」と「小さな今」が乗っている状態です。（中略）こんなときには「今・ここ」を少しでも増やしていくことが大事です。すると相対的に「トラウマ」が小さくなっていきます。

つまり，白川氏によれば，心が傷ついたのは過去のことで，今は状況が違うことを理解させ，今は怖かった過去ではないことを理解することが大切であるとのことである。

担任として大切なことは，このような心理的につらい子どもに寄り添い，授業によってものの見方を更新させることではなかろうか。過去に怖かった体験をした子どもが，これからどのようにして被害にあわないようにしていくのかについて，歴史的にも地理的にも幅広い知識を再構成させることで「大きな過去」を少しでも小さくさせることが可能ではなかろうか。言い換えると，土砂災害で怖いトラウマ体験をした子どもが授業によって知識の上書きをしていくことで，「こうすれば大丈夫」や「今は大丈夫」と思えるようになれば，その子どもの成長である。

3　単元について

本単元は，小学校学習指導要領で示された第４学年の内容，「土砂災害から安全を守る」である。地域の関係機関や人々が自然災害に対して様々な協力をして対処してきたことや，今後想定される災害に対し様々な備えをしていることを理解すること，聞き取り調査をしたり地図や年表などの資料で調べたりしてまとめること，過去に発生した地域の自然災害，関係機関の協力などに着目して災害から人々を守る活動を捉え，それらの活動と人々の生活を関連付けて考え，表現することが目標となっている。

広島市矢野地区は旧来，矢野川の自然堤防の上に民家が建ち，その周辺の低地に田を耕す土地利用をしていた。一度矢野川が氾濫すると住居部分の水は周辺低地に水を逃がし，命や財産に危険が及ばないようにするといった，

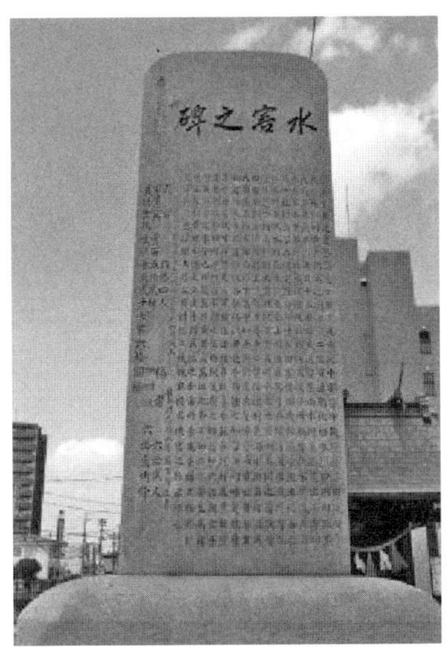

図Ⅲ-5-1　1907（明治40）年に発生した水害の水害碑（広島市安芸区矢野東５丁目）

昔の人の防災への工夫が分かる。しかし，100年に一度レベルの大災害においては甚大な被害が出たことが，矢野地区にある二つの災害碑に克明に記録されている。近年我が国において台風や集中豪雨により大きな人的・物的被害が発生するなど自然災害の激甚化が進んでいる。広島市では，砂防堰堤やマツダスタジアムの地下の貯水槽といった防災施設を県や国と連携して整備することで，災害から地域住民を守っている。そして，危機管理室を中心に防災情報を一元的に集め，市民の命や財産を守るために情報を多媒体で伝えることで，自然災害から人々を守ろうとしている。また，近年では対策を一歩進めて，いわゆる災害弱者に対して，どのような状況の方が，どのくらいいるのか把握し，そのうえで，個別の避難計画を作成することで，町内会レベルでの助け合いを進め，誰一人として災害犠牲者を出さないような施策を打ち出している。

さらに，町内会レベルでも災害対策を2018（平成30）年の西日本豪雨の際，矢野南学区連合町内会では，小学校体育館の中の避難所の運営だけではなく，団地の南側で土砂が流出した時の土砂撤去でも市や他団体と協力して地域で問題解決を図ってきた実績がある。これらの市や町内会の取り組みについて学ぶことで，それぞれが災害対応力を高め，公助・共助・自助が連携することの重要さに気付かせたいと考えている。

4　単元の構想

⑴単元名

「自然災害からくらしを守る－どのようにして大切なものを守るの？－」

⑵単元目標

・自然災害から人々を守る活動について過去に発生した矢野地域の自然災害，関係機関の協力などに着目して，資料を通して調べ，災害から人々を守る活動の働きを考え，地域の関係機関や人々は，自然災害に対し，様々な協力をして対処してきたことや，今後想定される災害に対し，様々な備えをしていることを理解することができ，そのことからよりよい社会に向けて学習したことを生かそうとする。

⑶指導計画

	各時間の学習のねらい
第１次	①過去の災害についてまとめられた資料から白地図に整理し，単元全体の学習のテーマを知る。 ②繰り返し災害が起こっている地域での災害碑を読み解く活動を通して，昔から繰り返し災害が起こっていることに気付く。 ③繰り返し災害が起こっている地域の地形の特徴を知るとともに過去の矢野地区の防災の工夫について知る。 ④既習事項と関連付けた学習問題を設定し，学習計画を立てる。
第２次	⑤災害が起こる前から市役所が準備している防災施設はどのようなものが

	あるか分かる。 ⑥大雨が降って災害が起こりそうになった時の市役所の働きについて分かる。 ⑦2018（平成30）年西日本豪雨での矢野南町内会の動きを調べることを通して，災害時の町内会の動きを理解する。 ⑧調べてわかったことを一覧表にまとめる。
第３次	⑨Ａさんの避難計画を作成することを通して，「近所で近助」が大切であることに気付き，ご近所付き合いについて考える。 ⑩単元全体を振り返り学習問題の答えについて考える。

5　単元の実際

(1)授業開始前の子どもの認識の様子

単元開始前にアンケートを実施した。アンケートから分かることは，マイタイムラインを家庭で作成しどの段階でだれが何をするのか家庭内で決まり事をしている家庭が多く，家庭での防災意識が高いことが分かった。その一方で，学校の体育館が避難所になったとき，だれがどのようにして避難所のお世話をしているのかについてよくわかっていないことも分かった。

(2)第２時の様子

授業開始時に災害碑を「昔，災害が起こったことを知ることができるもの」として紹介し，自分たちが住んでいる地域にも存在することを提示した。広島市安芸区矢野東５丁目にある，1909年に建てられた災害碑を示した。子どもは石碑の存在は知ってはいたが，何が書かれているのかはもとより，その石碑にどんな意味があるのかについて分かっていなかった。そこで，第２時ではこの石碑に書かれていること[(3)]を読み取ることにした。災害碑に書かれた文字とその現代語訳文を両方提示して，分かる文字を手掛かりに学習班で補い合って読み取っていくことにした。雨の降り方，災害の起こった様子，被害状況，そしてどうしてこの石碑を建てようとしたのかについて読み取った。このことから，矢野地区では100年以上前にも先の土砂災害のような大規模な災害が発生していることについて知ることができた。

⑶第３時の様子

100年単位で見ると大きな災害が起こっている矢野地区の土地利用の変化について調べることにした。時系列地形図閲覧サイトである「今昔マップ on the web[(4)]」の該当の地図を classroom で共有し，一人一台のタブレット端末を使って1899年の地形図と，現在の地形図を比べて土地利用の比較を行った。すると，子どもは地図記号が変化していること，今と川の流れがあまり変わっていないこと，矢野南地区が存在しないことについてすぐに気付いたが，とある子どもから1899年の地形図を見ると，川の氾濫の危険があるにも関わらず，矢野川の周辺に建物が密集し，川から離れたところに田んぼがあることについて発言があった。そこで，そのことを学習課題にして追究することにした。

国土地理院地図[(5)]で矢野東５丁目から矢野西５丁目にかけて断面図を作成し，子どもに提示した。すると，子どもは矢野川のそばは土地の標高が高く，川から離れるにつれて土地が低くなることを発見した。そこから，昔の矢野地区の人たちは少しでも高い所に住居を建て，低い所に田を耕すことで多少の水が溢れても田に水を逃がしているという防災に対する備えに気付くことができた。

⑷第５，６，７時の様子

子どもの社会認識を確かなものにする事実認識を積み上げる時間を３時間設計した。市役所では防災計画を作成して，計画を具体化している様子（いわゆる公助）について学習を進めた。砂防堰堤や法面工，地下貯水槽といった国や県と連携して設置している施設について調べていった。また，ハード面だけではなく，情報共有の仕方，ライブカメラ[(6)]や防災無線システムが用意されていること，学校の中にある防災倉庫の設置といったソフト面の両面の防災システムについて調べた。これらを知ることによって，市役所の防災対策は，市だけの予算だけでは完結できず，ハード面の対策を行うには，国や県の支援が必要であり，それらを準備するために必要となる税金は大切であることに気付くことができた。さらに，広島市では災害が起こらないような準備をするだけではなく，とにかく避難を呼びかけることにより安全を守る仕事を行っていることを知ることができた。

そして，2018（平成30）年の西日本豪雨のとき，矢野南町内会でどのようなことを実施したのか学習した。避難所を支える仕事として2018（平成30）年７月６日の夜には，体育館に約500名，運動場では車中泊で約70名の避難者を支え，９月末までの避難所の運営を行った。その際には，避難所運営のルールを定めるだけではなく，避難者の要望を聞き，できる限り普段通りの生活に近づけるよう働いた姿を，矢野南町内会長さんから提供していただいた資料から読み取った。そして，災害復旧作業として矢野南４丁目で流れ出た土砂を約１週間の作業の中で住民とボランティア（のべ約1100人）で復旧を行ったことを知ることができた。

あの日，避難所にいた子どもは，夜の体育館の様子を覚えていて，とにかく暑かったことをみんなの前で話していた。

⑸第９時の様子

広島市では，地域の避難困難者一人一人に対し個別の避難計画を作成することにしている。そこで，この時間では，図Ⅲ-5-2のような架空の人物Ａさんを設定し，これまでの学習で身に付けた内容を生かし，どのようにしてＡさんを安全に避難させるか避難計画づくりを行った。この時間の最後には連合町内会長さんからプランの評価をしていただいた。そのことによって，災害が起こると避難するにも限界があり，近所で助け合う必要があることについて気付くことができた。

・中央公園の近くにすんでいる
・84才
・一人ぐらし
・歩くのに歩行器を使って歩く
・家族は広島市安佐南区にすんでいる
・ふだんは家事のお手伝いにかいごの人や家族が来る
・ごみ出しには歩行器の上にごみをのせて出す
・スマートフォンをもっているがそうさになれていない
・近所の人とは出会ったときに世間話をしている
・車はない

図Ⅲ-5-2　第９時で使用した資料

図Ⅲ-5-3　第９時の授業の様子

6　本研究のまとめ

単元終了後，単元を貫く学習問題に対する考えを論述した。その中で，西日本豪雨が起こったあの夜に小学校の体育館に避難した子どもの記述内容を紹介する。

> 市役所が情報を集め，それを市民に伝え，それを見たり，聞いたりして避難する。情報を見た市民は近所で助け合って避難する。情報を見た市民は，避難準備をして，ライブカメラを見てやばいと思ったら避難する。

この子どもは学習前には「災害が起こる前に早く逃げる」と事前アンケー

トに記述していたが，単元学習後には公助，共助，自助の協力について言及することができた。また，西日本豪雨のときのトラウマを持つ子どもは，単元終了後「自助・公助・共助の3つのところで，助け合いなどをして守っている。市役所や地域のやる事はすごく大事で，情報をもとに，自分で考えて動くことが大事」と書き記していた。トラウマを持つ子どもにとっても，脳の中の「作業テーブル」に「今・ここ」を少しでも増やしたことにつながったのではなかろうか。そして，この子どもは，本単元終了後に年度末まで天候が不順であることが原因で，保健室に行くことはなかった。年度が替わり，また集中豪雨の心配な季節になった際も以前より別室で過ごすことが減った。

今後も目の前の子どもが分かる授業を積み重ね，子ども自身が「新たにもたらされた知識や情報を自らの脳内ネットワークに位置づけ(7)」，再構成できるようにしたい。分かる授業で目の前の子どもの成長を促し続けることこそが教育の究極の目標だからである。そのための授業理論や教材論，そして目の前の困り感に寄り添う姿勢などの「子どもへの愛のまなざし(8)」も含め，学び続ける教師であり続けたい。

（市位　和生）

註

(1)白川美也子『赤ずきんとオオカミのトラウマ・ケア　自分を愛する力を取り戻す［心理教育］の本』特定非営利活動法人 ASK，2016年，pp. 12-14。

(2)同上書，pp. 22-23。

(3)藤本理志・小山耕平・熊原康博「広島県内における水害碑の碑文資料」『広島大学総合博物館研究報告』，2016年，pp. 91-113。

(4)谷謙二「今昔マップ on the web」, https://ktgis.net/kjmapw/(2023年8月7日最終閲覧)

(5)国土地理院「地理院地図」，https://maps.gsi.go.jp/(2023年8月7日最終閲覧)

(6)広島市ではライブカメラの様子をリアルタイムで見ることができる。https://www.city.hiroshima.lg.jp/site/saigaiinfo/17945.html（2023年8月7日最終閲覧）

(7)木村博一「新しい学びにもとづく社会科授業開発の基礎基本」社会認識教育学会

『社会認識教育の構造改革―ニューパースペクティブにもとづく授業開発―』明治図書，2006年，p. 146。

（8）木村博一「『主体的・対話的で深い学び』を育み合う教師がつくる社会科授業」『社会科教育』第707号，明治図書，2018年，p. 115。

第Ⅳ章　子どもの心理と教育内容の論理を結びつけた地理・産業学習

第1節　子どもの意欲を高める小学校地理学習の授業開発

本稿では，子どもの意欲（心理）と小学校中学年社会科における教育内容の論理とを結びつけた地理学習の授業例について提案する。

1　小学校地理学習について

第3学年の学習内容である「市の様子の移り変わり」は，『小学校学習指導要領（平成29年告示）解説　社会編』（文部科学省）において新設され，「土地利用」や「交通や公共施設」，「人口」，「生活の道具」などを取り上げながら単元構成や授業開発を行っていくことが求められている。これにともない，実践研究が進められている。授業開発が行われている一方で，社会諸科学の理論をもとにした授業開発研究や学習した知識を活用しながら，他地域へ応用したり一般化したりする実践は，まだまだ多いとは言えない(1)。

そこで，本稿では，広島市の地理的な変遷に着目しながら自然地理学をもとにした授業例を提案する。

2　自然地理学をもとにした授業開発

⑴時間の経過から地理的な変化へ

高田準一朗によれば，「地理的な配列関係」において地表面を分節化し，「三角州」「干拓地」「埋立地」の三つの類型に分類している。時間の経過から，その類型は「三角州」の時代を時代A，「干拓地」の時代を時代B，「埋立地」の時代を時代Cとして整理する。このような地理的な配列関係から，高田は，時代Aの時代は，「三角州＋海」，時代Bの時代は，「三角州＋干拓地＋海」，時代Cの時代は，「三角州＋干拓地＋埋立地＋海」とし，図（図Ⅳ-1-1）のように整理して示している(2)。

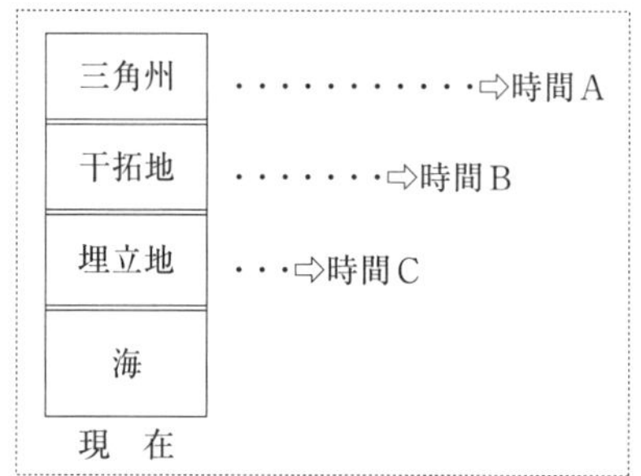

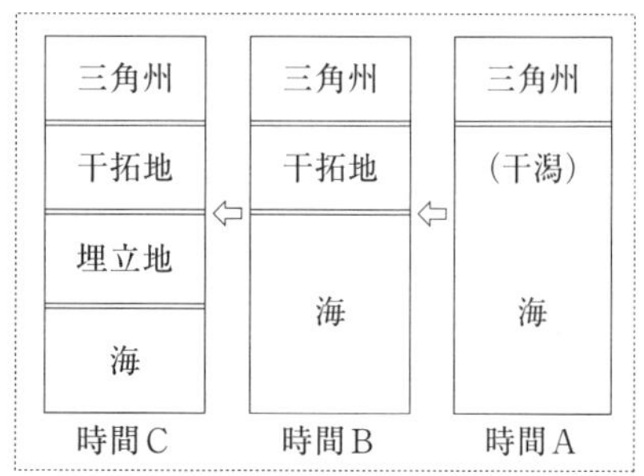

図Ⅳ-1-1　地理的な配列関係の模式図

⑵土地の高さ（海抜）と干拓地・埋立地の関係性

干拓地と埋立地の特徴として，干拓は水深の浅い海を堤防で囲い込み，堤防にある水門から囲い込んだ水を抜きとることで，水底を干上がらせ陸地をつくることである。また，埋め立ては，堤防で囲った水域の水を抜きながら，土砂や廃棄物などを流し入れて土地をつくることである。そのため，干拓地は埋立地に比べて海抜が低くなる。

また，干拓地と埋立地が造られた時代に気付かせるために，「デジタル標高地形図」と「新開地発展略図」を比べることで，主に干拓地は江戸時代から明治時代にかけて造られ，埋立地は大正時代以降に造られたことに気付かせる。そこから，それぞれの時代において，これらの新開地が，どのような目的で造られたのかということに迫ることができる。

3　小学校地理学習における授業開発の視点

⑴広島デルタの歴史

広島市は太田川によって形成されたデルタに位置し，政令指定都市として今日まで発展してきた都市である。その太田川は，広島市内を6つに分流して流れ，広島市中心部は三角州上に位置している。広島市の歴史は，毛利輝元が1589年に広島城を築城したことから始まる。広島城は川の中州を埋め立てて築城された。そして，もともと広島城が築城される前の海岸線は，平和大通り付近であったと言われており，それ以降干拓や埋め立てを繰り返しながら南に向かって土地を広げていき，現在に至るまで広島の人々は「水」を活用しながら都市を形成してきた[3]。

⑵広島デルタから「干拓」，「埋め立て」へ

江戸時代から明治時代にかけて，主に土地を広げる方法として「干拓」が行われた。干拓とは，前述したように海を囲むように堤防を造り，水を抜いたり干したりしながら土地を造る方法である。広島市は，遠浅の浅瀬が多く，その浅瀬を利用して南へと土地が広げられてきた。干拓地の特徴として，海抜が低く，農地として利用することを目的として行われたが，干拓後は土に塩分を含んでいるため，塩分に強いとされる綿の栽培が行われてきた。

大正時代以降には，明治時代までと同様，浅瀬を利用しながら，「干拓」から「埋め立て」へと土地を広げる方法が変わっていく。これは，まず「埋め立て」の技術が普及したという理由があげられる。また，土地利用の目的が農地を広げること（明治維新後に，困窮した士族への救済策として政府や府県庁が行った授産事業など）から，社会が産業の発展や近代化を重視する社会へと変化していったことがあげられる。そのために，農地を広げるための「干拓」から，工業用地を広げるための「埋め立て」へと土地を広げる方法が変化していったのである。特に，1935年（昭和10年）頃から始まった工業港の建設工事では，広大な工業港の埋立地が築かれた。ちょうどこの頃の様子がアニメ映画「この世界の片隅に」の中で，子ども時代の主人公の「すず」が，江波から草津まで歩いていった浅瀬を利用して工業港建設が行われた[4]。

⑶広島市の景観から広島市発展の痕跡をさぐる学習の設定

現在の景観から，干拓や埋め立ての痕跡を見ることができる。

まず，痕跡の一つとして干拓のために造られた堤防があげられる。まちの

開発にともない堤防跡が無くなったり，高低差も削られたりして今に残るものが減ってはきているものの，その多くは道路として，その痕跡を残している。この干拓によってできた干拓堤防は，現在道路として残されているが，その多くは直線的な道路ではなく，陸地を取り囲むように曲線的な道路として今に残っている。また，多くの干拓は小規模で（皆実新開は大規模干拓），土地ができるたびに道路ができたため，その接合が悪いところが多い。

また，高低差が分かりやすく残っている道路としては，御幸橋東詰め付近から県病院前を通り，南警察署前の交差点を北上して山城町公園そばを通って黄金山へ向かう桜土手とも呼ばれる道路である。真ん中あたりは削られたため高低差は少ないが，東側と西側には2メートルほどの高低差が今も残されている。この干拓堤防は，1663年に造られたもので，新しくできた土地は仁保島西新開（後の皆実新開）・仁保島東新開と呼ばれる(5)。

⑷大規模干拓である宇品新開干拓の歴史

宇品新開は，現在南区宇品となっている場所である。この場所は，標高がゼロメートルの場所が多く，海岸から離れた場所でも海抜ゼロメートル以下の地域が広がる。その理由については以下の本田美和子氏のインタビューから分かる（図Ⅳ-1-2）。地盤の低さは，干拓当時とほとんど変化しておらず，大雨による冠水の可能性があり，防災対策の必要性も述べられている(6)。

> 宇品新開は埋め立てではなく「干拓」で拓かれていますので，土地はやはり低くなっています。ここの土地開発は宇品築港に伴うものだったのですが，その目的は士族への授産事業として綿花栽培を行う耕作地を得ることにありました。

図Ⅳ-1-2　本田美和子氏インタビュー

⑸広島市の見方を名古屋市へ

広島市の土地の広がりの中でも，広島港がつくられた経緯や過程をもとに，同じ大都市である名古屋港がつくられた変遷を考える学習を設定する。このことで，遠浅の海を干拓によって広げていく都市形成過程を子どもなりに理解できるのではないかと考える。

4　単元の構想

⑴単元名

市の様子のうつりかわり―「デルタのまち」広島の今と昔―

⑵単元目標

・現在の広島市が形成される過程について理解することができるようにする。
・課題解決に向けて，広島市の過去と現在の地図を比較したり，現在につながる過去の様子を資料から推測したりしながら読み取ることができるようにする。
・身近な広島市の現在や過去の様子，その変遷に関心をもちながら学習に取り組むことができるようにする。

⑶指導計画

全12時間（本時　第10時）
第１次　５つのデルタと６本の川をもつ広島市の地形…１時間
第２次「この世界の片隅に」から見える広島市の様子…２時間
　第１時「すず」のくらしと現在のわたしたちのくらし
　第２時　ロケ地の今をめぐる旅
第３次　江波の地形の変遷と海苔の産地広島市…３時間
　第１時　江波の地形の今と昔～「干拓」と「埋め立て」とは～
　第２時　海苔の養殖をなぜ見なくなったのだろう？
　第３時　広島の海苔産業の衰退と発展～養殖業から味付け海苔加工業へ～
第４次　景観と地図から見える広島市の今と昔
　　　～皆実・宇品・仁保・大河～…５時間（本時４／５）
　第１時　千田貞暁と宇品新開～皆実新開から元宇品までをつなぐ干拓の歴史～

第２時　現在の史跡から見える仁保・大河の変遷～海岸線の名残～
第３時　皆実新開と宇品新開との境界（干拓堤防）をめぐる
～江戸から明治の変遷～
第４時　広島市はどんなところ！？
～時代とともにうつり変わってきた広島市の今と昔～
第５時　広島市の変遷から見える「デルタのまち」広島の特色
第６時　広島港と名古屋港の築港からまちの発展へつながった共通点
第５次　これからの広島市の発展へ向けて

⑷本時の目標

「新開地発展図」や「標高地形図」等の地図を読み取る学習活動を通して，江戸時代の三角州の拡大が干拓によって進められ，明治以降の拡大が埋め立てによって進められたことに気付き，広島市では，時代ごとに土地拡大の方法や目的も移り変わってきたことを理解することができる。

⑸本時の展開

学習活動と内容	指導上の留意点（◆評価）
1．干拓堤防の写真から，干拓の歴史について読み取る。	○前時の学習をふり返ることができるように，「千田廟公園沿いの道路」の高低差が分かる写真を提示し，堤防（干拓堤防）が，現在は（曲線の）道路になっていることを確認する。
2．学習課題を設定する。	○特定の地域から広島市全体に学習範囲を広げ，干拓や埋め立てによって，どのような土地の広がりがあったのかについて疑問を持てるようにする。
広島市では，どのように土地が広げられたのだろう	
3．広島市の地形の成り立ちについて資料を読み取り，共有する。 ・皆実新開は，江戸時代につくられた新開地になっている。 ・宇品新開は，明治時代につくられた新開地になっている。	○広島市の現在の地図や「新開地発展図」を示すことで，広島市が形成された様子や時代に着目させる。 ○「標高地形図」を提示することで，標高が低いところが干拓地で，標高の高いところが埋立地になっていることを伝え，江戸時代から

	明治時代までは干拓が多く，大正時代以降は埋立地になっていることに気付くことができるようにする。
4．干拓や埋め立てによって土地を広げた理由について考える。 ・人口が増えたから，その人が住むための家を建てられるようにした。 ・土地を広げた目的は，最初は農地をつくるためだったが，時代が変わると，工場をつくるために土地を広げた。	○江戸時代には農地として，明治以降には工場や宅地が必要となったことに気付かせるために，江戸・明治以降の社会について読み取れる写真や郷土資料館の本田さんの動画資料を示す。 ○それぞれの時代の社会的背景に応じて，土地を広げていったことが理解できるようにする。
5．本時の学習を振りかえる。 ・広島市は，干拓や埋め立てによってできたまち。 ・広島市では，江戸時代・明治時代には干拓によって土地が広げられた。	○広島市全体が，三角州から干拓や埋め立てによってできた地域であり，土地を広げる目的が，時代によって違うことに着目させる。 ○課題に対する自分の考えをまとめられるように，板書を意識しながら，ノートにまとめを書けるようにする。 ◆広島市では，江戸時代・明治時代には農地を広げるために干拓を行い，大正時代以降は，工場や宅地などをつくるために埋め立てによって土地を広げていった事を理解することができたか。 【社会的事象についての知識・理解】

5　小学校地理学習の授業

本授業事例では，単元の目標として，「身近な広島市の現在や過去の様子，その変遷に関心をもちながら，現在の景観から，広島市の過去の様子について推測したり考えたりできること」をねらいとした。また，その過程において，「広島市の過去と現在の地図を比較しながら，現在の広島市が形成される過程について理解すること」を目指して授業実践を行った。

単元終了後の児童の記述から，広島は三角州にできたまちであり，江戸時代から明治時代にかけては主に干拓，大正時代以降は埋め立てにより形成されたという多くの記述が見られた（たとえば，図Ⅳ-1-3）。

> 今日のじゅぎょうで，広島市は，「干拓」または「うめたて」という方法で土地をつくっていったことがわかりました。江戸から明治は，干拓をやって，のうぎょうをやりました。大正から昭和は，うめたてをやって，たて物・港・工場づくりがさかんになりました。

図Ⅳ-1-3　抽出児童の単元終了後の記述

また，抽出児童の記述のように，土地の広がりには，それぞれの時代の社会的な背景があり，土地形成の目的が異なっていたことを理解することができていた。単元の終末においては，広島港が造られた過程や広島の産業の発展につながっているという知識を活用して，名古屋港でも同じような歴史的変遷と産業の発展があるという共通点にも気付くことができていたと考える。

その一方で，本単元では，広島市のうつり変わりの中で，「交通や公共施設」,「人口」,「生活の道具」などの学習内容について授業化を十分できていない点については，今後の課題として取り組んできたい。

(伊藤　公一)

註

(1)大単元「市の様子の移り変わり」の先行実践事例として，たとえば以下のものがある。
- ・佐藤章浩「調べよう！徳島の昔と今」鳴門教育大学附属小学校『研究協議会資料』2018年。
- ・樋渡剛志「3年生［社会＿市の様子の移り変わり］」北海道開発技術センター調査研究部『札幌らしい交通環境学習フォーラム2017』2017年。

(2)高田準一郎「『景観的視点』を導入した地域調査論－「層の理論」を援用して－」社会系教科教育学会『社会系教科教育学研究』第13号，2001年，p. 123。

(3)細萱京子「近世広島平野における干拓と人々のくらし」
信州大学　教育学部自然地理学研究室『2010年度地理学野外実習報告書Ⅲ　広島』2012年，pp. 42-44。

(4)本田美和子「変な曲がりの道路から広島発展の謎を解く－広島デルタ成長の痕跡

を探す－」広島地理教育研究会『ひろしま地歴ウォーク』レタープレス，2018年，p. 14。

（５）同上，p. 15。

（６）熊原康博「デルタの水害の過去・現在・将来－水害対策から造られて太田川放水路－」広島地理教育研究会『ひろしま地歴ウォーク』レタープレス，2018年，pp. 10-11。

第２節　海から観た社会科

1　日本は島国であるという事実

「我が国は，四面を海に囲まれており，主要四島をはじめ約14,000の島々からなる島国だ。島国なので陸地の面積は狭く，世界の国土ランキングでは61位である」。何を今更，当たり前ではないかと思うことだろう。しかも「狭っ！」しかし「EEZ（排他的経済水域）を含めると，ランキング第６位となる」。オーすごい！陸の視点に海の視点を付け加えると，このようになる。よく地理などの学習で使われる手法である。我が国の国土は狭いと思わせておいて（約200程ある国の中で，61位というのは結構広いと思うのだが），EEZを入れるとなんとベスト10入りを果たす。この結果から，海と我が国の関係へと視点を移す。そして学習の終末において，「魚は，昔から日本人の重要なタンパク源だから，魚をもっと食べよう。そうすれば，漁業も盛んになる」とか「海洋底には資源が無尽蔵に眠っている。今は探査・研究の段階だが，技術の開発も進んでいる」とか，消費傾向への変換や未来への展望に期待をかけながら，単元を終了するというパターンがなんと多いことか。

それはそれで，間違いではない。けれども「我が国日本が，四面を海に囲まれている」という事実は，そのような問題だけで終わらない。もっと切実な問題が現実として存在している。その問題は，「あたりまえ」という，私たちの脳天気なとらえ方の中に，潜んでいるのだ。「海から観る」と，その潜んでいるものの姿が見えてくる。

2 「海から観る」と真実が見えてくる

(1)「あたりまえ」の現実とは

我が国の貿易を観ると，2021年度の輸出額は，約83.1兆円（世界第4位）であり，輸入額は，約84.8兆円（世界第3位）である。我が国の経済は，「貿易」によって成り立っている。問題は，その成り立ち方である。為替レート等の変動もあるが，輸入額と輸出額を比較してみると，若干，輸入額の方が多いが，その差はあまりない。これは，我が国が海外への輸出によって成り立っているのではないことを示している。我が国の貿易は，内需傾向が強い。わたしたちの暮らしは，海外依存度が高いと言われる由縁である。換言すれば，貿易が止まれば，わたしたちの暮らしは困窮してしまう。また，輸送手段やルートに何かあると，たちまち物品価格に影響が出る。例えば，現在ウクライナからの穀物輸入が途絶えているが，この影響は畜産関係をはじめ様々なところに現れている。

けれども，わたしたちは実感としてとらえていない。それは，「いつものものが，いつものように」「ある」からだ。もっと大きな変化があれば，気付くだろう。しかし，わたしたちの暮らしをマイナス方向に大きく変化させない「はたらき」が存在していることを知らない。普段，見聞きはしているが，その重要性に気付いていないのである。

それは「物流」である。普段わたしたちが，あたりまえに接している物は，そこに来るまでに，どこかにあったのである。もしも，どこかの段階で「物流」が途絶えたなら，どうだろう。それは，歴史がすでに証明している。

豊臣秀吉は，「兵糧攻め」を得意とした。相手の城を取り囲み，一切の物流を遮断する戦法である。秀吉側はじっと待っているだけで良い。相手側の城内は，悲惨である。

同じようなことが，太平洋戦争でも行われた。輸送船を撃沈させ，B29爆撃機から無数の機雷を投下した，これによって日本列島に入ることも出ることもできなくなってしまった。アメリカはこれを，「饑餓作戦」と呼んだ。

我が国は，四面を海に囲まれた海洋立国である。海外からの物資は，航空機か船舶でしか運ぶことができない。特に船舶は，貿易の99.5～99.7％を占めている。船舶になにかあれば，我が国はたちまち行き詰まってしまう。そのことをどれだけ意識しているだろうか。

現代でも，危機的状況はあった。東日本大震災時の福島第一原発の事故によって，我が国が放射能で汚染されたという情報が流れ，船舶が我が国に近寄らないという状況に陥った。

新型コロナでも，各国，各都市のロックダウンによって，寄港も帰港もできない状態になった。こうなると物資だけでなく，船員も船舶から降りることもできなくなってしまった。わたしたちの暮らしが，大きくマイナス方向に変化しようとしていたのだ。

それらを回避したのが，「日本船主協会」による正確な情報収集と発信，国際連合や，各国の海事産業関係者との協力だったのである。

そのような中，船舶を襲い，物品だけでなく，人命を盾に高額な身代金の要求や，時には命までも奪う蛮行が行われていた。海賊である。

この蛮行に対して，各国が結集した。世界の物流のほとんどは，船舶が担っているからである。世界は海でつながっている。海と船舶を守ることは，我が国だけでなく，世界の人々の暮らしを守ることにつながっている。

私たちの暮らしの中で「あたりまえ」に存在しているということは，「あたりまえ」を支えている人々のはたらきがあるということだ。この「あたりまえ」を支えている人々を教材化し，次のように授業を構成した。

⑵海と船と人を守る　授業実践事例より

学習のねらい

○　我が国は，貿易で成り立っており，国民の暮らしは多国に依存している事実に気付くとともに，物流の中心は船舶であり，船舶が安全に航行できることで世界とつながっていることを理解する。
○　船舶が安全に航行できるように行われている多くの努力について考える。

授業の展開（２時間）

学　習　活　動	指導上の留意点と資料及び評価
1　「世界を結ぶ海上物流のルート」から思ったことや考えたことを発表する。	○資料より，日本は多くの国々とのつながりがあることを確認させる。 ・生活物資（穀物，羊毛，綿花，木材等）の輸入 エネルギー資源（石油，石炭，LNG，LPG）の輸入 工業原料（鉄鉱石，銅鉱石，ニッケル等）の輸入 国際定期航路（製品の輸出入） ランドブリッジサービス（陸路輸送）
2　地図上でアデン湾・ソマリア海域が「High risk area」と記述されている理由について考える。	○「High risk area」を明記した地図から，スエズ及びホルムズ海峡を北端として，南緯10度線及び東経78度線で区切られる海域を指すことを知らせる。
学習問題 「High risk area（危険が高い海域）」とは，どんな海域なのだろう？	
3　学習問題について予想する。 ・暗礁などが多い危険な海域 ・船舶事故が多い海域	○「海」で起こるrisk（危険）には，どんなものがあるかを考えさせる。 ・暗礁が多いなど海難事故が起こりやすい海域
4　TV番組「コンテナ船に乗せてもらいました」で，ソマリア海域・アデン湾に入る前に行われている船内の活動や，海賊襲撃について思ったことや考えたことを発表する。 ・海賊がまだいる？ ・船を襲ってどうするのだろう？ ・船の荷物を盗るのかな？ ・マシンガンやロケットランチ	○「High risk area」を通過する時に，商船が行っていることを観る。 [商船の海賊対策] ・見張りの船員のマネキン ・船員は銃が使えないので，消火器のホースを使って高圧の海水で応戦する。 [海賊] ・機関銃（AK47）やロケットランチャー（RPG7）をもって武装している。 ・船の乗り込むためのハシゴをもっている。 ・船員を人質にする。

ャーなどすごい武器を持っている。	
5　これまでの主な「海賊の襲撃」について知る。 ・身代金が，すごい高額だ。 ・身代金を何にするのだろう？	○海賊に襲われた場合の例として2008年のできごとを提示する。111件の海賊行為があった。 ・2008年の主な海賊行為 4月　日本郵船の大型タンカー「Takayama」が小型不審船から銃撃を受け被弾。負傷者はなかった。 9月　ウクライナ貨物船ファイナ号。ウクライナ人17名，ロシア人３名の乗員が人質になるとともに，積載されていた戦車33台と武器類が奪われる。身代金（器楽は不明）と引き換えに乗組員と積み荷は変換され，大量の近代兵器が内戦中のソマリアに送られるという事態は免れた。 11月　サウジアラビア籍大型タンカー「シリウス・スター（31万8000t)」が乗っ取られる。乗員25名が人質になり，身代金２億7,000万円を支払う。 ・2008年の身代金総額は，約110億円。 110億円÷111＝約１億円/件 ・ソマリア連邦共和国は，中央政府（国をまとめる政府）が存在せず，1991年からの内戦によって，敵対・競争の関係が生じ，武装を行う必要に迫られ，戦闘に必要な費用を得るために，海賊を行うきっかけとなったことを伝える。 ・身代金が高額なのは，身代金の多くがテロ組織（アルシャバーブ）へ流れていると考えられている。
6「ソマリア海・アデン湾の海賊出没数」のグラフと，「スエズルートを通航する船舶数」のグラフを比較し，「High risk area（危険が高い海域)」と，スエズルートとの関係を考えながら，学習問題を構成する。	○「ソマリア海・アデン湾の海賊出没数」のグラフと，「スエズルートを通航する船舶数」のグラフを提示し，海賊が出没する「High risk area（危険が高い海域)」を選ぶ必要性について問題意識をもたせる。 ・危険であると知りながら，スエズルートを航路として選ぶことの矛盾に気付かせる。

学習問題
海賊が出没するのに，ソマリア海・アデン湾を通るのはなぜだろう？

7　スエズルートと喜望峰ルートを比較し，距離の違いによる経済的な問題について考える。	○ソマリア海・アデン湾を通るのは， ソマリア海・アドニス湾→紅海→スエズ運河→地中海→ヨーロッパのルートを確認させ，ヨーロッパへの航路であることをとらえさせる。 ・High risk area を通らないでヨーロッパへ行く方法を考えることを通して，アフリカの喜望峰を回る航路も考えられることに気付かせる。 ・その際の燃料費を比較する。

喜望峰を回る航路では，スエズ運河を通る航路よりも，約14000km 長くなり，日数にすると約16日多くなる。その際の燃料費は，今回の例（10万５千トンのコンテナ船）では，１日約110t の燃料が必要。重油１t≒５万円
５万円×110t＝550万円
550万円×16日＝8,800万円
※燃料費は変化が激しく，2022年10月～12月では，船舶用燃料（C 重油）は，
95,980円/kl であり，
95,980円×110t＝10,557,800円
10,557,800円×16日＝１億6892万4,800円

	この金額は，燃料費だけであり船員の人件費は含まれていない。スエズ運河の通航量は，船舶によって異なるが，10万５千トンのコンテナ船で約4,000万円ほどであり，スエズルートの方が経済的であることが分かる。
8　経済的理由だけで，「High risk area（海賊出没海域）」を航路として選ぶかどうかを考える。	○考えて行く視点として，「自分が海運会社の社長（経営者）だったら」「自分が船長・船員だったら」と「消費者」の立場で考えさせる。 [海運会社の経営者] ・スエズルートは，4,000万円 喜望峰ルートは，8,800万円～約１億７千万円の費用がかかる。 船は拿捕され戻ってこないこともある。 積み荷を奪われることもある。 船員達が人質にとられると，身代金は億単位

	・経済的理由を優先させるか，人命を優先させるかの視点で考えていくと，「経済的理由」をとれば，「人命」を軽んじていることになり，「経済的理由」でスエズルートを選択するのは問題があることに気付かせる。 ［船長・船員］ ・安全な航海をしたい。 ・海賊の人質になりたくない。 ［消費者（私たち)］ ・資源や原料の高騰につながり，ものの価格に影響し，価格が上がる。 ・船社としては，燃料費や運河航行費，人件費などを考えると，「スエズルート」。 ・消費者としては，物価に影響するので「スエズルート」 ・船員としては，安全な航海をしたい。安全であれば，スエズルートでも，その他でもよい。 ・スエズルートを選択していることは事実であることを想起させ，疑問をもたせる。

学習問題
人命が大切であるのに，スエズルートを通るのはなぜだろう？

9 「人命を大切」にして，スエズルートを通るには，どうすればよいか考える。	○「人命を大切にして」，スエズルートを通る方法を考えることを通して，海賊から守ることが必要になることに気付かせる。 ・「人命を大切にする」＝「船を守る」ことを確認する。 ・海賊から船舶を守る方法について，考えさせる。 ・ソマリア沖の海賊が武装しているものから考えさせ，それ相応の武装が必要であることに気付かせる。
10 TV「コンテナ船に乗せてもらいました」の後半部を観て，分かったことや思ったことを発表する。	○コンテナ船との交信から，「海上自衛隊」が守っていることに気付かせる。 ・護衛艦だけでなく，対潜哨戒機などで海賊から，船舶を守っている事実をとらえさせる。

11 「High risk area（海賊出没海域）」を海上自衛隊がどのようにパトロールし，船舶を守っているか知る。	○「High risk area（海賊出没海域）」のパトロールについて地図上で提示する。 ・ジブチ共和国を拠点にして，海賊の鎮圧を行っていることを知らせる。
12　ジブチ共和国で撮影された海賊対策を行っている人々の写真から，思ったこと考えたことを発表する。	○日本船主協会が政府に強く要望したことをあげながら，「海上自衛隊」「陸上自衛隊」「海上保安庁」の旗があることに気付かせ，それぞれが協力して船舶の安全を守っていることをとらえさせる。 ・海上自衛隊：海賊の鎮圧 陸上自衛隊：拠点基地の護衛 ・航空自衛隊：輸送機で，機材や食料等を空輸 ・海上保安庁：海賊の逮捕（自衛隊には逮捕権がない）逮捕することによって，海賊の命を守っている。
14　ジブチ共和国に活動拠点を置いている国について　地図資料からとらえ，考えたことを発表する。	○ジブチ共和国に，日本をはじめ，アメリカ，フランス，中国，イタリア，スペイン，ドイツ，ロシアが活動拠点を置いていることを読み取らせる。
15 「AIS 船舶マップ」を提示し，現在の船舶の位置や数を観て気が付いたことを発表する。	○世界の物流は，船舶によって行われていることを視覚的にとらえさせる。 ・スエズ運河へと至るルートに多くの船舶がひしめいている事実をとらえさせ，スエズルートはアジアとヨーロッパを結ぶ重要な航路であることを確認させる。
16　2012年以降，海賊発生件数が減少し，0になった理由について考えたことを発表する。	○海賊が自然消滅するわけでもなく，ソマリア内戦がなくなったわけでもないことから考えさせ，日本の自衛隊や各国の協働の結果であることをおさえる。
17　ジブチ活動拠点で隊員たちが最も楽しみにしていることは何かを予想し，隊員の文章資料から思ったことや考えたことを発表する。	○隊員の話（文章資料）から最も楽しみにしているのは，「家族との会話」であることに気付かせる。 ・施設には，固定電話やテレビ電話，Wi-Fi や，Skype（ビデオ通話アプリ）が設置されていることを知らせる。

18　海賊の発生が0件になったが，今後も海賊は出没しないかどうか考える。	◯各国の海賊鎮圧の成果であり，内戦や飢饉がなくなったわけでもないので，今後，海賊が発生しないという保証はないことを理解させる。 ・海賊再発の恐れが未だにあるために，日本をはじめ各国は，ジブチ国拠点を離れられないことを理解する。
19　わたしたちの暮らしと海運との関係を考え，本時の学習のまとめを行う。	◯我が国の衣食住は（単純計算であるが），80%を外国に依存していることを確認させる。 ・貿易に携わっている船員のほとんどは，外国人であることを知らせ，わたしたちの暮らしは船とそれを守っている多くの人々の努力により，支えられていることを考えさせて，本時のまとめとする。

3　見えなかったものが観える

「海から観た社会科」とは，これまでの社会的事象や歴史的事象を見ていく視点に「海」の視点を入れたに過ぎない。けれども，四面を海に囲まれた我が国の暮らしが「あたりまえ」のものではない事実に，少しは気付くことができたのではないだろうか。私たちの暮らしの基本は「海」なのだ。海から多大な恩恵に与っている。我が国や世界の暮らしを支えているのは，「海運」を中心とした「物流」なのである。物流が途絶えた時，暮らしは悲惨なものになる。けれども，そのようにならないように「守る」人たちがいる。今回の学習では，「日本船主協会」をはじめ「自衛隊」「海上保安庁」「多国の海軍」，持っているものは，とても物騒なものだが，それを用いることが目的ではない。海賊の命を奪うことでもない。海賊の命も守り，海の安全を守ることなのだ。それに従事する人々は，誰かの「お父さん」「お母さん」「お兄さん」「お姉さん」「恋人」といったとても大切な人々だ。学習を終えた子どもが送った手紙をじっと見入っている隊員の胸をよぎっているものは何だろう？

村上海賊口伝に曰く「軍の始むるは人の和を先とし後に天地の利を考えるべし」。「海から観た社会科」とは，「人とそのはたらきを学ぶ」ことを大切にするのである。

（村上　忠君）

参考文献

・竹田いさみ『世界を動かす海賊』筑摩書房，2013年。
・小山修一『自衛隊はアフリカのジブチで何をしているのか』育鵬社，2021年。
・『日本の海運　SHIPPING　NOW　2022－2023』（公財）日本海事広報協会，2023年。
・衛藤征士郎『海の平和を守る　海賊対策と日本の役割』日本海事新聞社，2018年。
・「自衛隊唯一の海外拠点はどんな場所？ジブチ派遣経験者に聞く…」，https://www.excite.co.jp/news/article/Trafficnews_84648/（2023年２月７日最終閲覧）。
・「“海賊”の現状とは～５つの疑問～」，https://www.mol-service.com/ja/blog/piracy-and-armed-robbery（2023年１月７日最終閲覧）。
・「ソマリア海賊、身代金の受け取りに万全を期す－AFPBB News」，https://www.afpbb.com/articles/fp/2558004（2023年１月29日最終閲覧）
・『日本→欧州　巨大コンテナ船に乗せてもらいました』テレビ東京，2018年10月７日放映。
・『キャプテン・フィリップス』監督ポール・グリーングラス，配給コロンビアピクチャーズ，日本公開2013年11月29日。

第３節　子どもの思考の流れを意識した学習サイクルの構想

―第５学年単元「くらしを支える食料生産・岡崎市の農業」―

1　子どもの思考の流れを意識した学習サイクル

社会科の授業において，子どもたちが主体となる授業デザインを構想することで，子どもたちは様々なモノ・ヒト・コトとの出合いと社会的事象について自分で思考した一つの体験を得ることができると考える。そこで得た知識は，受動的に学んだ知識と違い，子どもたちの視野を広げ，この先直面する問題を解決するための見方や考え方の礎となり，生きる力となるだろう。

そこで，本稿では，子どもたちが主体となる授業の手だてとして，「子どもの思考の流れを意識した学習サイクル」を提案する。「問い」→「予想」→「調査」もしくは「対話」→「新たな事実や視点の発見」→「新たな問い」というように，「問い」を連続させた学習サイクルを構築することで，主体性を引き出し，思考を深めていく。また，このような子どもの思考の流れを丹念に見取る問題解決学習は，社会科で教えるべき内容との両立[(1)]を意識することが大切である。そこで，学習指導要領に基づく学ぶべき内容やその要素を，子どもたちが住む岡崎市の実態を通して学ぶことができるよう教材を開発する。そうすることで，子どもたちは実際に見聞きした生きた教材から，具体的に思考することができ，切実感をもって学びに向かうだろう。

2　単元の捉え

今回取り上げた単元「農業」は課題が山積している産業である。日本の農家数や農地面積，生産額は減少し続けており，農業従事者の高齢化が進み，後継者不足も深刻である。しかし，そのような中でも，様々な課題を乗り越えていこうとするたくましい生産者の方々がいる。その人たちとの出会いを通して学び，農業の課題をどのように解決すればよいか主体的に考え，前向きな未来に思いをはせる子どもたちの姿を期待し，本単元を教材化した。

3　単元の目標

・日本の農業の課題と，大規模化や機械化，販売方法や品質保証のための工夫など生産者の努力について理解することができる。【知識及び技能】
・農業の将来性について高齢化・後継者不足という視点から考え，自分の意見を表現することができる。【思考力，判断力，表現力等】
・日本人の主食である身近な「米」と，自分たちの身近ではない「農業」を結びつけて考え，農業という産業の在り方に問題意識をもち，今後の在り方について主体的に追究しようとする。【学びに向かう力，人間性等】

4　授業の実際

【第1～3時：わたしたちはふだんどんなものを食べているのだろう】

単元の導入として，給食の食材産地一覧表や子どもたちが家庭から持ってきた食材のパッケージを使って，給食や家でふだん食べている食材の産地調べを行った。その中で，給食で一番多く食べられている米の産地は新潟県などのコシヒカリではなく，岡崎産の「あいちのかおり」であることに気がついた（新たな視点)。「え，どこで作っているの！？」(新たな問い）と，学区に田んぼがない子どもたちは驚いた様子だった。そこで，次時は岡崎市のどこで米が多く作られているのかを調べることにした。(予想と調査へ)

【抽出児童 A】
給食で食べているお米が岡崎産と知ってびっくりしました。みんなの意見を聞いて気づいたことがたくさんありました。岡崎のどこで作っているのか，そこでどれだけの量が作られているのか，知りたいです。

【第４～５時：岡崎市のどのようなところで米づくりはさかんだろうか】

前時に出てきた疑問を解決するために，まずは岡崎市の地図に「川」「田んぼ」「畑」「市街地」「森林」を色付けしていった。その後，立体地図と見比べ，岡崎市のどのような場所に「田んぼ」があるのかを考えていった。立体地図と見比べることで，子どもたちは「岡崎市では，平らで低い，川の近くで水がえられる広い土地で米づくりがさかんである」と結論を出した。

この話し合いの中で，抽出児童Ａが「三島学区には田んぼがない」ということに気がついた。（新しい視点）「昔からなかったのか」と聞くと（新たな問い），他の児童が「いや，フェリカーサ（マンション）の辺は昔，田んぼだったと思う。」と答えた。次時はこの疑問を確かめることから始めることにした。（予想と調査へ）

【第６時：岡崎市の水田は減ったのだろうか，増えたのだろうか】

25年前の三島学区の地図を配ると，子どもたちはフェリカーサというマンションとブルーブランという結婚式場のあたりに田んぼの地図記号があることを発見した。「三島学区は水田が減っているけど，岡崎市全体はどうなんだろうね？」と聞くと，増えている派と減っている派で意見が分かれ，討論が始まった。ほとんどが減っていると答えると思っていたが，増えていると考える子が３分の１ほどいることが意外だった。（抽出児童Ａは増えている派）そこで，岡崎市の統計資料で耕地面積の変化を調べると，1975年には3084ha，30年後の2015年は1829haと減少していることが分かった。その理由を考えさせると，①建物が増えた②農業をやる人が減った（高齢化や後継者不足）ではないかという意見（新たな視点）が出た。抽出児童Ａは①の理由（新しい視点）に納得がいかず，「岡崎市の人口って本当に増えているの？増えていなければこれは納得できない」（新たな問い）とこだわっていた。次時はこの疑問を確かめることから始めることにした。（予想と調査へ）

【抽出児童A】
結果は思っていたのと違ったけど，どうして減ったのかまだ納得していません。岡崎市の人口が分からないと…。とても楽しかったです。またやりたいです。

【第7時：本当に農家って減っているの？高齢化しているの？】

前時に水田が減った理由として出てきた①建物（ビル・家が増えた）②農業をやる人が減った（高齢化，後継者不足）という予想を確かめた。まずは抽出児童Aがこだわっていた「岡崎市の人口の推移」のグラフを示した。子どもたちはこの30年間で8万人ほど増加していることに気がついた。抽出児童Aもマンションや建物，それにともなう商業施設が増えたことに納得したようだった。次に「岡崎市の農家数の変化」と「年齢別，農業をやっている人の人数の変化」のグラフを提示した。このグラフから子どもたちは，農家数は減り，高齢化が進んでいることに気がついていった。

【第8時：若い人はなんで農業をやらないのだろう】

前時に，子どもたちは農家数の減少と就農者の高齢化に気がついた。（新しい視点）そこで「若い人はなんで農業をやらないのだろう」（新たな問い）と問いかけたところ，3つの説（予想）が出てきた。①3K（くさい，きたない，かっこわるい）説②もうからない説③できない説。この3つの説を解消できれば，若い人も農業をやるかもしれないということだった。（農業の将来性を考える上で，話し合いで出されたこの3つを柱にこの先考えていく。）次時から，この説を確かめていくことにした。（調査へ）

【第9時～10時：先生にアンケートをとって聞いてみよう】

子どもたちの聞きたいことをまとめ，家が農家だという先生方にアンケートを作成した。今回は7名にアンケート調査を実施し，7名のうち5名が兼業農家だった。よって，アンケートの結果は「兼業農家」の実態をあらわしたものとしてまとめることにした。

結果から①米は委託している②若い時からはじめ，今までずっとやっている（後継者不足）③兼業農家は「もうかるとは言えない」④大変なこと（作業，天候など）が分かった。兼業農家はあまりもうからないことがわかったが，農業を専門にやる「専業農家」はどうなのかという疑問が生まれ，（新たな問い）実際に大規模専業農家の小久井農場へ見学に行くことにした。

【第11～12時：小久井さんはもうかっているのだろうか】

小久井農場への見学を通して，大規模専業農家の工夫や努力を学んだようだった。また，抽出児童Ａは小久井さんの跡継ぎである息子が農業をする父親の姿が「かっこいい」と言っていたことに着目している。また，抽出児童Ｂは兼業農家と違って小久井農場がもうかっていることに着目している。大型機械や農業の広さにも驚いた様子だった。（図Ⅳ-3-1）

図Ⅳ-3-1　大型機械を見学する子どもたち

【抽出児童Ａのまとめと感想】
《小久井さんのここがスゴイ！》（工夫や努力）
・オリジナル肥料・800軒分もやっている・いろんな機械があり，５億円もかけている

・田畑の面積が広い（東京ドーム85個分）・面積が全国平均の250倍
・味噌を原料から作っている・やめたくなったことがない
《感想》
前の授業でやった3Kでかっこわるいというのがありましたが，小久井さんの息子さんはかっこいいといっていました。どういうことか知りたいです。たくさんのことをくわしく教えていただいて勉強になりました。びっくりしたことがたくさんありました。
【抽出児童Bの感想】
兼業農家と違ってもうかっていて，農業の収入だけで十分生活していけていました。田畑の面積が東京ドーム85個分と聞いてとても驚きました。機械なども何台もあっておどろきました。ぼくは一日に何人お客さんがくるのか疑問に思いました。また，農場に行って野菜を買ってみたいです。

まとめを行ったあと，抽出児童Bが着目していた「兼業農家と違ってもうかっていて」という感想（新たな視点）から「農業はもうからない説があったけど，小久井さんはどう？」（新たな問い）と問うと，子どもたちは「小久井さんはもうかっている」と答えた。「なぜもうかっているのだろう」と発問したところ小久井さんの工夫や努力がうきぼりになってきた。

しかし，「専業農家がすべてこのような大規模なわけではない」という話になった。そこで，岡崎市に住んでいる新規就農者の坂井さんを紹介した。たしかに小久井さんのように大規模ではないが，サラリーマンを辞めて農業を始めるような新規就農者も年間数人ずつ増えていることを伝えた。

ここで次時の話し合いにつなげるために，「若い人が農業をやらなかったらどうなってしまうのか」と聞くと，「食べ物がなくなる」「国産がなくなる」といった意見が出てきた。そこで，「高齢化」と「後継者不足」に焦点化し，「岡崎で若い専業農家は増えるか」を話し合うことにした。しかし，課題へ展開の仕方が教師主導になってしまったため，反応がよくなかった。

【第13時：岡崎で若い専業農家は増えるだろうか】

これまで学んできた農業の問題点や課題と生産者の努力や工夫を根拠に，日本の農業がどうなっていくか価値判断するために，「岡崎で若い専業農家は増えるだろうか」というテーマで話し合いを行った。次の表は話し合い前半のCT表である。話し合いの前半では，増える派のC1「小久井さんのやり方をまねすれば」という意見を中心に，大規模専業農家のようにできるかどうかという観点で話し合いがすすんだ。また，C5は兼業農家ではなく「専業農家」ならばと，経営形態で分けて考えていることが分かる。

T	増えると思う人，意見を聞かせてください。
C1	小久井さんのやり方をまねすればもうけられるかもしれないから増えると思います。例えば，売り方の工夫。
T	どうすればいいの？
C2	自分で売る。
C3	直売。
T	直売にすると何がいいの？
C4	普通は買ってもらった人に20円とか値段をつけられるけど，自分で売る場合は100円と自分で決められる。
C5	えっと，小久井さんみたいに専業農家だと子どもがいれば継いだりできる。さっきC1やC4が言ってくれたみたいに，えっと，本当は20円のものとかを，それはないかもしれないけど，100円とかで売れば，もうけることもできるから，若い人も増えていくと思います。

さらに，次の表は話し合いの後半部分である。C22では日本の農家の経営方法や値段，C24では品質に関する見方が出てきた。増えない派としては，小久井農場のような大規模専業農家はもうかるが，それを行うのは難しいという意見で議論が平行線になってしまった。そこで，次時で抽出児童Cの発言をもとに話し合いを展開させていくことにした。（新たな視点の発見）

C17	いや，小久井さんのまねって言ってるけど，小久井さんを見ていなければまねもできないと思う。あとさ，小久井さんってさ，お金もちすぎてさ，5億円…… （中略）

C22	絶対絶対反対の理由は，日本の野菜は高い。集約農業で高いだけ。
T	どこと比べて？外国？
C23	はい。集約農業で高すぎる。
C24	いや，そうだけどさ，高いから衛生面？でいいってことでしょ？
C25	高くても国産がいい
T	なんて？
C26	いや，だから日本の野菜は高いけどその分，衛生面？が安全？ってこと。外国産のやつは安いけど，安全かは分からない。
C27	まず，みんなからして，農業のイメージがいいイメージがない。ぼくたちが小久井さんの話を聞いても，やっぱりやりたいっていう人はいなかったので。（中略）
児童B	小久井さんみたいにやっている人が全員もうかるわけではないし，機械も高いからすぐには買えない。
C33	増えないと思います。坂井さんはあの性格だから。めんどくさい人は一瞬でやめる。
C34	どの仕事もめんどくさいって話だったじゃん。
C35	いや，他の仕事はめんどくさくてもそれなりにもうかるけど……
児童C	えっと，C17の意見に……小久井さんのまねは難しいから，小久井さんの真似をわざわざしなくてもいいから，自分で工夫して，小久井さんの要素を，自分で取り出して，自分で工夫すれば，えっと，もうかると思うし，そうすれば，若い人も増えていく。

【第14時：どうしたら若い専業農家は増えるだろうか】

本時でははじめに，新規就農者の坂井さん（当時34歳）のインタビュー動画を視聴した。子どもたちは「あ～体力的にきつくても気持ち的には楽なんだ」「前の仕事よりもうかるんだ」「え，土地はあまっているの？」「専業農家には国の補助金が出るんだ」と，大規模ではない専業農家の坂井さんから，多くの新しい発見があったようだった。

次に「前の時間は増えるか増えないかを考えました。でも，増えなくていいの？」と問いかけると，「それはいけない。」という声があがり，「じゃあ，どうしたら若い専業農家は増えるだろう？」と学習課題を提示した。ここで，昨日の抽出児童Cの意見をもう一度聞き，「小久井さんのまねは難しいから，小久井さんのまねではなく，自分で工夫して小久井さんの要素を，自分で取

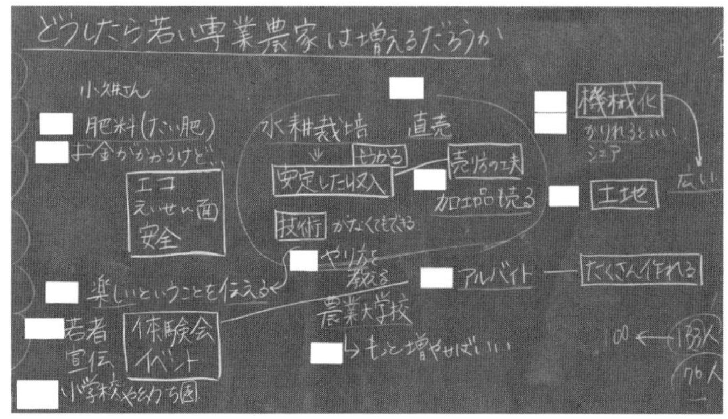

図Ⅳ-3-2　第14時板書　課題「どうしたら若い専業農家は増えるだろうか」

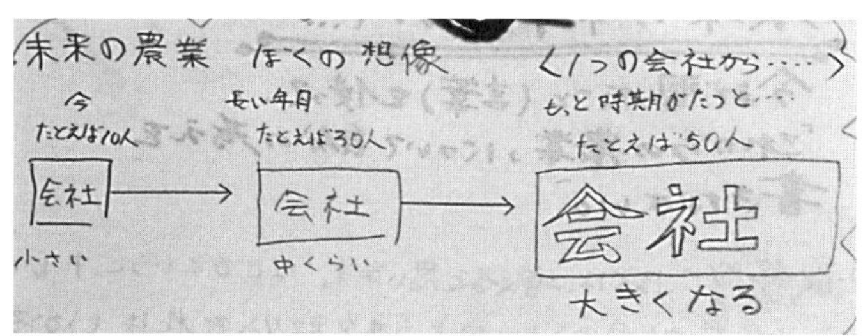

図Ⅳ-3-3　抽出児童Aの振り返り「未来の農業」

り出して，自分で工夫すればもうかり，若い人も増えていく。」という意見から始めることにした。品質・機械化・土地・販売方法の工夫・技術を教える場・雇用・イベントによる宣伝など，これから若い専業農家が増えていくための要素や工夫が出された。(図Ⅳ-3-2)

本時を終えて，抽出児童Aは抽出児童Cの意見を受け，小久井さんのような人の要素を取り入れればと，工夫次第でこれから農業をする人が増えていくのではないかという意見をもった。また，会社のように農業を経営し，大きくなっていくのではないかと，農業の法人化に着目し，未来の農業につ

いて考えた。(図Ⅳ-3-3)

抽出児童Ｂは坂井さんのような新規就農者がふえていくのではないかという意見をもった。また，抽出児童Ｂと抽出児童Ｃは「若い農家が増えなくてはいけない」という思いをもつことができた。この切実感をもっと学級全体で高めることができればよかったと思う。

【抽出児童 A】
最終的にぼくは増えると思います。なぜかというと，たしかに小久井さんのような人の要素を取り入れれば（たとえば，直売をするオリジナル肥料（たい肥）を作る，加工品にする，それから機械の使い方を考える）もうかるから増えると思います。それに農業をやっている人が楽しいと伝え，宣伝する，体験会をするなど工夫すれば増えていくと思う。この単元で，全く気にしていなかった農業の様子が分かりました。誰かが作ってくれているから，そのようなことにもしっかり感謝していきたい。
【抽出児童 B】
ぼくは少し考えが変わって増えると思います。坂井さんのように興味をもって始める人も増えてくると思います。機械をシェアしたりかしたりする人や，「自分で売る」や「土地を預かる」などの工夫をする人が増える。このまま減り続けると誰かが「このままではいけない。」と立ち上がって増えると思います。僕は少し本気で「農業をやってみたい」と思いました。
【抽出児童 C】
これからどんどん若い農家が増えていくと思う。理由は小久井さんのように売り方の工夫などすれば，もうからないと思われている農業も大丈夫。また機械化すれば，３Ｋも解消できる。ぼくはこの課題をやって，若い農家が増えないといけないなと思いました。このことをふまえて，若い農家が増えると思います。

5　成果と課題

本実践の成果と課題は，次の通りである。

〇大規模専業農家小久井さん，脱サラ新規就農者坂井さんなど生産者の方々から学ぶことによって，子どもたちの話し合いや最後の感想の根拠として具体的に農家の方々の姿が出てきた。それまで，身近とはいえなかった農業に対して切実感をもち，主体的に活動に取り組むことができた。
○子どもたちの意見や疑問をつなげて単元を構成することで，問いが連続し，子どもの思考の流れを意識した学習サイクルを構築して子ども主体の授業をデザインすることができた。
▲第11時以降，教師が自分の単元目標や授業日程を意識するあまり，教師主導の展開となったことで，子どもの思考の流れが途切れてしまった。もっと，若い農家の減少に対する子どもたちの切実感を高めていれば，それまでの授業の課題と同じように最後の２時間の課題も子どもたちから出てきただろう。

今後も，子どもたちの思考に寄り添いながら，子どもたちが夢中になって追究できるような授業を目指していきたい。

（倉田　舞）

註

（１）岡崎社会科研究サークルが追い求める「教材の論理と子どもの論理（心理）の融合」がなされた社会科の授業の姿。木村博一『「わかる」社会科授業をどう創るか』明治図書，2019年，p. 177。

第 4 節　子どもが納得する場面を大切にした社会科授業づくり

―第 5 学年単元「魚が食べられなくなる日はくるの⁉」の授業開発を通して―

1　子どもが納得する場面の必要性

社会科は「社会の見方や考え方」を育てる教科である。「社会の見方や考え方」を育てるとは，自分なりの見方で社会を見ることができ，自分なりに社会について考えることができるように育てることである[(1)]。そのために教師は，子どもが試行錯誤しながら考え，新たな社会的な見方・考え方を獲得し，社会認識を深めることができる授業をつくらなければならない。

しかし，教育現場では表面的な言葉の理解で留まってしまっている授業が多い現状がある。表面的な言葉の理解で留まる授業とは，佐伯胖がいうように，「学習の手続きである，なるほどとか，確かにそうだといった有効性の吟味を経ずに，手順に従ってのみ答えをださせようとする[(2)]」ことに重きを置いた授業と考える。子どもは，手順に従うだけは心が動かない。なるほどといった納得があるからこそ，心が動き，自分なりに考えようとするのだ。納得は，人を次の段階へと後押しする，実感を伴った理解である。

また，納得は人が常に自身の命への不安を感じ続けなければならない医療の現場でも重要視されている。今井芳枝らは，「ことのほかリスクの伴う治療においては，納得を得ることで治療過程の決断の揺れを抑え，治療に伴う過酷な状況を受容し，治療を完遂する原動力になる[(3)]」といい，実際に患者の納得の有無が療養生活の質や治癒への過程に違いを生むという。つまり，納得は人が自分の人生を主体的に生きていく原動力となる主導性をもつ理解ともいえるのである。

しかし，自然科学の分野では「わかる」と「納得する」が混在すると正しい科学的知識を獲得することができなくなる[4]。自然科学の場合，科学的事象に対する答えが多様であっては学問自体が成立しないため，「わかる」と個人の主観的な要素が強い「納得する」とは区別することが基本である。一方で，社会科学を扱う社会科授業では，自然科学のように「わかる」と「納得する」を分けることは適切ではない。社会科学も社会的事象の因果関係を追究する過程において，論理的に説明していくことは基本であるが，社会的事象は人の営みであるため，曖昧性のある理解や，人の感情を扱う。そのため，個人的な主観を加味しなければ理解が深められない場面があるのだ。社会科授業において，納得する場面を取り入れることは，社会的事象を自分に近付けて考え，自分の考えを更新することを可能とするのである。

本稿では，納得がもつ主導性に着目し，納得を，子どもの主体的な理解を促し，社会の見方や考え方の育成へとつなぐ有効な手立てと考え，1単位時間の授業展開を明らかにしていきたいと考える。

2　納得がもたらす主導性と社会の見方や考え方をつなぐ学習指導過程

今井らは，患者の納得を支える看護援助を検討するために，Rodgersの概念分析の手法を用い，納得の概念の特性を分析している[5]。この分析は，看護学だけでなく，教育学や心理学をはじめ，様々な領域から導き出されたものである。そのため，看護援助に限定されるものではなく，人の営みに関する様々な場面で広く援用できるものと考える。図Ⅳ-4-1は，今井らが明らかにした治療の受け入れに対する患者の納得の過程である。これを援用した納得がもたらす主導性と社会の見方や考え方をつなぐ学習指導過程は次のように説明できる。まずは，学習課題と自身の認識の間に【不一致】【再考の余地】をもたせる。そして，課題を解決する場面においては，子どものもつ【価値観】を考慮した【理解の深化】を促すことで，納得を伴った実感のある理解を獲得させる。ここでの【価値観】とは，子どもの生活経験や倫理観，

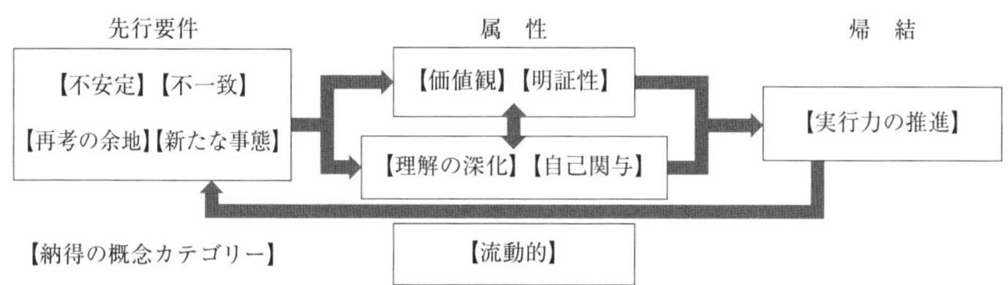

図Ⅳ-4-1　治療の受け入れに対する患者の納得の過程（今井ら（2016）の論を基に筆者作成）

社会の常識といわれるものも含む。また，納得には他者との関係性を通して生まれるという特性があるため，ここでは学習集団における対話を通して考えなければならない。そして，納得には【流動的】といった属性もあるため，これらを循環させることで，子どもは主体的に考え続け，社会の見方や考え方を育成する学習を成立させることができる。本稿では，この学習指導過程を納得を伴う理解を促す手立てとして，1 単位時間の授業展開の具体を考えていく。

3　子どもが納得する場面を大切にした授業開発の実際

(1)第 5 学年単元「魚が食べられなくなる日はくるの !?」の教育内容

本単元は，水産業に従事する人々の食料の安定的，持続的な確保にむけての工夫や努力を調べることを通して，食料生産の安定は国民生活を支え，国家の安全を保障するものであることを理解し，持続可能な水産業の在り方について考えることをねらいとする。

近年，日本の漁業は危機的状況にあるといわれている。その中で最も深刻な問題は，国産天然魚をはじめとする漁獲量の減少である。主な要因として多くの専門家が指摘しているのは，積年の乱獲，つまり魚の獲りすぎである。その背景として，現在の漁業制度や流通経路が魚の先取り競争を誘発する要素を含んでいることが挙げられる。そして，漁獲量が減少すると，それに伴い，漁業者の収入も減少する。そのため，漁業者人口の減少にも歯止めがかからず，漁業そのものの存続も危ぶまれている。これまで，我が国では漁獲量の減少による生産量の不足分は輸入により補い，先に述べた問題の解決を先延ばしにしてきた。しかし，近年，海外における魚の消費量は増加傾向にある。水産物の国際価格は上昇しており，日本の輸入業者が国際市場で水産物を買い負けるという状況が頻繁に起こるようになっている。このような状況が続けば，魚の単価は上がり，手に入る魚の数や種類も限られ，近い将来，日常生活の中で魚を食べること自体が難しくなると予想される。本単元は，水産業の衰退は水産業に従事する人たちだけの問題ではなく，全ての国民で解決していかなければならない喫緊の問題として子ども達に向き合わせ，消費者としての責任や義務について考えさせることができる学習である。

表Ⅳ-4-1　第5学年「魚が食べられなくなる日はくるの!?」単元構成

	時	学習活動
第1次	1	「水産教室」に参加し，地元の水産業に関心をもつ。
	2	我が家の献立調べから，地元の魚を食べる機会が少ないことに気付き，疑問を出し合い，単元を貫く学習課題を設定する。
第2次	3	魚の習性に適した様々な漁の仕方を調べる。
	4	遠洋漁業，沖合漁業，沿岸漁業の，それぞれの特徴や役割を調べる。
	5	新鮮な魚を消費者へ届けるための人々の工夫や努力を調べる。
第3次	6	全国で頻発している不漁の事実から，水産業が抱える問題を話し合う。
	7	食料安定供給の視点から，養殖業と栽培漁業の役割を調べる。
	8	水産物輸入の現状を知り，食料の輸入依存が私たちの食生活にどのような影響を与えているのかを考える。
第4次	9	ノルウェーの魚を捕りながら，水産資源を守る取組を調べる。【本時】
	10	持続可能な水産業の実現にむけての国内の新しい動きから，多くの人々を巻き込んだ地道な取組の必要性について考える。
	11	食料供給の安定を図りながら水産資源を守るために，私たちが消費者の一人として取り組まなければならない行動について話し合う。

(2) 9時間目授業の位置付けと教育内容

子どもが納得する場面を大切にした1単位時間の授業展開の具体を示すため，第4次9時間目の授業を取り上げる。第4次からは，持続可能な水産業の実現にむけて，消費者の一人として問題に向き合っていく学習となる。9時間目授業は，持続可能な水産業の在り方を考える上で，新たな社会の見方や考え方を獲得させていきたい重要な場面である。ここでは，サスティナブルな漁業の先進国といわれるノルウェーの漁獲規制の実際を取り上げ，どのような方法で水産資源管理を徹底し，魚を獲りながら増やすことを可能としているのかを調べる。ノルウェーは，魚の獲りすぎによる大幅な漁獲量減少を経験した国であるが，現在は水産資源を回復させ，漁獲量を増加させている。しかし，漁業を行う上での自然条件は恵まれているとはいえない。限られた自然条件の中，なぜ，水産業を発展させることができたのか。この疑問を解決するためのキーワードとして，「あることが当たり前ではない」という考え方を取り上げ，学習を展開していく。

ノルウェーの人たちは，魚がいつでも自由にたくさん獲れる状況を当たり前とせず，水産物を限りある資源として捉え，合理的に資源管理を行い，効率よく活用している。この考え方の根底には，欧米人の自然に対する見方・考え方がある。欧米人は自然と相対しているため，自然をできるだけ利用し，コントロールしようとするが，あまり自然を破壊すると自分が損をすることになるのでおのずと自制が働く(6)。一方で，日本人は自然と人間は一体であると考え，長い間自然と共存してきたが，西洋から自然科学という道具を手に入れて以来，日本人の自然に対する見方・考え方自体が自然破壊を引き起こす要因となってしまっている(7)。このことから，日本の漁獲量の減少に歯止めがかからない現状は，魚を根こそぎ獲りつくすことができる高い漁獲技術を手に入れたにも関わらず，「あることが当たり前」を前提とした慣行や経験を重視した漁業が続けられているため，水産資源の回復が遅れている状況と説明することができる。本時で獲得させたい社会の見方や考え方は，私達日本人がもつ「当たり前にある自然の恵み」という考え方が，食料生産に対する国民の無関心を生み，私達の生活の安定を脅かす要因になりつつあることを理解することである。ここではノルウェーの漁獲規制の方法そのものを学ぶのではなく，ノルウェーの人たちの考え方を知ることで，自分達の社会の在り方との違いに気付き，未来への指標としていくことが重要である。

表Ⅳ-4-2　子どもが納得する場面を大切にした1単位時間の学習指導過程（9時間目）

学習活動（●主な発問・指示）	・子どもの反応　○留意点	【納得の手立て】
1　前時の学習内容から新たな疑問を出し合う。		
❶「世界と日本の漁業生産の動向と未来予測」のグラフからどんなことがわかりますか。	・日本だけが衰退していく予想だ。 ・ノルウェーは右肩上がりだね。	
❷「ノルウェーのニシン漁獲量推移グラフ」から，何か気付くことはありますか。	・一度減少した漁獲量をどうやって回復させたのかな。	【不一致】 ↓
2　日本とノルウェーの基本情報を比較する。	・日本のほうが自然条件がよいね。	【再考の余地】 ↓
3　本時の課題を設定する。		
日本では漁獲量の減少が止まらないのに，なぜ，ノルウェーでは一度減った漁獲量を増やすことができたのだろうか。		
4　予想をたてる。	・魚を獲る量を決めて，それをきちんと守る仕組みがあるのではないか。	
5　ノルウェーの漁業の仕組みを調べる。		
❸でも，魚が目の前にいると獲りたくなるよね。海は広いし，誰も見ていないのに，どうしてノルウェーの人達はきまりを守ることができるのですか。	・意識が高い？　誰か監視してる？ ・罰金制度がある？でも，隠れて魚を獲れば誰にもばれないよね。	自分の【価値観】に引き付ける ↓
❹資料（ノルウェーの漁業の仕組み）の中で，漁師さんたちが魚を獲りすぎないようになるよい取組だなと思ったものはありますか。	○漁師，販売者，国，専門家，国民のそれぞれの役割に気付かせる。	【理解の深化】 ↓
❺日本の漁業と違うなと思ったことはありましたか。 本時の課題の答えに近付く	・漁師が，魚の先取り競争をする必要がない仕組みがある。 ・国民全体で水産資源を守ろうとしている。	

❻どうしてノルウェーでは，漁師さん以外の人達も漁業に関わる仕組みを作っているのでしょうか。　納得 6　学習のまとめをする。 7　振り返りを行う。 ❼ノルウェーの人達の考え方を知って，あなたはどのような感想をもちましたか。	・水産資源の管理は漁師だけでは解決できない問題なのだ。だから，水産資源を国民みんなのものと考え，関わっている。私達日本人は漁師さんに任せすぎている。	人々のもつ【価値観】に気付く。 ↓ 【理解の深化】 ↓ 【実行力の推進】

(3)子どもが納得する場面を大切にした1単位時間の授業展開とは

子どもが納得する場面を大切にした1単位時間の学習指導過程（表Ⅳ-4-2）について，「つかむ（学習活動1・2・3）」「考える（学習活動4・5）」「まとめる（学習活動6・7）」の3つの場面に分け，考察を行う。

まず，「つかむ（学習活動1・2・3）」場面の考察を行う。ここでは，子どものもつ認識にズレを生じさせ，なぜそのような事象が起きるのか，子どもが考えたいと思える課題の設定を行うことが目的である。そのため，論理的な資料や揺るぎない事実を取り上げ，子どものもつ認識との【不一致】を感じさせる。そして，子どもが自分のもつ認識だけでは説明することができないと感じ，【再考の余地】がある資料や事実を提示することで，子どもが意欲的に考えたいと思える課題の設定が可能となる。

次に，「考える（学習活動4・5）」場面の考察を行う。学習活動5では，【理解の深化】につながる社会的事象の因果関係を説明するための資料を提示する。ここで留意することは，【理解の深化】を促す前に子どものもつ【価値観】に触れておくことである。これは，患者のペースに合わせて関わらなければ納得に導くことができないと考える看護援助と同様の考え方である。本時では，【理解の深化】となるノルウェーの漁獲規制に関する資料を読み解く前に，目の前にたくさんの魚がいれば，たくさん獲りたいと思うのは人間の自然な考えであることを確認しておく（発問❸）。そして，資料を提示し，「魚の獲りすぎを防ぐよい取組だと思ったものはあるか（発問❹）」という答えの幅が広い発問を行う。この発問により，子どもは自分の経験や既習事項の中から答えを広く考えていく。ここでの意見は本時の学習課題の答えにつながる知識である。そして学習活動５で，もう一度【価値観】に触れる発問を行う。これが，子どもの納得を引き出す発問である（発問❻）。ここでは，子どもがこれまで常識と思ってきたものと，新たに獲得した社会の見方や考え方を比較することで子どもの納得を引き出す。本時では，漁業は漁師に任せるものであり，漁師以外の人達が口出しすべきことではないとする日本人の考え方と比較させ，ノルウェーの取組の根底にある「あることが当たり前ではない」という考え方に子どもが自分で気付けるようにする。この考え方はノルウェー人のもつ自然観と自分達の国のことは自分達で決めるべきだというノルウェーの民主主義の考えが反映されたものである。子どもはノルウェーの取組の根底にある人々の考えに気付くことで，魚の獲りすぎを防ぐ仕組みが機能している理由がわかり，なるほどと納得することができる。子どもの納得を伴う理解とは，人の営みの根底には人々の揺らぎない考えや思いがあることに子ども達自身が対話の中で気付き，理解することである。

最後に，「まとめる（学習活動６・７）」場面では，学習活動７の振り返りで，納得がもたらす【実行力の推進】を意識した言葉がけを行う。本時ではこのような答えが出たけれどもこれが全てではないかもしれないことを伝え，本時の学習を終了させ，子どもの思考がここで途切れないようにする。

社会科授業で子どもが納得する場面を大切にしなくてはいけないと考える理由は，納得がもたらす主導性が，授業を終えた後も子どもの社会の見方や考え方を広げていく原動力となり，子どもが社会の形成者として主体的に社会に関わり，生きていく力を培うことにつながるからである。

（髙下　千晴）

註

（１）木村博一「社会の見方や考え方を育てる社会科」日本教科教育学会『今なぜ，教

科教育なのか　教科の本質を踏まえた授業づくり』文溪堂，2015年，p. 43。

(2)佐伯胖『「学び」を問いつづけて』小学館，2003年，pp. 154-155。

(3)今井芳枝・雄西智恵美・板東孝枝「納得の概念分析－国内文献レビュー－」日本看護研究学会『日本看護研究学会雑誌』Vol. 30　No. 2，2016年，p. 73。

(4)松井孝典『「わかる」と「納得する」　人はなぜエセ科学にはまるのか』ウェッジ，2007年，pp. 35-41。

(5) 前掲書(3)，pp. 73-74。

(6)河合隼雄『日本人の心』潮出版社，2001年，p. 90。

(7)同上書，p. 90。

第５節　持続可能な社会の創り手を育てる小学校工業学習の授業開発
―第５学年単元「自動車と半導体からみる『これからの工業生産』」を事例に―

1　持続可能な社会の創り手としての学習者像と小学校社会科の役割

現代社会は急速な変化によって，予想困難かつ価値が多様化し，社会問題を解決しようとしても一つの正解を導くことが難しい。ゆえに，将来を担う子どもたちには，社会にどうかかわるか考え続ける資質・能力が求められている。そこで，本研究における持続可能な社会の創り手としての学習者像を次のように規定したい。

社会に存在する解決困難な問題に対して，複数の立場や意見をもとに，他者と協働しながら自分なりの最適解を導くことができる子ども

では，持続可能な社会の創り手を育てる上で小学校社会科が担う役割とは何か。木村博一は，21世紀の社会科教育学の課題として，「科学的社会認識に基づいて，子どもたちが未来に向けての価値判断や意思決定を主権者として行うことのできる能力や態度を育成していくこと」を挙げ，小学校社会科が長らく採用してきた感情移入による表面的な工夫や努力の理解で学習を終えてしまうことに警鐘を鳴らしている(1)。では，どうすればこの課題を乗り越えられるのか。木村は，「工夫や努力」の背景にある意味や理由（「誇りや責任」）を授業で追究することの必要性を述べている。特に本研究で取り上げる産業学習では，人々の工夫や努力が単なる利益追求でなく，新たに生じた課題を解決しようと意欲的に試行錯誤を繰り返す未来に向けた挑戦的な営みであることを子どもに気づかせる必要があるという(2)。

本研究では第５学年の工業生産の単元において，前述した様々な課題を解決しようとする企業や生産者の具体的な姿を通して「自己実現」が見える授業開発を行う。そして，子どもに様々な主体（企業や人々）が持続可能な社会の実現に向けて工夫や努力を重ねていることに気づかせ，自分が社会にどうかかわるか考えさせたい。これが持続可能な社会の創り手に求められる力を育てることにつながると考える。

2　持続可能な社会の創り手を育てる小学校社会科の単元構成

⑴単元「自動車と半導体からみる『これからの工業生産』」の教材研究

①「自動車」の教材としての価値

本単元では「自動車」と「半導体」の２つを教材として取り上げる。

自動車は子どもが日常的に使っており，分業や技術革新といった日本の工業の特色や概念を捉えやすい教材で教科書にも長らく採用されている。日本の自動車産業は戦後の経済復興の立役者であり，現在も日本経済を支える大黒柱といえる存在である。本単元ではトヨタを取り上げる。トヨタは2022年まで販売台数世界一位を３年連続記録している（2023年上半期も世界一位）。これまでの工業学習で取り上げてきた自動車という教材は，日本のモノづくりの技術の高さを理解することに重きがおかれていたと考える。そこで，新しい時代に求められる自動車産業の学習として，企業の課題解決の取組や社会的責任が見える社会科学習を提案したい。具体的には，「カーボンニュートラル[(3)]」や「半導体不足」への対応である。詳しくは紙幅の関係上詳しく述べることができないが，単元計画で参照いただきたい。

②「半導体」の教材としての価値

半導体は自動車の部品やスマホなどの製品にも使われているにもかかわらず，身近なものとして知っている子どもは少ない。半導体が近年注目されるに至った背景として，不足による電化製品の納入待ちがある[(4)]。半導体は自動車にも使われているキーデバイスだ。自動車と半導体は関係が深いことだけでなく，日本の工業の特色を多面的に捉え，環境や資源の持続的な利用といった今日の社会的課題も考えることができる。本単元では，地域に半導体工場があり，子どもたちの保護者もそこで働いているという身近さを活用し，ゲストティーチャー等から学びながら，地域からこれからの我が国の工業生産について考えていくことにしたい。ここで取り上げるのは，SONYグループの「ソニーセミコンダクタマニュファクチャリング熊本工場」である。ここではスマホのカメラや自動車のブレーキアシスト，自動運転に使われるような高精度の半導体「イメージセンサー」を生産している。世界のシェアの49％を占めているそうだ。本実践を行った時期は，TSMCの熊本への進出決定や工場建設開始と重なり，半導体への注目が高まった時期でもあった。

⑵持続可能な社会の創り手を育てる学習モデル

①単元構成

先に述べたように，自分なりの社会へのかかわり方を考えるためには，確かな社会認識が欠かせない。ゆえに，具体的な知識を説明的，概念的知識へ高める学習過程が重要となる。そこで，意思決定や価値判断に至る学習モデルを次のように設定し，単元を構想した[(5)]。

まず「知る」では，単元の導入で，インタビューや新聞記事を用いて日本の自動車が人気である事実を提示すると，子どもは「どうして日本の自動車は世界で人気なのか」という問題意識をもった。そしてオンラインでの工場見学を通して，企業が信頼や品質の高さを追求して自動車をつくっているこ

（１）「知る」……事実を知る
（２）「考える」……考えることを通して物事の関係を捉える
（３）「論じる」……問題を共有する他者と解決を目指して協議する
（４）「決める」……自己のかかわり方を考える・決める

持続可能な社会の創り手を育てる学習モデル

とを理解していった。

次に「考える」では日本車の高い安全性能などに満足している子どもたちに「これからも日本の自動車工業は発展していくのか」と問うと，大半の子どもは発展すると考えたが，一人の子どもが「カーボンニュートラルの取組でガソリン車がなくなる」と発言した。そこで，カーボンニュートラルについて調査活動を行った。子どもたちは，「企業はこの課題に対して様々な取組をしていること」，「半導体不足によって自動車の生産が遅れていること」を知った。ここで子どもたちから「半導体とは何か」という疑問が生じたため，近くの半導体工場に直接話を聞くことにした。子どもたちは，「半導体の生産には大量の資源を使っているが，企業は環境を保全する取組をしていること」，「各企業が持続可能な社会の構築に向けて努力していること」，「背景に資源の確保や環境など現在の社会問題を抱えていること」に気づいていった。

ここまでの学習をもとに「論じる」では，「日本の工業はこれからも発展していくのか」について協議した。「技術」「品質」の高さを根拠にした肯定的な意見や「環境」「資源」を根拠にした否定的な意見，また両者を天秤にかけ最終的に「分からない」と答えた子どももいた。「分からない」という子どもは，学習で得た知識を積み重ねても判断するのが難しい問題だと捉えていたことが考えられる。

最後に「決める」では，持続可能な工業の発展のために自分ができることを話し合った。日本の工業の強みを生かしつつ，課題を克服する取組を，国，自治体，工場（企業），わたしたち市民が協力して行っていくことが大切だと学習をまとめた。詳細は後に示す指導計画を参照いただきたい。

②個別最適な学びと協働的な学びの充実

持続可能な社会の創り手を育てる学習モデルの手立てとして「個別最適な学び」と「協働的な学び」を取り入れる。この概念は「令和の日本型学校教育」としても注目されている(6)。本単元では「これから日本の工業は発展していくのか」を単元を貫く問いとして位置づけ，家庭学習やモジュール学習等で自分の考えを支える根拠や情報（カーボンニュートラルや半導体について）を集めさせるようにした。この学習の個性化による活動の成果を学級全体の協働的な学びに生かすことが様々な価値や意見を尊重するという意味で，「持続可能な社会の創り手」を育てることにつながると考えている。

3　単元「自動車と半導体からみる『これからの工業生産』」の実際

⑴単元の目標

自動車や半導体の生産に関わる人々は，消費者の需要や社会の変化に対応しつつ優れた製品を生産することで，工業の発展のために努力していることを理解するとともに，工業生産と国民生活を関連付け，先進的な取組や研究開発を進める意味を考え，学んだことを表現することを通して，これからの工業の発展について主体的に考えようとする態度を養う。

⑵学習指導計画（全12時間）

過程	時	ねらい	学習活動・内容
知る	1	自動車について疑問を出し合い，学習問題をつくる。	○トヨタが販売台数世界一位である事実を知り，これからも続くか予想する。
		これからの日本の工業は本当に発展していくのか考えよう。	
	2 3	自動車工場をオンライン見学し，トヨタ（日本の自動車）が世界一である理由を話し合う。	○役割分業や生産システム，機械と人間の丁寧なものづくりと技術力の高さによって成り立っていることを理解する。
考える	4	環境に優しい車，体の不自由な人に優しい車，自動運転の車，安全性を追求した車を調べる。（ジグソー学習）	○トヨタは，技術革新によって様々なニーズにこたえる自動車を開発し，生産していることを理解する。

	5 6	個別学習の成果を出し合い，トヨタは「カーボンニュートラル」にどう立ち向かえばよいか話し合う。	○「カーボンニュートラル」について調べ，自動車産業に与える影響を考える。 ○なぜ，トヨタは2035年まで目標を前倒ししたのか話し合う。
	7	トヨタが抱える課題「半導体不足」について調べ，地域とのかかわりについて知る。	○半導体が様々な製品に使用されており，不足は生活に影響が出ること，地域にSONYの工場があることを理解する。
	8 9 10	SONY熊本工場でどのように半導体が作られているのか調べる。半導体工場の環境を保全する取組について話を聞く。SONYもトヨタと同様に環境を守りつつ生産活動をしていることに気付く。	○イメージセンサー（半導体）をつくるため，大量の電気（1日当たり各家庭の280年分）ときれいな水（1日当たりプール173はい分）を使っている。再生エネルギーを活用するために巨大なソーラーパネルを設置している。また，地下水を多く使うので，地下水涵養を行い水資源が枯渇しないようにしている。
論じる	11	問い「これからの日本の工業は本当に発展していくのか考えよう」について協議する。	○発展する，しないの二項対立で協議が続いていたが，話合いを通して「持続可能な発展のために必要なことは？」と話題が変わっていった。
決める	12	工業の発展のために，自分にできることを考え，話し合う。	○日本の工業の強みを生かしつつ，課題を克服する取組を，国，自治体，工場（企業），わたしたち市民が協力して行っていくことが大切だと気付く。

(3)子どもの学びの実際

本研究で重視する，自己の社会へのかかわり方を考えるという視点で，本単元が持続可能な社会の創り手を育てることにつながったかを検証したい。そこで，A児の学習を終えての振り返りの記述を次に示す。

前半に企業の高い技術を学び，日本の工業は品質もよくて課題もないと思っていたけれど，後半になるといろいろな課題がでてきて大丈夫かなあと思うようになってきました。（中略）特に「これから日本の工業は発展していくのか」をみんなで話したことで，たくさんの工業の課題に気づけました。一つ一つの課題に対して企業や私たちが協力して乗り越えないといけないと思うし，協力しないと「持続可能な社会」は実現しないと思いました。ぼくは，カーボンニュートラルの達成に協力するために，節電すること，電車やバスを使うのを心がけます。

この子どもは，持続可能な社会の実現には，各主体（企業・市民・自分自身）の協力が必要と学習を通して考えるようになった。課題がないととらえていた日本の工業もカーボンニュートラルや半導体不足という事実に出合ったことで認識が揺さぶられ考えを深めることができたのではないか。また，他者との協働的な学びを通して，様々な立場や意見から自分の社会へのかかわり方を導くことができたという点で，最初に述べた学習者像に近づいたのではないかと考える。

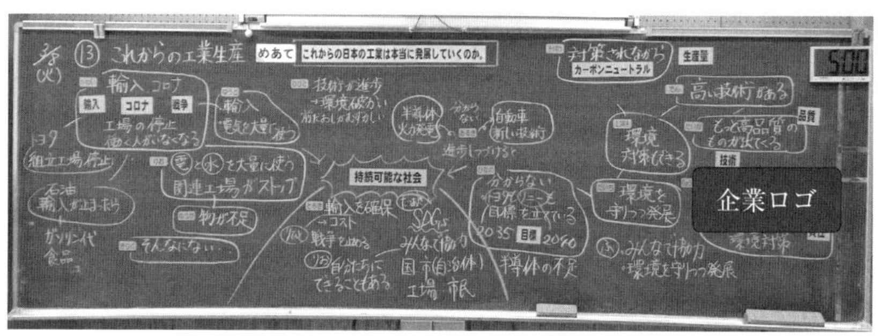

図Ⅳ-5-1　「これから日本の工業は発展していくのか」話し合った際の板書（第11時）

4　本研究の成果と課題

本研究の成果は，現在の社会問題を含んでいる「自動車」と「半導体」という２つの教材を取り上げ，子どもの問題意識や問いをもとに単元の学習を進めたことで，自分にかかわることとして，これからの工業生産に欠かせない環境や資源の確保といった視点を捉えるとともに，社会問題に自分も関わろうとする態度を養うことができたということである。

一方で課題としては，自動車産業が直面する危機として「カーボンニュートラル」と「半導体の不足」の２点を授業で取り上げたことが挙げられる。子どもの個別学習から出た問いであるが，本単元で２つの危機を取り上げたので，情報量が多く，子どもたちが混乱してしまった可能性がある。地域の半導体工場と日本（世界）の自動車産業といったグローカルな視点で工業を捉えさせたいという筆者の思いがあったが，学習目標と内容をより整理・構造化することで，持続可能な社会の創り手を育てる社会科学習につながると考える。

また，子どもたちに学習を通して身につけさせたい社会的な態度についても検討が必要であろう。単元のまとめ「決める」の過程では，「自分にできること」を考えさせたが，子どもたちが直接生産活動に従事しているわけではないため，どうしても自分事とは捉えにくい。工業の学習において，ひいては持続可能な社会の創り手として求められる態度を明確にしておく必要があった。最初に筆者が述べた学習者像は抽象的なものであり，評価や学習の振り返りの際に困難があったのも事実である。

最後に本研究を通して，「子どもの心理」と「教育内容の論理」の結節という考え方は，持続可能な社会の創り手を育てる社会科学習において，確かな社会認識にもとづいた態度形成という点で，目指すべき学習指導の在り方だと痛感した。これからも実践を重ね，自分なりの最適解を見つけていきたい。

（中川　琢麻）

註

（１）木村博一「初等社会科教育学の構想」『初等社会科教育学』協同出版，2002年。

（２）木村博一「小学校社会科の学力像と産業学習の変革－「自己実現」をキーワード

とした単元開発―」『社会科研究』第57号，2002年，pp. 11-20。

（3）夫馬賢治『超入門カーボンニュートラル』講談社，2021年。2020年10月26日，当時の菅首相は，国会の所信表明演説で「2050年カーボンニュートラル」を表明した。カーボンニュートラルとは人間社会が排出する二酸化炭素をプラスマイナスゼロにしようとするもので，「脱炭素」の取組として各企業が目標を掲げている。特にトヨタは，他企業に先駆け「2035年までにガソリン車を廃止」することを表明した。詳しくは，安井孝之『2035年「ガソリン車」消滅』青春出版社，2021年，を参照。

（4）牧本次生『日本半導体復権への道』筑摩書房，2021年。

（5）この学習モデルは「令和４年度全国小学校社会科研究協議会研究大会（熊本大会)」の研究理論にもとづいている。

（6）奈須正裕『個別最適な学びと協働的な学び』東洋館出版社，2021年。

第６節　自分ごととして捉える社会科授業

―第５学年水産業の実践―

１　問題の所在

「自分ごと」という言葉は，広辞苑に存在しない。語句から「自分に関わること」という大まかなイメージは伝わる。おそらく，「自分とは無関係な，他人に関する事」を意味する「人事・他人事（ひとごと）」に対応する形で発生し，使われているのだと想像することができる。いわゆる，俗語である。にもかかわらず，私が以前参加した社会科の授業実践に関する協議会では，その時に行われた授業に対して，「児童がいかに教材を自分ごととして捉えているかどうか」という点が議論された。私自身も，自分ごとという言葉がもつイメージから，漠然と，「ぜひとも児童が自分ごととして感じてくれるような授業を行いたい」と思ったものだ。そこで，本稿では，社会科における「自分ごととして捉える」とはどういうことかを明らかにした上で，「自分ごととして捉える」社会科授業を構想する。

２　自分ごととして捉えるとは

⑴社会的事象とのつながりという視点

自分ごとという言葉について，北俊夫は，「『結び付き』を理解するようになると，自分の立つ位置をより明確に理解するようになる」，「社会や社会的事象を『自分ごと』として少しずつとらえることができるようになる」[(1)]と述べている。ここでいう「結び付き」とは，社会的事象と自分とのつながりのことを指すと考えられる。つまり児童が，社会的事象と自分とがつながっていることを自覚することができれば，社会的事象を自分ごととして捉えることができるようになる。また，北は，「自分ごと」にさせることは，「社会と関わっている，結び付いているという関係性を身近に感じさせること」[(2)]とも述べている。つまり，社会的事象とのつながりは，ただ単につながっているという自覚よりも，より身近で関わりが深いものであると感じることができれば，より強く自分ごととして捉えることになると言える。小学校社会科においては，第３学年で，自分たちが生活する地域社会を教材として学習がスタートする。そして，学習対象は学年を追うごとに地域，都道府県，日本全体，世界と同心円状に広がっていく。特に，第５学年，第６学年で学ぶ我が国の事象や国際社会についての出来事は，児童にとって空間的，時間的に隔たりがあり，自分とのつながりを感じにくい場合もある。そのため，内容に応じて地域教材や時事問題等を関連付けて単元を構成する必要がある。

⑵社会を作る当事者という視点

自分ごとという言葉については，「当事者性」という言葉に置き換えられたり，社会的事象を自分ごととして捉えることで「当事者意識」を育むといった使い方をされたりすることがある。この「当事者」とは，「その事柄に直接関係している人」という意であるが，現行の社会科学習指導要領では高等学校の公民編に登場する。2022年度から新設された科目「公共」の大項目Ａ　公共の扉において，「社会に参画する自立した主体とは，孤立して生きるのではなく，地域社会などの様々な集団の一員として生き，他者との協働により当事者として国家・社会などの公共的な空間を作る存在であることを学ぶ」[(3)]とある。ここでは，私たちは当事者として国家・社会などの公共的な空間を作る存在であり，それが社会に参画する自立した主体であることが述べられている。つまり，自分ごととして捉えるとは，児童自身が国家・社会などを作る当事者であるということを自覚することだと言えるし，自分が当事者であることを自覚するためには，社会に参画するという視点が不可欠であるとも言える。実際の単元構想にあたっては，社会的事象に対して自分にできることを考えたり，意思決定を行ったりする活動を組み込んでいく必要がある。

3　単元①「わたしたちの生活と環境～海洋プラスチックと瀬戸内海～」

(1)単元について

本単元は，第5学年の水産業に関する小単元である。海に流出するプラスチックごみ，いわゆる海洋プラスチックによる環境汚染が，世界中で問題となっている。国連環境計画（UNEP）によれば，日本は，一人が排出する使い捨てプラスチックごみの量が，アメリカに次いで世界で2番目に多い。国際的にも大きな責任を持つ国の一つとして，「当事者意識」をもち，この海洋プラスチック問題の解決に向けて早急に対応していく必要がある。海洋プラスチック問題は，瀬戸内海も例外ではない。特に広島県と関わりが深いのが，かき養殖用の資材が流出，漂着していることである。具体的には，発泡スチロール製フロートとプラスチックパイプがこれにあたる。これらが，養殖筏やかき殻集積場から流れ出て，瀬戸内海沿岸に漂着している。児童にとって，かき養殖は第3学年で地域産業として学習しており，身近に感じることができる。海洋プラスチックと身近なかき養殖がつながっていると理解することで，世界規模の環境問題と自分とのつながりを意識することができる教材である。また，このかき養殖パイプの問題は，養殖関係者だけの問題とは限らない。消費者の環境保全への意識，購買意欲が変わることで，生産者は環境によい養殖方法に取り組むことができる。自分が消費者であることを踏まえて，どのような行動をするか意思決定することで，自分が社会を作る存在であることに気づき，社会へ参画する態度を養うことができると考える。

表Ⅳ-6-1　単元の展開

次	時	学習内容
1	1	今，世界の海でどんなことが起きているのだろうか
	2	海洋プラスチックの問題を解決するために，私たちはどんなことができるのだろうか
	3・4	なぜ多くのプラスチックが海へと流出しているのか
	5	問題の解決に向けて，国や企業はどのような取り組みを行っているのか
2	6	今，瀬戸内海ではどんなことが起きているのだろうか
	7	かきパイプの問題の解決に向けて，どう取り組んでいくべきか　「本時」
	8	海洋プラスチックの問題を解決するために，私たちはどんなことができるのだろうか

⑵自分ごととして捉える場面

①学習目標

瀬戸内海でのかき養殖によるプラスチック問題の解決に向けて，生分解性プラスチックのパイプの取り組みを通して，「出さない」「回収する」という養殖業者の対策に加えて，消費者としてこの問題に関わろうとすることの大切さを理解する。

②学習の展開（第７時）

学習活動と内容	指導上の留意点（評価◆）
1．これまでの学習を振り返る。	○これまでの学習を想起しやすいよう，活用した写真や資料を黒板に掲示する。
かきパイプの問題の解決に向けて，どう取り組んでいくべきか	
2．学習課題を確認して，課題に対する自分の考えを発表する。	○生分解性プラスチックのパイプを児童に提示して，従来のパイプとどのようなところが違うのかを考えられるようにする。
3．生分解性プラスチックパイプを使う取り組みについて考える。	○広島県水産海洋技術センターの方の話を通して，プラスチックの問題の解決に向けて，生分解性プラスチックのパイプを開発，使用する優先度が低いことを提示する。

4．生分解性プラスチックパイプを使うことへの優先度が低い理由を考える。	○ごみを出さない，回収するという根本的な取り組みを行う必要があること，自然に分解される＝だから海に捨てても良いという誤った認識に陥らないようにしなければならないことを理解できるようにする。
5．ごみを出さない，ごみを回収することの大切さを確認する。	○ここまでの学習の展開から，かき養殖のプラスチックパイプを出さない，出たら回収することが大切であることをおさえる。
6．消費者である自分たちは，この問題とどう関わっていくべきかを踏まえて，問題の解決に向けて大切なことは何か考える。	○かき養殖業者の立場で今回の問題を考えることを通して，安くてよいものを買いたい消費者と消費者に買ってもらうために工夫して養殖する生産者の関係を理解できるようにする。
7．ふりかえりをする。	◆かきパイプの問題に対しては，「出さない」や回収して「再利用する」ことが大切であることと，消費者としてこの問題に関わろうとすることが大切であることを理解する。

4　単元②「水産業の盛んな地域～水産資源を守るには～」

(1)単元について

欧米での健康志向の高まりや中国の経済発展などにより，世界の一人当たり年間水産物消費量は，約50年間で２倍に増加している。世界の水産物の総需要量は，今後も増加していくことが見込まれる一方で，世界の水産資源は，減少傾向にあり，2015年９月の国連サミットではSDGs17の目標の中に「14.海の豊かさを守ろう」が定められ，海洋沿岸の生態系を持続可能な形で管理し，海洋汚染から資源を守る必要性が叫ばれている。

本単元では，水産業の現状と課題に対して，水産物につけられるエコラベルを通して，水産業の課題に対して消費者の立場で何ができるのか考えられるようにしたい。第２時には，瀬戸内海のサワラ漁を取り上げて，漁業者が水産資源を守りながら水産物をとっていることを理解できるようにする。身近な瀬戸内海でも，水産資源を守る取り組みが行われていることを知り，自分ごととして捉えることができるようにしたい。第３，４時では，MSCや

MEL といった水産エコラベルを取り上げる。イオンやイトーヨーカドー，生協が主導してエコラベルを広げている事例をもとに，漁業者と流通業者が一体となって問題の解決に向けて取り組んでいることを理解できるようにする。そして，これまでの学習をふまえて，漁業者，流通業者，そして消費者それぞれの立場から問題の解決に向けたあり方を考えることを通して，社会へ参画する態度を養うことをねらいたい。

表Ⅳ-6-2　単元の展開

時	目標	●本時の問い　◇児童の活動
1	・世界の水産資源が減少していることや，その原因が魚のとりすぎや，環境の悪化にあることを理解する。 ・世界有数の水産国として問題の解決に積極的に取り組む必要性があることを感じる。	●世界の水産業にはどんな課題があるだろうか。 ◇世界の水産業の様子や，水産資源の現状を調べる。 ・世界的に魚を消費する量が増え，人口もこれから増えるから，これまで以上に魚をとることになる。 ・世界の水産資源は減少している。 ◇なぜ水産資源が減少しているのか考える。 ・環境の悪化が原因とされている。 ・魚などをとりすぎたことも減少の理由だ。 ◇問題の解決のために，これからどのようにするべきか考える。
2	・水産資源を守るために，とる魚の時期や大きさを決めたり，網を工夫したりして，漁業者が魚をとりすぎない取り組みをしていることを理解する。 ・養殖やさいばい漁業など，育てる漁業の価値を考える。	●漁業する人たちはどうやって海の資源を守ろうとしているか。 ◇瀬戸内海のサワラ漁の生産量を調べる。 ・昔はたくさんとれていたけれど，1986年をさかいに生産量が減っている。 ・とりすぎによって資源が減ってしまったことが原因のようだ。 ◇減少したサワラを守るための取り組みを調べる。 ・とりすぎないように，網の目を大きくしたり，とる期間を決めたりして，瀬戸内海に面する11府県で協力している。 ・稚魚を人の手で育てて，大きくなってから放流することで，一番弱い時期を守り，サワラの数を増やそうとしている。 ・他にも，さいばい漁業と違って，最後まで人の手で育てて出荷する「養殖」がある。

		◇とりすぎない工夫，さいばい漁業，養殖の中から，興味のあるものを選んで調べる。
3	・MSC や MEL などのエコラベルの取り組みについて理解する。 ・イオンやイトーヨーカドー，生協などが主導してエコラベルを広げようとする事例をもとに，漁業者だけでなく流通業者も一体となって問題に解決に取り組もうとしていることを理解する。	●海のエコラベルって何だろう。 ◇ MSC や MEL といったエコラベルについて調べる。 ・海の環境に配慮した漁業を行っていると認められた漁業者のマークである。 ・認められるためには，厳しい審査を受けなければならない。 ◇消費者がエコラベルのついた商品を買うことにどんな意味があるのか考える。 ・エコラベルは海の資源を守ろうとする証なので，買うことで，海の環境を守ることにつながる。 ・これから未来に向けて，魚を残していくことにつながる。 ◇イオンやイトーヨーカドーなどの取り組みを調べる。 ・イオンやイトーヨーカドーがエコラベルのついた商品を増やそうとしている。 ・商品を作ったり，売ったりする会社も海の環境を守ろうとすることが大切。
4	・これまでの学習をふまえて，生産者や流通業者，消費者の立場から水産資源減少の問題の解決に向けたあり方について考えることができる。	●海の資源を守るには何ができるだろう。 ◇これまでの学習をふまえて，生産者，消費者，流通業者がそれぞれに海の資源を守るためにできることを考える。 ・生産者は，魚をとりすぎない工夫をしたり，さいばい漁業によって海の資源を守ったりしている。 ・生産者は，養殖に力を入れることで，限りある海の資源を人間の手で安定的に手に入れられるようにしている。 ・消費者は，海のエコラベルのついた商品を買うことで，海の資源を守ることにつながる。 ・消費者に，もっとエコラベルのことについて，知ってもらう必要がある。 ・流通業者は，エコラベルのついた商品の取り扱いを増やすことで，海の資源を守ることにつながる。 ・流通業者は，生産者と消費者をつなぐ役割がある。

⑵自分ごととして捉える場面

海の資源を守るためには，漁業に従事する生産者と私たち消費者に加えて，イオンなどの販売者が関わり合いながら取り組んでいく必要性について捉えることができた。販売者という視点を加えることで，児童が自分の位置をよ

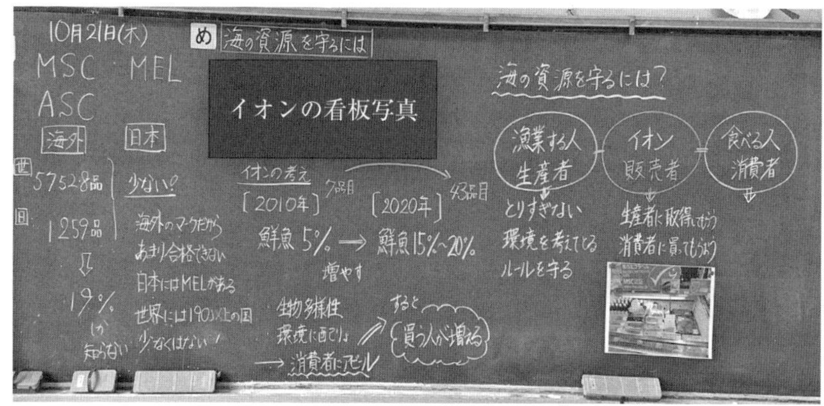

図Ⅳ-6-1　第4時の板書

り具体的に想像することができ，水産資源の問題を自分ごととして捉えることにつながった。

5　2つの水産業の実践から

児童にとって身近な地域教材を関連付けて，単元構成した。実際の授業においては児童が社会的事象に対して自分にできることを考えたり，意思決定したりすることで，児童が社会的事象を自分ごととして捉えて学習を進めることができる。これからも，私自身が社会と自分とのつながりを常に探し続け，社会に参画する自立した主体であり続ける努力をしたいと思う。それが，よりよい社会科授業を，これからの子どもたちに届けることになるはずである。

（田坂　郁哉）

註

（1）北俊夫・向山行雄『新・社会科授業研究の進め方ガイドブック』明治図書，2014年，p. 85。

（２）北俊夫『なぜ子どもに社会科を学ばせるのか』文溪堂，2012年。
（３）文部科学省『高等学校学習指導要領（平成30年告示）解説　公民編』東京書籍，2019年，p. 35。

参考文献

・石井英真『小学校発 アクティブ・ラーニングを超える授業』日本標準，2017年。
・木村博一『初等社会科教育学』協同出版，2002年。
・木村博一「社会の見方や考え方を育てる社会科」『今なぜ，教科教育なのか－教科の本質を踏まえた授業づくり－』文溪堂，2015年，pp. 43-49。
・澤井陽介・加藤寿朗『見方・考え方　社会科編』東洋館出版社，2017年。
・日本環境教育学会『アクティブ・ラーニングと環境教育』小学館，2016年。
・文部科学省『小学校学習指導要領（平成29年告示）解説　社会編』日本文教出版，2018年。
・広島大学附属東雲小学校『平成29年度教育研究初等教育』，2018年。
・神野幸隆「持続可能な水産業の在り方や消費者としての関わり方を考える社会科授業構成－ESD の『統合的・協働的な解決アプローチ』に着目して－」『社会科教育研究』第135号，2018年，pp. 1-13。

第Ⅴ章　子どもの心理と教育内容の論理を結びつけた歴史・公民学習

第１節　シナリオの再吟味を終末に位置づけた小学校歴史学習

―第６学年単元「聖武天皇と奈良の大仏」の実践を通して―

本節では，導入で劇表現を取り入れた小学校歴史学習において，児童の作成したシナリオを単元の終末で改めて吟味（再吟味）する活動を位置づけた授業実践について報告する。

1　歴史学習における劇表現と指導計画

⑴「貴族から武士の世の中へ」の実践から

筆者は，以下のような学習ステップを構想し，「劇表現を導入に位置づけた自ら学ぶ社会科学習」の授業実践を行い，その成果と課題をまとめた[(1)]。

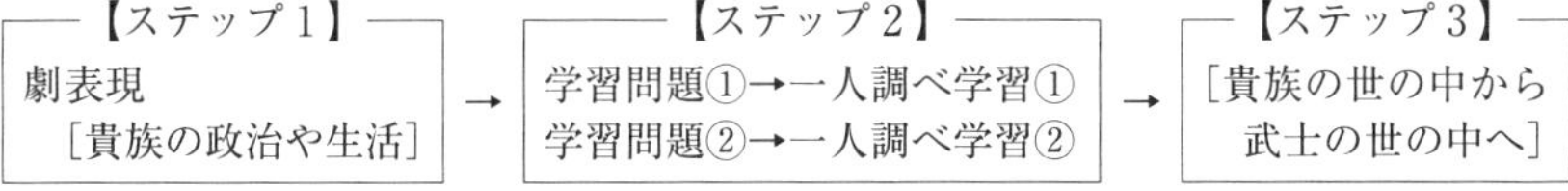

【ステップ１】は，児童が劇表現と自分自身の歴史認識のずれから，自分なりの気付きや問いを学習問題としてつかむ段階である（１時間扱い）。【ステップ２】は，その学習問題を一人調べで追究する段階である（３時間扱い）。【ステップ３】は，個の調べ活動をもとに学級全体で，学習課題を追究していく段階である（１時間扱い）。実践を通じて，次のような成果が見られた。

○自分たちで資料を集めオリジナルなシナリオを作成したり，小道具を工夫したりする姿は，生き生きとしたものがあった。

○友達の劇を鑑賞することで，そのよさに気付いたり，自分の認識とのずれからこだわりのある問いを設定したりすることができた。

しかし，導入で発表した劇表現のシナリオを，その後の指導計画において十分に活用できなかったことも事実であった。その課題を受け，導入で一度吟味したシナリオを，単元の終末で改めて吟味（再吟味）できるような指導計画に改善していくこととした。

⑵「聖武天皇と奈良の大仏」の実践から

本実践を行った際の研究副主題は，「人やものとかかわることを大切にして」であった。本副主題に迫るため，次の２点からアプローチした。

１点目は，「学びの対象としての人やものとのかかわり」であり，２点目は，「学び合いにおける人やものとのかかわり」である。小学校第６学年の歴史学習である本実践では，主に，２点目の「学び合いにおける人やものとのかかわり」に焦点をあてることとした。先述した授業実践の課題を受け，指導計画（学習ステップ）を次の通り改善した。

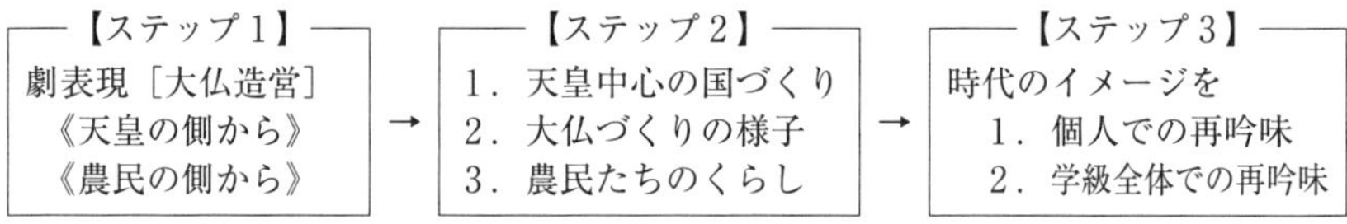

【ステップ１】では，２つの発表グループの劇表現を見合い，台詞に焦点をあてた１回目の吟味を行うことで，単元の学習課題を設定した（１時間扱い）。【ステップ２】では，学習課題を明らかにするために，学級全体で奈良時代の様子を追究した（３時間扱い）。【ステップ３】では，これまでの学習をもとに，改めて個人と学級全体で台詞に焦点をあてたシナリオの吟味を行う場とした（２時間扱い）。

このようなステップを踏む授業では，児童が協同で作成したシナリオそのものが学習対象となる。根拠をもとにシナリオを練り上げる場を重視した。

2　実践事例　単元「聖武天皇と奈良の大仏」

⑴単元の概要

①単元について

歴史上の人物や文化遺産への理解を深めることは，我が国の歴史や伝統を大切にしていこうとする心情を育てるうえで重要である。本単元では，時代を象徴する人物として，聖徳太子，行基，山上憶良等を，文化遺産として，法隆寺や東大寺の大仏等を取り上げる。それぞれの人物の働きや当時の人々の暮らしを手掛かりに，天皇を中心とした政治が確立されてきた華やかな都の様子と，それを支えた農民の生活の様子を捉えることができるようにする。

本学級には，歴史漫画を熱心に読むなど，歴史に興味をもっている児童が多い。事前の調査から，聖徳太子等の人物や奈良の大仏等の文化遺産から，奈良時代は天皇を中心とした華やかな文化が花開いていた時代だとイメージしていることが明らかとなった。しかし，それらの知識はやや断片的で，当時の農民の貧しいくらしに目を向けている児童は少数である。

本単元の導入までに，奈良時代から室町時代までの各時代ごとに歴史劇を取り入れた学習をすることを児童に伝えている。オリエンテーションを含めて3時間を使い，児童はそれぞれの視点で歴史劇のシナリオ作りに自主的に取り組んできた。本単元の導入では，天皇と農民それぞれの側からの劇表現を鑑賞し合う。この活動を通して，児童は，自分なりの気付きや疑問をもつと予想される。導入での劇の台詞を互いに吟味し合うことで，時代の様子や人々の姿を意欲的に捉えることができるようにしたい。

②単元の目標

ア　自分なりの時代のイメージをもって歴史劇を鑑賞し合うことを通して，歴史を多面的に捉えることができる。

イ　奈良の大仏や貧窮問答歌等を手掛かりに，奈良時代の政治や文化が天皇を中心にまとめられていったことや当時の農民の生活の様子を理解することができる。

ウ　絵図や年表，写真等の基礎的資料を効果的に活用することができる。

③指導内容と計画……………………………全6時間

第1次：聖武天皇と奈良の大仏（1時間）

・劇表現：大仏造営（天皇・農民の立場から）　・学習課題

第２次：天皇中心の世の中（３時間）

・天皇中心の国づくり　・大仏造営　・大陸の文化と農民のくらし

第３次：時代のイメージを（２時間）

・シナリオの再吟味①（個人）　・シナリオの再吟味②（学級全体）…【本時】

④研究仮説

仮説	単元の終末において，導入で行った劇の台詞を改めて吟味し合う場を設けるならば，児童は，調べた事実に基づいて台詞を練り上げ，奈良時代の様子を多面的に捉えようとするであろう。

⑤本時の目標

根拠をもとに導入で行った劇の台詞を吟味し合うことを通して，より確かな台詞に作り替えると共に，奈良時代の様子を多面的に捉えることができる。

⑥準備物

第１次の劇の映像資料，劇のシナリオ（教室掲示用，児童個人用）

⑦学習の展開

学習活動	指導・支援活動
1　導入の劇の台詞を確かめ合い，本時の学習課題をつかむ。 ・天皇の側からの劇 ・農民の側からの劇	1　第１次での劇表現を再度確認する場を設ける。その際，以下の点に留意する。 ・導入での劇表現を確かめ合うことで，学習への雰囲気を高めることができるようにする。 ・第１次での疑問を確認することで，本時の学習課題をつかめるようにする。
学習課題：台詞をパワーアップさせようⅡ	
2　根拠をもとに劇の台詞を吟味し合う。 【吟味の視点】 ・よかった点 ・深めたい点 ・変えたい点	2　劇の台詞を吟味し合う際，以下の点に留意する。 ・予め第２次の各時間の終末と前時に，左記の３点から台詞を見つめることができる時間を確保しておく。 ○まず，劇の台詞のよかった点を確認し合うことで，発表グループを認めるようにする。その後，根拠をもとにした話し合いをもち，より確かな台詞に練り上げることができるようにする。

3　話し合ったことをもとに台詞を作り替える。 ・表現したグループで ・個人で	3　学習活動2をもとに，台詞を深めていくように促す。 ・作り替えられた台詞を聞き合う場を設けることで，友達の考えのよさに気付くことができるようにする。
4　本時のまとめをする。	4　台詞を再吟味した感想を出し合うことで，歴史的事象を多面的に捉える必要性に気付くことができるようにする。

⑵授業の実際

①第1次の展開

第1次では，導入で劇表現の鑑賞を行った。発表グループは2グループで，それぞれ《天皇の側から》と《農民の側から》の視点に分かれた劇の発表を行った。大仏造営という歴史的事象を複数の立場から見ることで，歴史を見る目を広げたり深めたりすることができると考えたからである。授業では，立場の異なる発表グループの作成した以下に示す台詞に着目することで，「天皇は優しい人だったのか。」の点が対立することとなった（傍点，筆者）。

《天皇の側から》

子ども：聖武天皇は自分の力を見せつけるためじゃなく，民のために大仏をつくったんだね。なんてやさしい人なんだろう。
聖武天皇：バンザーイ！！

《農民の側から》

農民A：あぁ，今日の仕事がやっと終わった。天皇も，私たち農民を働かせることしか考えていないよね。
農民B：そうそう。なんで，私たちだけに造らせるんだろう。

この対立点を明らかにするために，第1次では，「奈良の大仏ができたころの世の中を探ろう」という学習課題を設定した。

②第2次の展開

第2次は，「奈良の大仏ができたころの世の中を探ろう」という学習課題を解決するために，3時間を使い，次の3点の学習問題を設定し，時代の様子を捉えていった。

ア．天皇は，どのようにして国をまとめていったのか。

イ．奈良の大仏は，どのようにして造られたのか。

ウ．外国とのつながりや農民のくらしはどのようであったか。

この３時間で，大仏が造営された奈良時代の概要をつかむことができた。

③第３次の展開

第３次は，これまでに学習したことをもとに，シナリオの再吟味を行う場である。

まず，第１時は，個人でシナリオの再吟味を行った。その際の視点は，「よかった点」「深めたい点」「変えたい点」の３点とした。児童は，新たな資料から調べたことや学習した内容をもとに，思い思いにシナリオの書き直しや付け加えを行っていった。

続く第２時は，学級全体でシナリオを再吟味する場である。児童から出されたシナリオに対する意見は次の通りである（よかった点は，省略）。

	《天皇の側から》	《農民の側から》
深めたい点	・行基の位の高さは？ ・建立の詔を入れる。 ・260万人は，（当時の）日本の人口の三分の一を加える。 ・大地震，水害，貴族の反乱があったことを加える。 ・農民や子どもは式に参加できなかったことを加える。	・行基が活躍した様子を加える。 ・作業から逃げ出し，豪族や寺院のもとに行ったことを加える。 ・危険な作業だったことを加える。 ・税は都の人のためにしか使われなかったことを入れる。 ・農民の負担には，雑徭や兵役があったことを加える。 ・税に不満があったことを入れる。
変えたい点	・行基が呼びかけたから農民が働いたので，「行基さんがいたから完成した」に変える。 ・「やさしい」は，農民が思ったのではなく，資料の主人公が言ったのではないか。	・聖武天皇ではなく，上皇と書くべき。 ・「仏の力で生活を豊かに……」とあるが，教科書に書いてあるように「世の中の不満や不安をしずめるため」ではないか。

ここでの発言を分類すると，事実を詳しく調べて歴史を捉えようとする「くわしく派」と，事実をもとに歴史をイメージとして捉えようとする「イメージ派」となる。「『位の高い僧に任命』とあるが，行基はどのくらい位の

高い人だったのか」等の発言は，「イメージ派」の発言である。小学校の歴史学習では，学ぶ楽しさを実感できるように，「イメージ派」の発言も評価したい。

授業の終末では，「天皇は優しい人だったのか」の対立点に焦点をあてた話し合いを進めていった。授業記録は，以下の通りである。

T：では，もう一回ここへ戻ってくれないかな。途中でも出ていたんだけれども，結局，聖武天皇は優しい人だったのかな。それとも，農民を働かせてばかりの人だったのかな。
T：優しい人だったと思う人は。　P：(挙手少数)
T：働かせてばかりという人は。　P：(挙手多数)
T：いや，よくわからんという人は。　P：(挙手数名)
T：ああ，分らんよね。でもなぜ，こういう風になっちゃうんだろうね。同じ場面を寸劇にしたのに，話は交差しているのにね。なぜなのかな。はい，○○君。
P：劇をつくる資料が違ったからだと思います。
T：はい，資料が違うという考えですね。はい，△△さんは。
P：見方が違うんだと思います。
T：同じ大仏を造った時代について，違った見方で寸劇をつくったということかな。
P：天皇は農民のために大仏を造ろうとしたんだと思うけど，農民の側から見たら，働かせてばかりだったんだと思う。
T：はい，そういう「見方」を大切にして，これから歴史の学習を進めていきたいですね。

3　歴史を多面的に捉えること

本実践の研究仮説は，「単元の終末において，導入で行った劇の台詞を改めて吟味し合う場を設けるならば，児童は，調べた事実に基づいて台詞を練り上げ，奈良時代の様子を多面的に捉えようとするであろう」とした。歴史劇のシナリオを作成する際，発表グループを《天皇の側から》と《農民の側から》の立場に分けるようにした。異なる立場からの歴史劇を鑑賞し合い，単元の終末でシナリオを再吟味し合ったことは，第６学年児童なりに時代の様子を多面的に捉えることにつながった，と考えている[(2)]。

（佐藤　健）

註

（１）詳しくは，佐藤健「劇表現を導入に位置づけた自ら学ぶ社会科学習－第６学年「貴族から武士の世の中へ」の実践を通して－」広島大学附属東雲小学校教育研究会『初等教育』第70号，1997年，pp. 17-21を参照。

（２）本実践の分析については，木村博一「子どもが追究する社会科授業」社会認識教育学会『社会科教育のニュー・パースペクティブ－変革と提案－』明治図書，2003年，pp. 136-144を参照。

付記

本節の内容は，佐藤健「シナリオの再吟味を終末に位置づけた社会科学習－第６学年『聖武天皇と奈良の大仏』の実践を通して－」広島大学附属東雲小学校教育研究会『初等教育』第77号，2000年，pp. 15-19を再構成したものである。

第２節　「概念的くさび」による知識の再体制化を促す授業づくり

―第６学年単元「江戸の文化や学問をつくり上げた人々」―

１　「暗記教科」というイメージの根深さと育成したい力

ここに，小学校第５学年の子どもの投書がある[1]。社会科が苦手なその子は，社会科学習の好きなところは「テストで正解した時の達成感」。嫌いなところは「調べることが多い所」と「覚えることが多い所」だと言う。そして，「こつこつと調べ学習をしたり，都道府県名や国名を少しずつ覚えたり」することを目標として掲げている。指導主事として多くの学校を訪問するが，その際に，社会科教員と話題に挙げる投書である。自分の課題に向き合って頑張ろうとする姿ゆえに掲載されたと推測できるが，社会科は暗記教科というイメージがその子を苦しめているように感じる。教科書に太字で示された用語を学習者に覚えさせる学習活動を繰り返しても，学び続けるための「学びの芯（基本）となる力」[2]の育成どころか，「学んだ成果」としての学力にさえ繋がらないことを多くの教師は経験的にも理解しているはずである。この子が社会事象のつながりや意味を深く掘り下げ，頑張って調べたことや身に付けた知識を使いながら，学習前よりも世の中が透き通って見える社会科学習の楽しさを味わい，学びの火をつけさせることはできないのだろうか。

本稿では，子どもの心理と教材の論理を結び付けた授業づくりとして，「概念的くさび」[3]に着目し，子どもの知識の再体制化を促すための方略の有効性を検討する。その際，江戸時代の文化や新しい学問を学習内容とし，西洋の先進的な情報を貪欲に摂取し，自身の自己実現を目指す人物の姿を扱う。附属三原小学校に在職していたころ，先の投書の子どものように，社会科学習への期待を感じにくくなっていた子どもたちへのプレゼントにならないかと実践したものである。

2 「概念的くさび」と授業づくりの要件～「子どもの心理」から～

子どもは日々社会生活を送っており，社会事象に係る知識を既に有している。しかし，様々な社会事象に関して子どもが抱く認識の中には，明らかに誤っているもの，もしくは，不十分なものも多く含まれる。それらは，「強固さ，首尾一貫性，深い関与」などの特徴をもち，認知構造に暗黙的に組み込まれている(4)。日常生活経験では得られない概念について，子どもが既有の知識の再体制化を図り，有意味に自身のうちに取り入れるためには，子どもの認知への着目が必要となる。

稲垣佳世子は，知識の大幅な組み替えである概念変化を，学習領域に関する既有知識をある程度もち，同時に自分の知識状態や理解の程度を評価するメタ認知能力が発達している状態に学習者があることを前提としながら，子どもが生活の中で経験を重ねることで漸次的に生じる「自発的に生じる概念変化」と，目標志向的で急進的に生じる「教授にもとづく概念変化」に整理している(5)。後者を引き起こすための方略を整理すると次のようになる。

①驚き，当惑，協調欠如を喚起し，理解の不十分さを自覚させる
②集団討論など，他の人々と相互交渉する機会を設ける
③既有の知識構造の中に再体制化に必要な新しい概念を位置付ける

そして，方略の③に係り，科学教育研究の成果に基づいて説明する中で，方法の一つとして，「概念的くさび」を用いる例を挙げている。この方法を用いる際の留意点を整理すると次のようになる。

③－1　単語として発音しやすく子どもが有用さを感じるもの
③－2　その後の当該の概念を使う機会を念入りに用意する
③－3　当該の概念を子どもに押し付けることを極力避ける

3　「概念的くさび」を位置付けた単元の計画

既有知識をある程度もち，メタ認知能力が発達していると考えられる第6学年を対象とし，「江戸時代の文化や学問」を扱う単元を計画した。

⑴江戸時代の文化と新しい学問の特色～「教材の論理」から

本単元の目標は，歌舞伎や浮世絵，国学や蘭学を手掛かりに，町人の文化が栄え新しい学問がおこったことを理解することにある。江戸時代には社会が安定するに連れて，それまでのような治める側を中心にした文化や学問ではなく，歌舞伎や浮世絵といった町人の文化や，国学や蘭学といった新しい学問が起こった。また，江戸時代初期の文化と中期以降のものでは特色に違いがある。江戸時代の初期には上方を中心として日本風の文化が栄えるが，中期以降は江戸を中心として，西洋文化の影響下において，それまでとは違った文化が栄えるようになる。そこには，当時の鎖国という状況下にもかかわらず西洋文化を積極的に取り入れたり，逆に文化流入に問題意識を発し真理をつきとめようとしたりする姿が見られるようになる。

江戸時代の文化や学問を牽引した人物の例としては，歌舞伎・人形浄瑠璃の脚本作家である近松門左衛門（1653年～1724年），浮世絵の葛飾北斎（1760年～1849年），日本地図を作成した伊能忠敬（1745年～1818年），『解体新書』を著した杉田玄白（1733年～1817年），『古事記伝』を著した本居宣長（1730年～1801年）などがあげられる。このうち，近松は江戸時代初期のものであり，それ以外のものが中期以降のものと区別することができよう。

一方，江戸の文化は海外において高い評価を受けているものがある。例えば，人形浄瑠璃文楽や歌舞伎は世界無形遺産に登録されている。また，北斎の業績は，後にジャポニスムを引き起すことになり，アメリカ合衆国の雑誌『ライフ』の企画「この1000年で最も重要な功績を残した世界の人物100人」で，日本人として唯一ランクインしている[6]。

このように，江戸時代の文化や学問を西洋文化との関係から見ることで，自己実現に向けて貪欲に創作活動や研究活動に励んだ人物の業績から，当時の文化や学問の熱量とともに，時代の特色が浮き彫りになる。

⑵学習前の江戸時代の文化や学問に対する子どもの捉え

事前調査として，第６学年の子どもに対して，江戸時代の文化や学問についてどのような既有の知識をもっているのかを調査した。ほとんどの子どもは江戸時代の文化は江戸で栄えたのであり，外国の文化の影響を受けていない「純粋」に日本的な文化であるととらえている。また，「蘭学」という言葉を聞いたことがあるという子どもは半数近くいるが，文字通り「オランダ生まれの学問」であるととらえている子どもが多い。すなわち，江戸時代の鎖国下において経済交流や文化交流が行われていたことを知っていても，日本に入ってきた文化について具体的な知識は有しておらず，そのため，流入した西洋文化と，江戸時代の文化や学問の成立を関連付けて考えるには至っていないことが分かった。

⑶「概念的くさび」を組み込んだ単元の構成

単元の構成，各単位時間の授業づくりの際には，以下のことに留意した（【　】内は，稲垣の概念変化を引き起こすための方略及び「概念的くさび」を用いる際の留意点との関連）。

- くさびとなる概念として，江戸時代の文化の中にある西洋文化の影響のことを，身近な表現となるように「和の中の洋」と表現する。【③－１】
- 「和の中の洋」を子どもに提示する際，押し付けにならないように，子どもの思考に沿いながら概念を獲得させる時間を設定する。【③－３】
- 「和の中の洋」を獲得する時間には，子どもがもつ知識に基づいて予測するだけでは間違ってしまうような，驚きを伴って自己の思考の不十分さに気付くことができるような導入を行う。【①】

・獲得した「和の中の洋」を基に検証を行う時間には，討論を仕組み，知識の不整合を無視したり局部的な修正に済ませたりすることがないようにする。【②，③－2】
・それぞれの授業後には，江戸時代の文化や学問と西洋文化との関わりについて自己の思考を整理させるため，振り返りを記述させる。

〈単元構成〉全6時間

第1次	1	江戸時代の町ってどんな町？ ・近松門左衛門の歌舞伎を楽しむ人々のくらし
第2次	2	「和の中の洋」 江戸の文化成立と西洋文化 ・浮世絵と江戸のくらし
	3	・葛飾北斎の浮世絵の中の西洋文化（概念獲得）
	4	・伊能忠敬の中の西洋文化（討論）
	5	・杉田玄白・本居宣長の中の西洋文化（討論）
第3次	6	「洋の中の和」 世界に広がる江戸の文化

4　授業の実際と子どもの振り返り

「概念的くさび」となる「和の中の洋」を獲得させる時間である第3時間目，獲得した概念を基に検証を行う第5時間目を示す。

(1)第3時間目「葛飾北斎の浮世絵の中の西洋文化」

■目標　葛飾北斎の作品を比較したり，残された言葉を解釈したりすることを通して，葛飾北斎が画号を何度も改めている理由を，当時の西洋文化の影響と関連付けて考える。

■学習過程

①教師が提示した7つの絵画全てが葛飾北斎の作品であると知らせ，何度も画号を変えていることに疑問をもたせる。

なぜ，葛飾北斎は画号を30回も変えたのだろうか

②「神奈川沖浪裏」について映像資料から分かったことを基に，葛飾北斎の観察力と構成力の高さに気付かせる。

③葛飾北斎が描いた絵手本「三ツ割の法」と作品の比較などから，透視画法やベロリン藍といった西洋の技法を先進的に導入したことに気付かせる。

④75歳，90歳の葛飾北斎の言葉から，再度学習課題について話し合わせる。

⑤忠敬の日本地図，杉田玄白の『解体新書』，本居宣長の国学においても「和の中の洋」と言えるか疑問をもたせ，次時につなぐ。

〈授業後の振り返り〉

・名前を変えたのは，最初は気まぐれで変えたと思っていたけど，「和」だと思っていたものの中に「洋」があると分かって，しかも，人生をかけていたと分かって，有名になると作品を見てもらえなくなるから，葛飾北斎は名前を変えて，誰もやっていない新しい技も取り入れた絵で勝負したかったのだと思いました。だから西洋のものを取り入れて誰もやっていないことを探したのだと思います。

・浮世絵は和風だけど，葛飾北斎のものはちがっていて，「和」の中には「洋」があることが分かりました。葛飾北斎が名前を変えたのは本当の画家になるために生まれ変わりたかったからだと思います。だから西洋の技術を取り入れて自分をみがいたのだと思いました。葛飾北斎の夢は，いつか，「時太郎」という自分の名前で絵を描くことだと思います。

・自分が成長するに連れて名前を変えている。75歳の言葉から考えているもので，昔の自分を脱ぎ捨てて自分から生まれ変わろうとしている。また，その思い込みが驚異の動体視力を身に付けようと努力したことや西洋の技を取り入れようとしたことと繋がっている。

⑵第５時間目「杉田玄白・本居宣長の中の西洋文化」

■目標　杉田玄白の『解体新書』，本居宣長の『古事記伝』について調べ，西洋の学問との関係を考えることを通して，江戸時代の新しい学問の特色を捉える。

■学習過程

①学習課題を確認させる。

蘭学や国学は「和の中の洋」と言えるのだろうか

②杉田玄白の『解体新書』の西洋の影響の有無を調べさせる。

③本居宣長の『古事記伝』について調べさせる。

④本居宣長は「和の中の洋」と言えるか討論させる。

⑤学習を振り返らせ，杉田玄白・本居宣長それぞれについて，「和の中の洋」と言えるか考えをまとめさせる。

〈授業後の振り返り〉

・杉田玄白は「洋」である。それは外国の本を訳して西洋の文化を使ったから。本居宣長は西洋の影響を反動にして，国学を始めたから，それは「洋」だと言える。二つとも「洋」と言えるが，「洋」の意味が違っている。

・本居宣長は，私は最初，「和の中の洋」ではないと思っていたのだけど，今は「和の中の洋」だと思う。○○さんが言った「洋があるから和のことを知ることができた」という意見で考えが深まった。「真実が知りたい」ということでめちゃくちゃがんばった人のことをもっと知りたい。

・杉田玄白は，外国の文化がきっかけで人の体を知りたくなったから「和の中の洋」と言えると思います。だけど，本居宣長は，あまり「和の中の洋」だと言えないと思いました。外国の影響は受けているけど，外国のものをどけてみて日本人の本来の姿を知りたがっていたからです。

5　まとめと今後の課題

子どもたちは，江戸中期以降の文化と西洋文化の影響を関連付けて考えていた。それは，「概念的くさび」として機能するよう，江戸時代の文化の中にある西洋文化の影響のことを，「和の中の洋」と表現し，単元内で，子どもたちが繰り返して人物の業績を調べたり，討論したりして思考を深めることができたためであり，この方略には一定の有効性が見られる。しかし，討論への参加の程度によっては，十分に思考を深めることができていない子どもも見受けられ，思考の再構成を局部的な修正に留まらせないような討論の在り方についても検討する必要がある。また，討論プロセスの中で自分の知識の中には存在しない知識や新しい考えを，子どもはいかに取り入れるのかという視点で改善を図ることが，子どもが社会科学習の楽しさに触れながら，学び続けるための「学びの芯（基本）となる力」を獲得できる授業実践に繋がると考えている。

冒頭，指導主事として社会科教員と話す機会があることに触れた。木村博一は，小学校社会科産業学習について論じる中で「子どもたちは自身の存在意義を確認したがっているのであり，『自己実現』を図る機会を求めている。子どもと同じように，大人も自らの存在意義を求めて試行錯誤を繰り返しており，『自己実現』を図るために『工夫や努力』を重ねている。この接点で共感と学習が成立したとき，児童は『生きる力』の基礎を培うとともに，社会について学び続けていこうとする力を身に付けることができる」[7]と述べている。このことは，産業学習という領域や事例に関わる人物の姿に限ったことではなく，教師と子どもの関係でも同様であろう。今回の実践の教材研究の中で出会った，私の教師観に影響を与えた葛飾北斎の言葉がある。「天よ　あと十年　いや　五年の命を与えてくれたならば本当の画家になれるのに」[8]という，90歳時の臨終の際に遺したとされる言葉である。よい授業を創るために工夫や努力を重ねる教員と共に模索を続けたい。

（長野　由知）

註

（１）中国新聞「苦手な社会こつこつ」2020年９月29日付朝刊。

（２）木村博一「小学校社会科の学力像と産業学習の変革－『自己実現』をキーワードとした単元開発－」『社会科研究』第57号，2002年，pp. 11-20を参照。木村は，小学校社会科，特に産業学習における学力形成のキーワードを「自己実現」に求め，「学びの芯（基本）となる力」を育成する重要性を論じている。平成29年度版学習指導要領の実施に伴い，資質・能力ベースの学力観へのシフトする中，「学びに向かう力，人間性等」が柱の一つとして位置付けられ数年を経た現在においても，指導に悩む教師は少なくない。木村の主張は，産業学習に限らず小学校社会科の授業づくりに，今なお多くの示唆を与えるものである。

（３）稲垣佳世子「概念変化：知識の大幅な組み替え」稲垣佳世子他『新訂　認知過程研究－知識の獲得とその利用－』放送大学教育振興会，2007年，pp. 41-42を参照。稲垣は「概念的くさび」について，「のちの学習や理解のかなめとなる重要な『科学的概念』を教師がヒントなどの形で提案し，それを学習者が使う機会を周到に用意することによってその概念の理解が徐々に深まることを期待する，というものである。その概念が『(概念的な）くさび（conceptual peg)』となって，のちの知識の再体制化（概念変化）が容易になる」としている。

（４）高垣マユミ「教授理論と授業」高垣マユミ『授業デザインの最前線Ⅱ－理論と実践を創造する知のプロセス』北大路書房，2010年，p. 6を参照。

（５）前掲書（３），pp. 32-44を参照。なお，「教授にもとづく概念変化」を引き起こすための方略及び「概念的くさび」を用いる方法に関わる留意点は，同書を整理し，長野が作成。

（６）*Life Millennium: The 100 Most Important Events and People of the Past 1000 Years*, Bulfinch Press, September, 1998.

（７）前掲論文（２），pp. 19-20。

（８）永田生慈監『もっと知りたい葛飾北斎－生涯と作品』東京美術，2005年，p. 75を，授業資料用に長野が加工。

第３節　人々の営みやかかわりから歴史的事象を見つめ直す小学校社会科授業の実践

―第６学年単元「新しい日本，平和な日本へ」―

１　令和の子ども達になぜ昭和の歴史を教えるの？

昨年度６年生を担任した時のことである。子ども達に，日本がアメリカと戦争したと聞いたことがあるかと尋ねてみたところ，２／３の児童が太平洋戦争のことを知らなかった。正直驚いた。昭和生まれの私が当たり前のように見聞きしたことが，令和の子ども達には当たり前でなくなりつつあり，今後，昭和の歴史が単なる過去の出来事と捉えられる可能性が高いということである。戦争体験者が身近な存在でなくなりつつある現在，令和の子ども達に昭和の歴史を教える意義を問い直し，その具体となる一例を考えたい。

子ども達は，今後グローバル化する社会の中で様々な変化や課題と向き合っていくことになる。特に生成 AI の開発など情報科学の発達はめざましく，今後，個がより主体的に高い倫理観をもって社会とつながっていくことが求められる。しかし個が肥大するあまり，自分の身の回りの環境や条件が整っていないと軽率に他者や周囲を批判し，自らもそれらをつくる一員だという意識や行動が欠けているようにも見える。目の前の当たり前は人の手でつくったものであり，その当たり前がつくられるに至った人の営みや社会背景を見つめることで，その大切さや意義に気付き，自らがその当たり前をよりよくしようとする担い手となってほしい。

昭和は，戦争の惨禍があった中で，日本国憲法の制定を始めとする民主化や国際社会への復帰など，国家として大きく転換をした時代であった。私たちの目の前にある日本の姿は，戦争に直面した当時の人々が心から平和を願い，よりよい国の在り方を考えながら復興に向けて努力を積み重ねてきた結果である。だからこそ令和の子ども達には，今日の平和で民主的な日本の姿が，自分たちの曾祖父母たち一人一人が，心から人々の幸せを願い，想像を絶する努力を積み重ねながら築いてきた姿であり，その意義や大切さを捉えてほしいと思っている。その上で高度経済成長の中で進んだ社会問題や諸課題等にも目を向け，今度は自分たちの手でよりよい世の中を築いていこうとする意識を高めてほしいと願っている。

2　単元「新しい日本，平和な日本へ」を構成するにあたって

⑴教材について

単元を構成するにあたり，終戦後の暮らしを捉える教材として向島で造船業に携わった土本壽美さんの話，戦後の復興を捉える教材として新幹線開発に携わった三木忠直さんの話を資料化した。尾道の基幹産業である造船業は，戦時中軍需関係の仕事に協力し，GHQの指令の下，戦後思うように船が造れず混迷した時代がある。その後の情勢の変化と共に，造船業が復活していく中で建造した貨物船は，当時の人々の希望や喜びとなったという。土本さんの話は，児童にとっては曾祖父母達のエピソードになるが，身近な出来事として感じられるだろう。この話を三木さんの話と重ね合わせることで，学びが深まると考えた。

①終戦後の暮らし：『土本壽美（つちもと　かずみ）さんの話』

終戦後，尾道・向島・因島の造船業は，低迷した海運業界の影響を受け，国内需要が激減した。またGHQの許可がなければ，鋼船と100総トン以上の木造船が建造することができなくなり，炭鉱機械や農機具，なべ・かまなどの日用品を作るなどをして生活をしのいでいた。造船業としての命脈は，GHQから指令された軍用艦の解体，沈船の引き上げ，捕鯨船の修復などによって，かろうじて保たれていた[(1)]という。その後昭和22年からの「計画造船」の開始と，昭和24年からの対日政策の緩和による制限の解除によって機

運が変わり，外航船などを造れるようになった。

本資料は，戦前から戦後にかけて造船業に携わりながら，尾道の変遷をカメラに取り続けた土本壽美さんの話(2)である。土本さんは，大正14年向島で生まれ，高等小学校卒業後，日立造船向島工場に就職した。太平洋戦争の真っ只中であったことから，工場は海軍管理工場に指定され，軍需関係の仕事に携わるようになった。昭和20年には召集令状（赤紙）が届き，朝鮮の釜山に渡った。そして8月15日，戦地で日本の敗戦を知った。戦後，向島で造船の仕事に復帰するが，仕事らしい仕事はなく，生活するためにできることを何でもやったと語っている。そして，少しずつ造船の仕事ができるようになり，戦後始めてつくった船の進水式では，たまらず涙がこぼれたと振り返っている。

終戦をむかえ，爆撃におびえて生活することはなくなりました。ただ，ものがありませでした。会社へ通勤するのにチェーンのない自転車で，丘をこえて通っていました。あの暑い夏誰もが辛抱に辛抱を重ねていたんですよ。

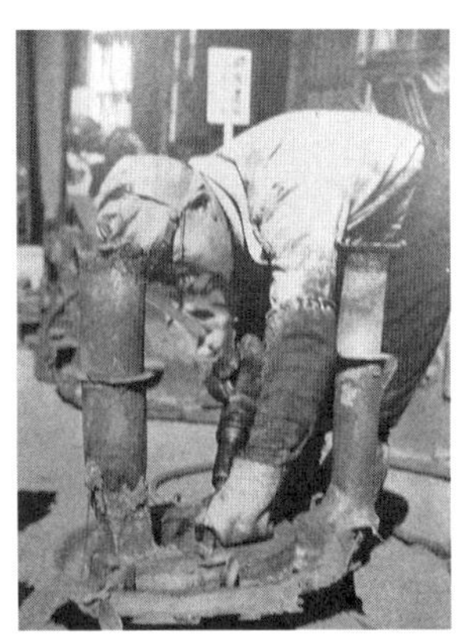

わたしの勤める日立造船は，戦時中は海軍管理工場に指定され，軍艦をつくったりしました。軍事工場でなければ鉄板も入手できませんでしたから，当時としては当たり前だったんです。その後私も兵隊として戦争に行くこととなり，国を離れました。

しかし戦争が終わると，GHQの指導の下，会社は解体され，大きな船を作ることはできなくなりました。それに資材もない時でしたから，元のように仕事ができませんでした。ですから戦争の時に使った鉄かぶとから，フライパンや農機具，ミシンを作ったりしてできることはなんでもやりました。みんなで仕事を分け合ったりしながらね。そうやってみんな生活をしのいでいたんです。

それから軍船の解体の仕事や捕鯨船の修理なども行いました。そうやって少しずつ仕事を増やしていき，ようやく自分たちでまた船を造ることができるようになったんですよ。始めに作った船は決して大きなものではありませんでしたが，進水式に参加した人々は，みな笑みをこぼしていましたよ。自分たちの造った船がものを運び，みなの暮らしに役立てる。こんなにうれしいことはありませんからね。

資料Ⅴ-3-1　土本壽美（つちもと　かずみ）さんの話

②戦後の復興：『戦闘機が姿を変えた。三木忠直と新幹線』

1964年10月１日，東海道新幹線が開通した。昭和30年代になると，国内では人口増加や主要都市のメガロポリス化によって輸送需要が増え，新たな輸送システムとして新幹線開発計画が浮上した。工期５年，総工費3800億円，国鉄の主導もと1959年から建設が始まるが，インフラ整備や車体開発など様々な問題に直面[(3)]していった。高速化車両の実現に向けて大きな役割を果たした[(4)]のが，戦後鉄道関係に従事した元軍出身技術者の存在である。彼らは流線型の車体，空気バネ，ATC の開発など，従来の鉄道にはない航空や船舶の知識や技術を使って，技術的問題を解決していった。

三木忠直さんは元海軍の技術者で，特攻機「桜花」を設計した経歴をもつ。人間爆弾と呼ばれる機を設計し，結果多くの仲間を死なせたことに後悔の念を抱いた三木さんは，戦後航空関係の仕事を離れ，新幹線開発に携わった。三木さんは，新幹線の圧倒的なスピードを実現させるために，自身が設計した爆撃機「銀河」の形を思い浮かべながら極限まで空気抵抗の軽減と車体の軽量化に努め，流線型のフォルムを完成させる[(5)]。完成させた新幹線は，敗戦から立ち上がった当時の人々に希望と勇気を届け，1964年10月10日に開催されたオリンピックとともに戦後復興の象徴の１つとなった。

1964年10月1日，オリンピックを直前に，日本中を沸かせる出来事が起こった。東海道新幹線の開通である。未来から登場したような流線型のフォルム，最高時速256kmという世界一のスピードは人々の心をつかんだ。しかし実現までの道のりは困難を極め，新幹線は「夢の超特急」と呼ばれていた。

新幹線計画が始まったのは昭和33年（1958年）のことである。昭和30年代（終戦から10年）になると，国内では人口増加によって物や人を運ぶ必要性が高まり，新たな輸送手段をつくる計画が浮上した。それが新幹線である。総工費約3800億円（オリンピック予算は約1兆円），工期はオリンピック開催に合わせて約5年とされた。最も大きな課題はスピードと安全性である。当時国内の最高時速は特急こだまの110kmで，東京―大阪間は7時間近くかかっており，それを一気に3時間に縮めるという計画であった。また世界では高速運転の脱線事故が多発しており，時速200kmは「魔の境地」と呼ばれるほど恐れられていた。

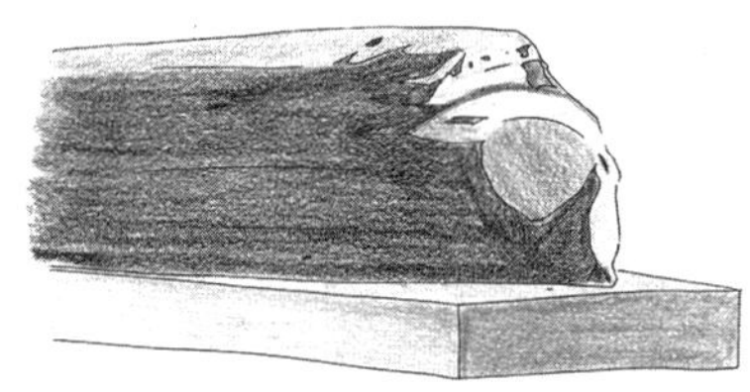

開発には元軍出身の技術者達が活躍したという。三木忠直さんは，特攻機を設計した経歴を持つ。「車輪もなく，爆弾を積み敵艦にぶつかるための飛行機…。生きて帰れない飛行機を作れだなんて。」必死に上官に反対したが，その声が受け入れられることはなかった。結果，先輩や多くの仲間を死なせてしまったことを三木さんは悔いていた。戦後，軍が解体され，航空機の仕事から離れた三木さんは，鉄道関係の仕事についた。開発リーダーとなった三木さんは，自身が設計した戦闘機の形を思い浮かべ，最も空気の流れがスムーズで車体を軽くできる形を追い求めた。幾度も試作品を作り実験を繰り返しながらたどり着いた形が，あの流線型のフォルムである。

そして安全性をクリアしたのも，航空・船舶に関する技術であった。松平精さんは，戦闘機の激しい揺れによる空中分解の原因をつきとめた経験があった。その経験を生かし，高速運転による衝撃を吸収する「空気ばね」を開発し，脱線事故を防いだ。河邊一さんは，軍艦に用いた信号技術を生かして「ATC（自動制御装置）」を開発し，遠く離れた場所から新幹線のスピードを調整し，緊急時に列車を止める仕組みを完成させた。

昭和38年，試験走行の日が来た。新幹線は，見事時速200kmを上回り，なんと256kmという世界記録を更新した。しかし，もうその場に三木さんの姿はなかった。

自分達で開発した新幹線に確かな手応えを感じた三木さんは，試験走行前に自ら職を退いた。

「技術は，本来，人の幸せのためにある。」

そう言葉を残した三木さんは，その後モノレールの普及に貢献し，95才でなくなった。残された資料からは，特攻機の設計にあたり，緊急脱出装置をつけて最後までパイロットの命を救おうとしたことが分かっている。

1964年10月10日，オリンピックが開催されると，新幹線のホームは人だかりとなった。東京駅を出発すると人々は高々と国旗を降り，涙さえ流す人もいた。海外から来た人も，その技術力の高さに目を丸くして驚いた。実現不可能とされた新幹線は，敗戦から立ち上がった人々の「夢の超特急」となり，60年経った現在でも日本の輸送を支えている。

資料Ｖ-3-2 「戦闘機が姿を変えた。三木忠直と新幹線」

(2)単元計画（全９時間）

次	主な学習活動	◇留意点
1	①終戦直後と1964東京オリンピック・パラリンピックの頃の様子を比べ，学習計画を立てる。	・終戦後の尾道市や広島市の様子，エピソードなどを伝える。
2	②終戦直後の様子を調べ，当時の人々がどんな願いを抱き，どのように暮らしを立て直していったのかを知る。 ③戦後改革や日本国憲法の制定について調べ，戦後日本が平和で民主的な国家として再出発したことを知る。 ④国際社会に復帰した頃の様子を調べ，日本の独立が承認され，産業が発達する中で生活が向上したことを知る。 ⑤東京オリンピック・パラリンピックの様子を調べ，オリンピックの成功が国民にもたらしたものを考える。	・資料をもとに，事前に聞き取りしたことを交流し，深めていく。 ・写真から戦後改革前と後の様子を比べ，その意味を捉えさせる。 ・写真やグラフと合わせて，各自で聞き取りしたことを交流し，深める。 ・聖火リレーのコースなどからオリンピックに込めた願いを考えさせる。

	⑥新幹線開発にかかわった人々の取組を調べ，復興にかける当時の人々の願いや努力を考える。 ⑦オリンピック後の日本の変化について調べ，国際的地位が向上するとともに，産業の発達が進む中で公害などの社会問題が起こったことを知る。	・三木忠直さんを始めとする元軍出身技術者たちの思いを考えさせる。 ・オリンピック後の日本の変化にタイトルをつける活動を行い，変化の様子を正と負の側面から考えさせる。
3	⑧現在の日本が抱えている課題について知り，今後の日本に求められていることを話し合う。 ⑨「戦後の復興を果たした曾祖父母になって，これからを生きる私たちにメッセージを送ろう」という活動を行い，学習のまとめをする。	・国際化，エネルギー問題，福祉などテーマごとに分かれて話し合い，交流する。 ・曾祖父母の伝言が記録された映像を見せ，イメージをふくらませる。

単元のゴールには，戦後復興を成し遂げた曾祖父母になって，これからを生きる私たちにメッセージを書く活動を設定した。この活動を行うことで，復興を果たした人々の願いや努力を振り返りながら，高度経済成長の中で進んだ社会問題や現在の諸課題等にも目を向け，これから自分がどんなことを大切にし，どのように世の中や社会に関わろうとするかを真剣に考えられると意図したからである。

3　授業の実際（6／9時）

◇ねらい

新幹線開発について調べ，当時の人々が平和を願い，高い技術を人々の暮らしや産業の発展に役立てようとしたことを理解している。

◇学習指導展開

	学習活動	主な発問や説明（T）， 児童の反応（C）	留意点（◇） 資料（＊）
	1新幹線の開発に，元軍事技術者が携	T：この写真はオリンピック直前に完成した乗り物を見たときの人々の様子です。どんな乗り物でしょう。 C：新幹線！開通が10月1日。ぎりぎりじ	◇東海道新幹線開通の様子から，夢の超特急と言われた新幹線を見た人々

導入	わっていたことを知り，学習課題をつくる。	ゃん！ C：みんな喜んどる。国旗ふっとるよ。 C：新幹線を覗いている子もおる。外国の人もびっくりしとる。 T：開発当時，新幹線は「速さ」と「安全性」に課題を抱えていました。それをクリアするめに，他の乗り物の技術を用いたそうです。どんな乗り物でしょう？ C：船？車？新幹線は速いから飛行機かも？ T：実は戦闘機などに使われた技術を使って開発されたそうです。しかも新幹線を設計した人物には，特攻機の設計をした人もいるそうです。 C：え～？特攻機！なんでその人が新幹線に？ C：お金じゃろ。終戦後大変だったし。 C：協力してって言われたんよ。でもどうなん？ C：何か考えることがあったんじゃない？	の驚きや喜びをつかませる。 ◇当時東京～大阪間が約 7 時間かかっていたことや，高速運転になると脱線事故が多発していたことを伝える。 ◇三木さんの経歴から軍出身技術者であることを伝える。

「夢の超特急」新幹線。技術者達は，どのような思いをこめて人々に届けたのだろう。

展開	2 資料を読み，新幹線が開発された経緯や開発における問題点とその解決策を知る。	T：（新幹線が開発された経緯と元軍出身技術者が開発に参加することになった経緯を説明する。） T：「流線型の車体」「空気バネ」「ATC」は，だれが何を生かして，どんなことが解決されたのでしょう。 C：流線型の車体は，三木さんが戦闘機の形をもとに考え，空気抵抗を減らしてスピードアップした。 C：空気バネは，松平さんが戦闘機の空中分解をなくした経験から考えられ，脱線を防いだ。 C：ATC は，河邊さんが軍船の信号技術を生かして開発され，遠く離れた場所から，新幹線のスピードを自動で調節できるようになった。	◇当時の様子をスライドで示しながら伝える。 ＊読み物資料「戦闘機が姿を変えた。三木忠直と新幹線」 ◇資料をもとに，新幹線の課題を解決するために開発された技術を確認する。また映像資料使って，具体的な様子や苦労をつかませる。 ＊映像「プロジェクト X」

3 三木忠直さんを始めとする元軍出身技術者たちがどのような思いや願いをもち開発にあたっていたかを考える。	T：三木さんは，特攻機の設計し，後悔の念を抱きながらも新幹線開発に取り組んだそうです。なぜ三木さん達は，「夢の超特急」と言われた新幹線を実現させ，当時の人々に届けようとしたのでしょう。 C：自分が設計した特攻機でたくさんの人の命を奪ったから，今度は自分の技術で，人の命を奪わない安全なものを造りたいと思った。  C：人の命を奪うのではなく，平和とか安全とか，自分の技術をみんなの暮らしに役立てたいと思ったから。 C：戦争中でなくなった人たちに，今度こそ自分たちの手で平和な世の中にしますという決意を伝えたかったから C：オリンピックで世界の人も見るから，技術を平和のために使うんだということを伝えたかった。 C：でもそれだったら，スピードいらんじゃん！ C：世界の人たちに，自分たちはこれだけ高い技術を持っているということも伝えたかった。 C：えっ，じまん？ C：じまんというより，復興がここまで進んだということが伝えたかったじゃない。 C：世界の人だけでなく，日本の人も見るわけだから，日本の技術は世界に負けていない。敗戦した日本のみんなに元気を届けようとしたと思う。 C：オリンピック開催と似てて，復興を共にがんばってきた人々に勇気や希望を届けたかったんだと思う。	◇特攻機と新幹線のちがいに目を向け，それぞれが人々にどのような影響をあたえたかを考えさせる。 ◇特攻機の設計にあたり，三木さんが乗組員の命を救うために最後まで脱出装置を設計しようとしていたことを伝える。 ◇安全性だけでなく，世界一のスピードを求めた理由を，終戦直後の様子，開通当時の喜びやにぎわい，世界の人々の反応から考えさせる。
4 戦時中と戦後で作られたもののちがいとその	T：新幹線を始め，テレビや冷蔵庫，高速道路なども戦時中に使われた技術を生かして造られたそうです。尾道でも戦時中は軍船を造り，戦後は貨物船を造りました。技術は同じなのに，人々に届けるも	◇スライドを使って，土本さんの話を振り返り，人々が平和を希求し，技術を人々の暮らしの

	理由を話し合う。	のが，なぜここまでちがうのでしょう。 C：戦時中は人の命を奪うためにものを造り，戦後は人の役に立つものを作ろうとしたから。 C：土本さんの話の時に習ったけど，戦後，みんなの暮らしを立て直すために人の役に立つものや人の幸せを考えて技術を使ったから。 C：そうやって考えると，戦後は，人々がもう戦争に加担しない，絶対明るい世の中にするんだっていう強い思いがあったんだと思う。	発展や世の中の役に立てようと強い気持ちをもっていたことに気付かせる。
まとめ	5 学習を振り返り，感想を書く。	T：これまで戦後の人々がどんな思いを抱き，復興を成し遂げたかを考えてきました。映像を見ながら，自分の考えが深まったことや印象に残ったことを中心に感想を書きましょう。	◇動画を視聴し，学習を振り返らせる。

4　実践を終えて

わたしは始め戦争に関わった人は，あまりよくないと思っていました。でも勉強していくと，それだけではないことが分かってきました。三木さんは戦争の中で悩み苦しみ，人としてあるべきことを必死で考えていました。そして戦争が終わると，自らの手で人々に希望を届ける新幹線を造りました。私たちのひいおじいちゃん達の造船でも同じでした。わたしはひいおじいちゃんの顔を知りません。でもみんなに戦争の絶望より希望や勇気で心をうめつくしてほしいと思ったんだと思います。戦争は忘れられないけれど，その分，信念をもって平和で豊かな世の中にしようと，希望や勇気をつくる努力をいっぱいしてきました。今の時代があるのは，あの時苦しい生活にたえ，平和で明るい世の中を築こうとした人々の努力のおかげです。だからこそ，バトンをもらった私たちがこの平和を守るためにできることを考えたいです。

児童の感想には，「人としてあるべきことを必死で考える」「信念をもって平和な世の中にする」「希望や勇気をつくる努力」など当時の人々の姿や営みに目を向けながら，今後の自分の在り方にふれた記述が多く見られた。これは，子ども達が土本さんの話と関係付けながら，当時の人々が心から平和を希求し，新しい時代を築こうとしたその根っこの強さに気付き，人が社会をつくることの大切さや意義について考えを深めたからであろう。このことは，単元末に行った曾祖父母になって現代を生きる私たちに手紙を書く活動にも生かされていた。今後は，尾道・向島・因島の海運業の歩みにも目を向け，戦後の市民生活の復興や充実を考える学習も展開していきたい。

（大野　耕作）

註

（1）日立造船株式会社『日立造船百年史』日立造船株式会社，1985年，pp. 231-235。
（2）土本壽美『ふるさといまむかし　カメラと歩んだ戦後60年』土本壽美，2006年。
（3）松本典久『オリンピックと鉄道』交通新聞社，2020年。
（4）高速車両の開発については，交流電化方式や動力分散型の採用など鉄道技術の蓄積と，航空・船舶など他分野の技術の融合によって実現できたと言われている。
　・高橋望『季刊　新日鉄住金』vol. 1，新日鉄住金株式会社，2013年，pp. 10-15。
　・須田寛・福原俊一『東海道新幹線50年の軌跡』JTB パブリッシング，2014年。
（5）NHK「プロジェクト X」制作班『プロジェクト X　挑戦者たち－執念が生んだ新幹線老友90歳・飛行機が姿をかえた』NHK 出版，2012年。

第４節　人口減少社会を想定したシステム・デザイン思考による社会科授業

－第４学年単元「循環する水～水道料金を視点として～」の事例から－

1　人口減少社会の日本

日本の人口減少問題は，これから深刻になっていくと言われている。日本の人口は，2008年をピークに2011年から減少し続け，出生率の低下による自然減少は16年連続となる[(1)]。人口減少における問題は，労働力不足，医療人材不足，社会保障費の増大，地方都市の縮小化（インフラ問題，シャッター商店街問題，空き家問題等）など多様である[(2)]。そのような人口減少社会を未来の社会として想定した授業づくりを行うことは，社会の一員としてエージェンシーをもった人材を育てていく上で非常に重要な視点である。そのような社会問題を解決していくプロセスの中で，創造的問題解決の手法であるシステム・デザイン思考を援用することを提案する。

2　システム・デザイン思考

システム・デザイン思考とは，既成概念を壊すような革新的な発明を生むための方法である。システム・デザイン思考は，システム思考とデザイン思考の２つの思考方法から成り立つ。システム思考とは，「木を見て森も見る」思考方法であり，全体を俯瞰し構造を論理的に理解するとともに構成要素のつながりを詳細に理解することである。一方，デザイン思考とは，主観を重視して物事を捉え，集団の中で協働しながら手を動かしながら問題を解決していく思考方法である。デザインするための手法である「観察」「発想」「試作」の３つのプロセスを往還する思考である。

この思考のプロセスを社会科教育へ導入することによって，子どもたちが協働し，目標を共有しながら，問題を解決しようとすることができる。社会科教育が行うべきは，「人々が幸せになるためのしくみを学ぶこと」だと考えている。幸せになるためのしくみとは，内容としての社会諸科学（システム）と，学習方法（デザイン）のどちらも含んでいる。子どもたちが社会を創造していく当事者であるという自覚と自信をもつこと，そして，自分たちの周りにある問題を抱える人々に共感し，よりよい社会を創っていこうとすることがこれからの社会を創っていく子どもたちに必要な資質・能力であろう。

3　システム・デザイン思考による小学校社会科授業の学習活動フレーム

小学校社会科授業における重点は，社会システムを学習した上で，問題を見出し，創造的に解決しようとする力を育むことである。そのために，システム・デザイン思考を社会科授業に援用し，創造性が育まれる授業展開にしていくことが肝要である。以下が，社会科単元の中にシステム・デザイン思考の要素を取り入れた学習活動のフレームである（表Ⅴ-4-1）。

表Ⅴ-4-1　システム・デザイン思考と学習活動のフレーム

	システム・デザイン思考	学習活動
第1次	システム思考（社会の仕組み）	知識・技能を育成する活動 社会の仕組みを理解する活動
第2次	システム思考（社会の仕組み） ⇕ デザイン思考（観察）	実際の社会に出て行き人から話を聞いたり，実社会を観察したりして，問題点・課題を見つける活動
第3次	デザイン思考（発想―試作）	実社会の人々とつながりながら，アイデアを生み出す活動 協働して創造する活動

（筆者作成）

第１次においては，社会のシステムを俯瞰し，仕組みを理解する。そして，第２次においては，現実の社会を観察し，問題点や課題を見つけ，解決すべきことを共有する。さらに，第３次では，課題に対して実社会と協創し，アイデアを生み出す。このようなプロセスで学習活動を設定していくことで，社会の問題を見つける力や協働して創造的に問題を解決しようとする力が身に付くと考える。

4　「水」をシステム思考する

⑴水システムの歴史

日本の上下水道の歴史としては，人口約100万，当時世界でも最大規模の都市となっていた江戸の地下式上水道「江戸水道」が，長さ150km にも広がる世界一の規模だったと考えられている[(3)]。日本の水システムは，地形的な特質もあり世界的にも恵まれ，古くから発展していることがわかる。

⑵水の循環

地球上には，約14億km^3 の水があると言われている。しかし，そのうちの約97.5%が海の水であり，そのまま飲むことはできない。さらには，淡水の割合の内実を見ると，多くは高山の氷河にあったり，地球の地下にあったりするため，生物が生きる上で，必要な飲める水は約0.001億km^3（つまり，10万km^3）しかない。地球上の水を「浴槽１杯分」とするなら，河川や湖沼等の水の量は「大さじ１杯分」になると言われている。地球上で生きる生物が必要としている水は，限られており，人間が生きるために必要とする水はさらに限られている。

そのため，私たち人間は，限られた河川の水を浄水し，利用した後に浄化（水処理）して，また河川や海に流すというシステムをつくっている。このシステムによって，安心な水が安定的に生活者（家庭）に届けられるのである。この水循環の流れの中で，私たちはどこに位置し，どのような生活を送っているのかを考えることによって，「システムの中の一部としての存在である私」に気付くことができるはずである。社会科授業で取り上げるのは，上水道と下水道のシステムであるが，水循環の認識なしには，上下水道のシステムを学ぶことができない。

5　システム・デザイン思考による小学校社会科授業単元構想

⑴循環する水

本単元「循環する水」では，生活に欠かすことのできない水について追究していく。当たり前のように蛇口をひねれば出てくる水であるが，私たちの見えないところで安全な水を供給するために絶えず動いているシステムがあり，それを管理する人がいる。広島県三原市は，現在５つの浄水場が稼働している。その中でも，西野浄水場は，「緩速ろ過方式」で水を浄化している。「緩速ろ過方式」は，微生物や砂・小石・石などの自然の力を使って，ろ過していく方式であり，現在日本の浄水量の約４％である。この方式は，きれいな原水と広大な土地が必要ではあるが，美味しい水がつくることができる。一方，現在の主流となっている「急速ろ過方式」は，凝集剤という薬を使って，ゴミ（フロック）と水とに分けてからろ過をしていく方式である。この方式は，必要なときに必要な量の水をつくることができる。このような方式の違いを安全性，安定性，経済性の視点で見ていく。さらに，下水道及び浄化センターについても同様に，私たちの生活に欠かすことのできないシステムである。しかし，使った水がどこへ行き，どのように浄化されるのかは，私たちの目にほとんど見えない。見えない水のしくみを見えるようにすることが本単元のねらいである。

⑵上下水道の問題

上下水道のシステムには，現在，大きな問題がある。それは，施設及び水道管の老朽化である。これらの問題は，人口減少により地方税の税収減で，簡単に修理することができず，全国的に問題となっている。この問題によって，水道料金の値上げなどにも大きく関係している。当たり前のように使い，捨てている水であるが，見えないところのシステムやその中で働く人々の工夫によって，安全で安定的な水を享受し，衛生的に生活することができている。水は私たちが生きる上で絶対的に必要なものである。しかし，実際に私たち人間が使える水は，地球上の水の１％だと言われている。そのたった１％の水が私たちの生活を介して巡っていく。その水の循環の一部に私たちの生活があるということに気付けるようにしたい。

⑶水道料金（経済性）を視点として

本単元において，重視したいのは経済性の視点である。特に，水道料金を切り口にしたい。当たり前のように蛇口から出てくる水は無料ではない。私たちは水道料金を支払っている（市民の立場）。しかし，子どもたちは蛇口から出てくる水に料金がかかっているという認識はほとんどない。さらには，子どもたちは水道料金が市によって異なることはさらに認識がないだろう。「なぜ同じ量の水道水なのに，市によって料金が違うのだろう」という問いは，水源の確保や水質の管理，安定供給（公共の立場）といった視点を導き出すのである。そして，施設及び水道管の老朽化という問題や災害復興という課題も見出すことができる。

この経済性の視点で，公共の立場と市民の立場で議論する場を設けたい。水道部，下水道部に関わる職員と保護者にオンラインで対話する場を設け，その様子を子どもたちが参観できるようにする。そうすることで，複数の立場から「水」というものを見ることができ，どのように水を使っていくべきか深く考えるきっかけとなるだろう。

⑷単元の目標と学習の流れ

単元の目標を，「水道料金を視点にしながら話し合いを進めていく中で，安全で安定的な水の供給や快適で衛生的な生活を送るためには，水の設備の維持，水質管理などのシステムを支える人々がいることに気づくとともに，地球の水の循環の一部として，生活の中で自分にできることを考え，判断することができるようにする」として，以下の学習の流れで授業を行った。

学習の流れ（全16時間）

テーマ	学習活動	教師の働きかけ
水について知る（システム思考）	◎生活の中で，水が必要な場面について考える。 ・生活の中で水を使う場面を想起する。 ・１日に１人が使う水の量について，知る。	・１日に１人がどれくらいの量の水を使用しているかについて資料をもとにして考えられるようにする。 ・2L ペットボトルを基準にして，何本分かを考えることで，量感をわかりやすくする。
上下水道のしくみを考える（システム思考）	○浄水場について調べたことを交流し合う。	・子どもたちの発言をもとにして，浄水のしくみについてフロー図を用いてまとめるようにする。
	○三原市水道部の方に質問する内容を考える。	・調べてもわからなかったことについて質問を整理できるようにする。
	◎三原市水道部の方の話を聞く。	・西野浄水場のしくみや，三原市の水道のチェック項目について知ることで，水にかかわる人々の工夫について気付くことができるようにする。
	○水道水とペットボトルの水の料金を比較する。	・水道水とペットボトルの水を比較することで，水への価値観の違いに気付き，水道水の安全性・経済性についてあらためて実感できるようにする。
	◎浄水のしくみや浄化センターに	・浄化のしくみについてフロー図

	ついて下水道公社三原支店の方に聞く。 ◎各市の上下水道料金を比較し，料金が異なる理由について考える。	を用いてまとめ，これまでの水の循環のなかに位置付けることで，浄化の重要性に気付けるようにする。 ・子どもたちの住んでいる市の水道料金を比較することで，市によって水道料金に違いがあることに気づき，理由の予想と必要な資料を考える。
上下水道の未来を考える（デザイン思考）	◎保護者の思いと水道部や下水道部の方に思いを聞く（市民と公共の立場）。（観察） 【本時２時間】 ●上下水道の未来について，問題点を明らかにして，解決案を提案しよう。（発想）⇔（試作）	・各市による水道料金の違いについて家族がどのように感じているか，知ることで市民の立場を実感できるようにする。 ・市民の立場と公共の立場を踏まえて，どのように水を使っていくとよいのか考えるきっかけとなるようにする。 ・水の循環の一部として，私たちの生活があることを知ることで，水の使用方法について考えられるようにする。 ・公共と市民の立場の両方から水を捉え，上下水道の未来が持続可能で幸せな生活につながる提案をできるようにする。

6　システム・デザイン思考による小学校社会科授業の実際

(1)本時の概要

本時は２時間設定で行った。まず，「私たちの『水』について語ろう」というテーマで，家族（市民）や水道部職員（公共）とオンラインによる交流の機会をもった。すると，市民の意見としては，「水道料金が高い」「塩素消毒が体に及ぼす影響が不安」「災害時の水の供給が不安」などの意見が挙がった。また，公共の意見として，水道料金を上げざるを得ない状況にあることや安全で安心な水をつくるための工夫について話を聞くことができた。子どもたちは，それらの話から，市民も公共も「安全で安定的な水の供給」を一番に考えていることに気付いた。水は，私たちの生活には欠かすことのできないライフラインであり，私たちが幸せに暮らしていくために欠かすことのできないシステムである。しかし，現状として施設の老朽化や人口減少，さらには災害などにより，その「安全性や安定性」が脅かされているということに改めて気付くきっかけとなった。それらが原因で水道料金が高くなってしまっていることを知った。

⑵自分にできること

水道システムの問題（①「施設の維持にかかる費用」，②「人口減少」，③「災害」などによる水道料金の値上がり）について，自分ごととして捉えることは，なかなか難しい。しかし，「自分に何ができるか」と考えるきっかけをつくることは重要である。そこで，「自分にできることを考えよう」という課題を提示し，次時の授業を進めた。

表V-4-2　自分にできることの整理

市民への働きかけ	公共への働きかけ
・水のむだ遣いをなくす。 ・水の出し過ぎに気をつける。 ・洗いものに気をつける。 ・お風呂のお湯を活用する。 ・逆に使った方が，お金の回りがよくなって，上下水道を管理しやすくなるんじゃないか。	・三原市に人を呼ぶプロジェクトをする。 ・水道の現状をもっとみんな伝えるようにする。

次時において，興味深い意見が出た。ほとんどの子どもたちは，水のむだ遣いをなくすことについて発言したが，１名だけ「使った方が，お金の回りがよくなって，施設を管理しやすくなるんじゃない？」と発言した。水道部の職員からも「水が滞ると，細菌が繁殖するため，滞った水は廃棄しなければならない。水の循環としては，たくさん使った方が安全な水が届けることができる。また，水道料金が大きな収入源であるため，公共としては，たくさん水を循環させてほしい」と聞いていた。この事実を伝えると，「一番大切なことは，市の人口を増やすことだ」と発言し，「三原市にもっと移住してきてもらうようにプロジェクトをしよう」という子どもが現れ，次の学びへと発展していった。このよう学びをきっかけにして，ポスターを作成する

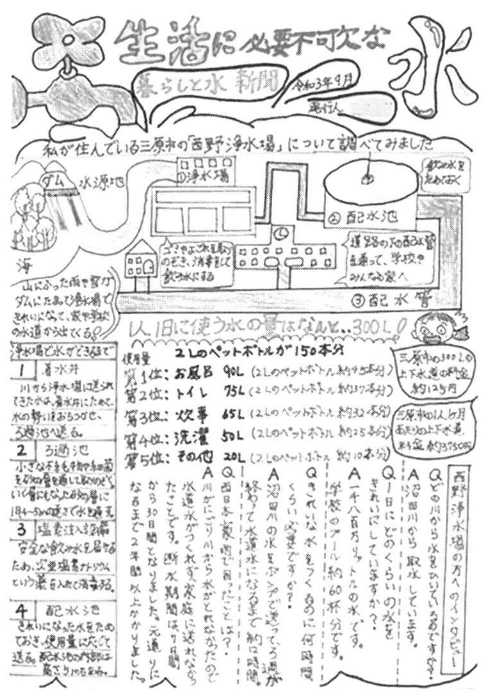

図V-4-1　児童作品

など社会に働きかけていく学習につながった。

7　システム思考とデザイン思考の融合

人口減少社会における問題について，社会全体を俯瞰しながら，本単元では「上下水道」をテーマにして考えてきた。その中で，授業として扱うべき上下水道のシステムの問題は何なのかを考えることができた。さらに，デザイン思考する場面において，これからの社会をどのようにデザインしていくのかについて，子どもの多様性を引き出し認めながら，創造的に問題を解決していくことができた。木村博一は，社会事象の探究をとおして，自己のあり方・生き方を探究していくことのできる子どもの育成につなげるために，教材の論理と子どもの論理（心理）の融合が必要であると述べている[(4)]。システム・デザイン思考を社会科授業に援用することによって，社会システムを把握した上で，問題を発見し，これからの未来を考えていく子どもの創造性を発揮する授業デザインを行っていくことができると考える。それが，教材の論理と子どもの論理（心理）を融合していくことにつながると信じ，これからも実践を重ねていく。

（森　清成）

註

（1）総務省統計局「結果の概要」
https://www.stat.go.jp/data/jinsui/2022np/pdf/2022gaiyou.pdf
（2022年10月1日最終閲覧）

（2）広井良典『人口減少社会のデザイン』東洋経済，2019年，p. 96。

（3）久保田昌治・七沢研究所『ウォーターデザイン　水に秘められた「和」の叡智』和器出版，2018年，p. 199。

（4）木村博一・岡崎社会科授業研究サークル『「高齢者福祉」を学ぶ授業の探究』黎明書房，2002年，p. 174。

第5節　文化に焦点化した「グローバル化社会学習」の授業開発

―ピンクレディを学習材とする授業実践から―

1　グローバル化社会について

グローバル化社会とは，既存の社会がグローバル化し，社会構造が変容する中で，経済・文化・環境面の様々な問題が生じる社会である。これまでの歴史的過程の中でも，植民地支配に伴う物資流通のグローバル化等の様々な現象は存在してきた。しかし，単に物流といった面だけでなく，文化面，環境面等，様々な場面において影響が顕在化していることが，現在のグローバル化の特徴であると言える。このような社会では，児童の認識すべき内容は，「グローバル化」の進展とともに，大きく変化することが予想される。したがって，単に現象面の認識に留まるのではなく，主体的にその意味を解釈できる資質を育成することが必要である。

2　グローバル化を学習対象にしたときの学習内容について

グローバル化社会を学習対象にした学習内容は，グローバル化社会を構造的に読み解くと，経済・文化・環境面の「グローバル化」の進展に伴う課題が，学習すべき内容となる。具体的には，経済面では，自由貿易の進展，資本の国際的流動化，国際的ルールの順守等に伴い引き起こされる「グローバル化する経済問題」，また，異文化交流機会の増大，移住者の増加等によって起こる文化摩擦による「グローバル化する文化問題」，そして，地球規模の産業構造の変化，多国間環境問題の表出等による「グローバル化する環境問題」が学習すべき内容として設定できるであろう。

今回は，グローバル化がもたらす文化面での影響についてスポットを当てることで，多文化共生が進む中，既存社会で形成された固有の文化のあり方について探究することを通してグローバル化社会を見ることができる授業を構築した。

既存社会を軸として文化のグローバル化を捉えた場合，文化の画一性を持つ外国文化の「インプット」と日本文化の「アウトプット」というグローバル化における2つの方向性がある。そして既存社会にある文化には大きく分けて文化の普遍的側面を持つ「現代文化」と文化の特殊性を持つ「伝統文化」がある。そして文化の伝播形態に関して言うと物質的伝播，制度的伝播，精神的伝播が存在して文化の精神的な側面に関して言えば，既存社会の自然的・歴史的社会的風土によって育まれたものであるがゆえに物質のように簡単に伝播するものでなく，なかなか理解されにくく伝わりにくい。これを踏まえてグローバル化に対応した国家・社会の構造を捉える授業を分類すると以下のような4つとなる。

○インプット　伝統文化型………学習材として考えられる例
　　西洋館・パン食など

○インプット　現代文化型………学習材として考えられる例
　　セブンイレブン，マクドナルドなど

○アウトプット　伝統文化型……学習材として考えられる例
　　熊野筆，歌舞伎など

○アウトプット　現代文化型……学習材として考えられる例
　　アニメ，新幹線など

今回の研究では，現代文化のアウトプットに焦点化した「グローバル化社会」の授業を開発した。学習材としては，新幹線を取り入れる。日本は，西洋から伝播してきた「鉄道」を自国の精神文化である「おもてなし」（快適な車内空間の提供，定時運行など）と融合させ，独自の進化を遂げてきている。グローバル化の進んだ近年，その鉄道文化を海外へと伝播しようとしている。

物質的文化と精神的な文化の伝播の具体を見せることで，文化のグローバル化について理解できると考えた。

3　研究仮説

本研究では，次のような仮説をたてた。

グローバル化社会の文化に焦点化した授業を通して，グローバル化社会における文化の伝播について学習することで，伝播した西洋文化を科学技術としてうまく日本文化に再創して取り入れたことが，今日の経済発展につながっていると考えたり，精神文化の伝播の難しさについて理解したりすることができるようになるのではないか。

4　仮説へのアプローチ

(1)単元の説明と学習展開について

グローバル化が進みつつある現代社会の中で，国際的な文化交流や経済活動は豊かな生活を実現するため，必要な要素といえるかもしれない。しかしながら，そのために環境問題をはじめとする様々な犠牲となる要素もあるので，グローバル化社会についてこれまでの社会と比較して多面的・多角的に考えることを通して今後のグローバル化社会について自律して考えたり判断したりする力を育成する必要がある。前述したとおりグローバル化社会の学習内容は，グローバル化社会を構造的に捉えてみると，経済・文化・環境面の「グローバル化」に伴う問題が学習すべき内容として浮かび上がってくる。工業学習の単元は，その３つの要素がすべて学習可能である。工業製品の貿易を切り口にすれば，グローバル化する経済の様子について学習でき，国際的な環境問題からグローバル化する環境問題が学習できる。さらに学習材の切り口を工夫することでグローバル化する文化についても学習することも可能であろう。

今回，開業50周年を迎えた新幹線を学習材として取り上げることで，文化のグローバル化について考えることとした。具体的には，新幹線の安全対策，定時運行，清掃について取り上げその裏にある日本の文化やそのグローバルな広がりについて探究する。

新幹線は，徹底した安全対策を施した結果，50年間乗車中の死亡事故０という新幹線安全神話を生みだしている。さらに，平均遅延が0.5分（2012年度）という運行時間の正確さも世界でも例を見ない。徹底した安全対策，定刻運行は日本人の文化そのものと言える。

定時運行を支えているものの一つにピンクレディと呼ばれる人たちがいる。株式会社「テッセイ」の従業員であり，JR から車内清掃を委託されている整然としたチームワークで清掃をこなし，さらには乗客へのもてなしの態度も忘れないその仕事ぶりは世界から注目され，称賛されている。

これらの新幹線の安全・確実に対するこだわりや，列車の清掃にこだわることで見せる乗客へのもてなしの心を探究することで，文化のグローバル化について考える授業を構築した。

本単元では，まず新幹線の歴史と仕組みについて知る。そこから，新幹線が開業後一度も死亡事故を起こしてないことや，一日に何本も運行するにも関わらず，時間の遅れがほとんどないことを学習することで，新幹線に携わる人々の工夫や努力について学んでいく。ある程度の知識を獲得したうえで新幹線の清掃業務に携わる「テッセイ」について考える。限られた時間内で十分な清掃をして乗客を迎える人たちの「おもてなし」に対する取り組みについて考えを深めることで日本の文化のおもてなしとはなにか，日本文化の根源について気付くことができるようになると考えた。

⑵「グローバル化！？新幹線」の単元構成（全５時間）

指導計画

第１次　世界最初の高速鉄道……………………………１時間

○世界が注目する新幹線の秘密

第2次　新幹線のこだわりとは？………………………2時間

○世界が驚く運行本数と時刻の正確さ　○世界が注目ピンクレディ

第3次　最新技術で輝く日本文化………………………2時間

○新幹線のサービスとは？　○オモテナシは世界に広がるのか

⑶単元目標

1　学習材の新幹線について関心を持ち，JRの取り組みや特色などを進んで調べ，その工夫や努力に関心を持つとともにその裏にある日本文化について考える意欲を持てるようにする。

2　新幹線の特徴について理解したうえで，そのサービスや仕組みが世界に進出しつつあることを知り，その背後にある日本文化の何が世界に受け入れられているのか考えたり，表現したりできるようにする。

3　具体物や資料を通して，日本文化の何が受け入れられたのか意見交流をしたうえで日本文化のグローバル化について各自が再認識して自分なりに意見が持てるようにする。

4　新幹線の歴史やその最先端技術を調べる活動を通して，新幹線の仕組みの工夫やサービスについて知り，それは世界で称賛されていることを理解できるようにする。

⑷文化について探究する場面

○単元の終末，文化とは何かその根源について探究した場面の略案を示す。

学習活動と内容（□学習活動）	○指導上の留意点（◆評価）
1　これまでの学習を振り返り，整理する。 □新幹線が定時運行にこだわる理由や	○日本人が大切にしてきた人に対する礼儀やきめ細かい心遣いという日本人特有の文化が新幹線のすごさの陰にある

そのためにしている工夫や努力について想起する。 □新幹線の清掃作業を担当しているピンクレディについて想起してその働きぶりに対する世界の驚きについて整理していく。 2　本時の学習課題を確認する。	ことを思い出すことができるようにする。
オモテナシ文化は，世界に広がるのか	
□学習課題に対して予想した内容を互いに発表する。 □学習課題に対して予想した内容を互いに発表する。	○オモテナシが日本文化の根源につながると気付いたり考えたりすることができるような板書や言葉がけをする。
3　出た意見を整理するため，もう一度吟味する。 ・外国にはなかなか真似できない日本のよさ。 ・おもてなしは日本人が長年かけて作り上げ，守ってきている文化。 ・おもてなしの心は伝わりにくい。	○「テッセイ」の清掃員や新幹線のダイヤの裏にあるおもてなしの心が外国には伝わりきってないことに気づくことができるようにする。 ○学習してわかったことや，思ったことをできるだけ詳しく書くように言葉がけをする。
4　文化のグローバル化についてまとめる。	◆本時で学習したことを生かして文化のグローバル化について考えている。（思考・判断・表現）

5　考察

本単元学習終了後，特に本学級で特徴の異なる（ノートの記述，発言内容，社会科学習への意欲等）児童11名を抽出して，その学習のまとめについて考察する。

児童の記述を見てみると，精神的な文化の伝播はとても難しいことを中心に学習の振り返りをしている児童がとても多い。（①③⑥⑦⑨⑩）物質的な文化と違い，それぞれの国のその土壌で培われてきた精神的なものについては，その土壌を共有できない外国の人には，その伝播は難しいことを理解していることが記述から読み取れる。さらに，日本の文化の根源についても考えている児童がいる。(①②⑥⑦⑩) 日本の国土の特色を踏まえたうえで，災害の多い我が国だからこそ生まれた文化がオモテナシ文化だと考えることができているのは，グローバル化社会における文化の理解についてある程度の成果があったとみることができる。ただ，物質的な文化の伝播についてはあまり記述がみられない。物質的な文化を日本人はうまく取り込み，現在の経済大国としての地位を築いてきたのだが，⑩の児童が少し触れている程度で他の児童はそこには触れていない。これは，特に単元終盤の授業で精神的な文化の伝播について主に探究してきたからであろう。精神的な文化の伝播について学習の軸足を置きすぎた感がある。そのためグローバル化社会における文化の伝播について児童が俯瞰して捉えることができているかどうかは疑問がある。

①	日本が作り上げてきた安心・安全は，すべて日本が災害の多い国であるということが始まりだったということを知った。そのため，外国の人に日本人が考える安全や，日本人が求める安心は外国には伝わりにくいと思う。
②	日本のおもてなし文化とは，いつどこで起こるか全く予想のつかない災害のことを考えながら暮らしてきた日本人が，積み重ねてきたできた文化だと思いました。災害に耐えるだけの技術を生み出してきた日本は，これからもそうでないといけないと思いました。
③	日本のおもてなし文化は，日本人そのものであり，外国にはそう簡単に伝わるものでなはないと考えました。外国の文化も私たちにはよくわからないものがたくさんあると思います。
④	日本の新幹線のすごさは，日本の技術力だと思う。安心して乗ってもらうためにいろいろな工夫や努力をして取り組んでいる。日本の技術力の中には，安全性というキーワードも隠れていると思いました。
⑤	外国も日本もお互いの国のことをもっと知ればグローバル化していく世界で国同士がつながっていくと思います。そのために日本は，おもてなし文化の中心的な意味である相手を大切するということをもっと大切にして外国と付き合っていけばいいと思います。そうすれば，日本は世界で中心的な役割をすることができると思います。
⑥	日本の文化というものは，日本人が長年培ってきたものであるといえます。災害の多い日本だからこそ，この文化を作ることができたと思います。だから，外国にはそう簡単には伝わらないと思います。

⑦	日本文化とは，日本にしかない貴重なもので世界遺産と言えるかもしれない。日本人が大切にする「おもてなし」とは，伝統的な文化だと思う。文化とは，長年積み重ねてこないと成り立たないものだと思う。だから外国にすぐ伝わるということはないと思う。災害が多い日本だからこそできるこの文化を大切にしなければいけないと思う。
⑧	オモテナシという形のないものをいろいろな国に輸出しているのはすごいと思った。日本人が長い時間をかけて作ってきたこの独特の文化を，世界中に広めていきたいと思った。
⑨	日本の安心，安全を追い求める姿は災害が多い日本だからこそ養われた日本独自の文化である。その姿は外国に簡単に伝わらなかったとしても何百年もかけても日本から世界へと広めていくべき文化である。その姿をこれからの日本人は忘れてはいけない。
⑩	今回の授業で僕は，目に見えるものはすぐに伝わるけども目に見えないものはそう簡単に伝わることができないということがよくわかりました。そして災害も多い国だからこそ安全や正確さに日本人が気をつかう理由がわかりました。
⑪	新幹線は，日本の文化をよく表していると思う。文化というのは，人から人へと伝わっていきます。日本人が一番大切にしなければならないことは日本人同士の支え合いだと思いました。

6　文化に焦点化した「グローバル化社会学習」の意義について

文化に焦点化したグローバル化社会学習の授業構成について提案するとともに，グローバル化社会について探究していく資質の育成をねらった単元について紹介した。本単元開発の意義は，世界に誇れる文化である新幹線の高度な技術について，児童に気付かせるための学習材を工夫したことにある。複雑化した現代社会において，児童がその社会現象を解釈できるようにするためには，表面上の現象面の認識にとどまるのではなく，主体的にその意味を納得し，探究していくことができる学習材の開発が必要だと考えている。

（中丸　敏至）

参考文献

・木村博一『初等社会科教育学』協同出版，2002年。
・梅原猛『日本文化論』講談社，1976年。
・丸山哲央『文化のグローバル化―変容する人間世界―』ミネルヴァ書房，2010年。
・新谷和幸・中丸敏至・松岡靖・沖西啓子・伊藤公一・木村博一・永田忠道「グローバル社会に対応した国家，社会の構造を認識する社会科授業開発：附属小学校３校の共同研究の成果として―」『学部・附属学校共同研究紀要』第43号，2014年，pp. 57-66。

第6節　環境知性を磨く小学校社会科学習についての一考察

1　環境知性について

かつて木村博一は,「21世紀の社会科教育学の課題は子どもたちが未来に向けての価値判断や意思決定を主権者として行う（考え合う）ことのできる能力や態度を育成していくこと」[(1)] の必要性を述べた。特に, AIが普遍化するごく近い将来においては, これらの能力や態度の重要性はより高まるであろう。そこで, これまでの実践から, 現代社会においても必要と考える環境知性[(2)]について改めて考察したい。

環境知性は, 人が社会（事象）を判断するときの価値基準, 人間としてどうあるべきかと問う判断基準, よりよい社会を形成していくために必要な感性, 自然な人間のあり方[(3)]を基底として考える概念である。

同じことを見聞しても, 何かおかしいと感じる人と何も感じない人がいるように, 環境知性にも人それぞれ違いがある。そのため, 内橋克人[(4)]は環境知性を磨くことが必要としている。「磨く」とは, 現代社会の矛盾や不安に気付くこと, その矛盾や不安が生じている理由を冷静かつ科学的に分析し, 現代社会の通念そのものを問い直すこと, そしてその矛盾や不安を解消する努力をすること, 未来への希望やあるべき社会の姿に気付き, その方向に向かって絶えず努力をしていくことである。

本節では, 環境知性を自然な人間の在り方を求め, よりよい社会形成のための価値判断や意思決定における重要なファクターであり, 能力や態度育成のためのプロセスでもあると位置づけ, 小学校社会科学習における環境知性を磨く社会科授業を, 複数単元を検証素材として考察する。

2　環境知性を磨く授業実践事例分析

(1)環境知性を磨く小学校社会科学習の実践的研究

－単元「府中里山計画」の場合－

本単元は，2003年に広島大学大学院での修士論文作成のために実施したもので，里山の歴史的な価値の変遷を踏まえた上で現在の価値を吟味し，自分の住む地域の自然環境について新たな視座を持ち，科学的知見に基づいて判断を求めたものである。本項では主に単元構成の意図を考察する。

①目標

地域自然環境（里山）と人間社会（生活）とのかかわりを理解し，自らの自然観や共生観と照らし合わせ，科学的・社会的知見をもとに現状を判断し，これからの地域自然環境（里山）の在り方を考えることができる。

②学習展開（全14時間）第6学年

展開	学習活動	視点
里山の歴史と現状（1時間）	・生態系とのかかわりから里山と人間との関係をつかみ里山の存在を知る。	山から里山へ
里山の変遷（1時間）	・人間社会（生活）と里山との関係維持のためのシステム（入会）や生活との深いつながりについて知る。	里山とのつながり
里山とのかかわり（2時間）	・里山を利用した生活体験や，生活スタイルの変化による里山とのかかわり方の変化を知ることを通して，地域に里山は必要かについて考える。	里山の必要性
里山の価値の多様性と薪文化とのかかわり（5時間）	・里山再生活動やエネルギー源としての可能性，里山利用の現状を知り，現在の里山の持つ価値について考える。	里山の価値
里山の価値認識（1時間）	・地域での里山利用のメリット，デメリットを考え，話し合いを通して必要性を吟味する。※1	里山の吟味

里山の未来を考える （3時間）	・地域自然環境としての里山の現状と未来を自らの観点でとらえ，府中町環境基本計画を吟味し，再度討論を通して考えを再構成し，府中里山計画を作成する。	里山と自分との関係性
役場担当課への提言 （1時間）	・役場担当課へ提言として提出し，地域社会の一員として地域自然環境の未来を構築する自覚と責任を育む。	社会とのつながり

この単元の構成は，まず，長い間里山は人々の生活とともに存在していたことや，人の手が入ることで得られる経済的，自然環境的メリットがあるという里山の価値を知る。その上で，生活様式の変遷により現在の社会的，経済的，自然環境的価値が著しく低下した状態であることを学習する。さらに，自然環境面や共生面で価値を見出し，里山再生に熱意を持つ人々の取組があることや，エネルギー源として永続的に活用する北欧のバイオマス発電の取組等があることを知り，自然との共生を選択する生き方もあることを認識する，となっている。

この単元構成の特色は，自分の考えを持つために必要とする知識・理解だけでなく，里山の意味や価値を包括的に理解することを促し，～なのになぜ～という問いを構成させ，どうすることが地域にとって良いか，という自分事としての問題意識を醸成できる点である。さらに，これらの認識を児童が持っていることをふまえた上で，里山の必要性についての吟味場面を設定したことも挙げられる。

この単元構成の工夫の上で，自分は地域の自然環境をどのようにしていきたいのかについて，互いの価値観をもとに意見を出し合い，共通点や差異点を検討し深めていった。その中で，児童は過去の里山の価値を大切にしながらも，現代では同様の価値を見出せない状況を認識した上で，今の地域社会に必要な里山の意味や価値を吟味した。必要か不必要かの二択ではなく，単なる山ではない里山として人と人をつなぐ役割に着目し，府中町環境基本計画を分析し，根拠を持って里山の必要性について話し合うことができた。

本単元における環境知性を磨く場面は，学習展開の※１の部分である。この話し合いの場で，里山の絶対的価値ではなく，地域自然環境の在り方としての相対的価値として里山を問うことができているからである。

環境知性を磨く場を設定するには，対象とする社会的事象への，科学的知見を持つこと，意味や価値を理解した上で判断すること，その上で意思決定につながること等のプロセスが不可欠である。本単元では，その過程を踏まえたことで，学習で得たそれぞれの持つ認識に依る価値観や，それを土台にした判断を互いの感性と知性で吟味するだけでなく，吟味の結果として判断を変容することをいとわなかったり，判断の根拠の広がりや深まり，それぞれの認識を比較し差異を明確に表現したりすることができた。この話し合いの場が環境知性を磨いている状態といえるのであるが，そのために必要な単元構成をどう設定するか，環境知性を磨く上で重要なファクターなのである。

⑵環境知性を磨く小学校社会科のカリキュラム構成

―単元「フェアトレードでつながる日本と世界」の開発を通して―

本単元は，2010年に広島大学でのエキスパート研修のために実施したものである。手に入れやすい値段のチョコレートはなぜ安くできるのか，また対極にあるフェアトレードチョコレートはなぜ高いのかを理解し，その上で，安ければ安いに越したことはないけれども，なぜ安いのかを問うことのできる自覚的消費者[(5)]としての判断を求めたものである。本項では主に児童の変容を考察する。

①目標

カカオ生産にかかわる貿易構造や問題点を踏まえ，国際社会の現状及び日本の経済構造との関係性を理解した上で，課題解決に向けて自分のできることについて考えることができる。

②学習展開（7時間）第6学年

展開	学習活動	視点
チョコレートの秘密 （1時間）	・チョコレートづくりの工程から原料のカカオに関心を持ち，資料からガーナのカカオ農園の児童労働の様子をまとめ，学習問題を持つ。	カカオ農園の問題と日本との関係性
カカオとフェアトレードの秘密 （2時間）	・カカオ農園で働く人の貧しさが生まれる仕組みがあることに気づき，農園主や労働者の生活を成り立たせる方法を考える。 ・フェアトレードを知り，仕組みを調べる。 ・調べたことをもとに，正当な対価の支払いによる農園主と労働者の生活保障ができる仕組みを理解する。	フェアトレードの仕組み
フェアトレードの可能性 （2時間）	・調べたフェアトレード商品を発表し，フェアトレード商品はカカオ農園を救えるか考える。 ・自分が直接できる方法としては，フェアトレードチョコレートを買うしかないが，高くて身近にない現状を踏まえ，自分はどうするか考える。	フェアトレード商品の現状と可能性，自分とのかかわり
フェアトレードチョコ （1時間）	・高くて身近にないフェアトレードチョコだが，自分はどう考え，行動するか話し合う。※2	自分と社会とのつながり方
まとめ （1時間）	・話し合ったことをもとに，自分なりにカカオ農園の人たちを救う方法を考え，まとめる。	よりよい社会とは

本単元における環境知性を磨く場面は，学習活動※2の話し合いの場である。話し合いの場面について環境知性を視点に分析を行った。

児童の発言を中心に分析すると，〜なら買う，〜なら買わない，と条件をつけたものと，条件のないものとに分類できた。最初の段階では，チョコレートの値段を最優先にした児童が多かった。フェアトレードがガーナの農園の人たちを助ける方法として有効であるということは学習済みであったが，条件なしで買わないと判断した児童は，自分の生活に置き換えて考えてみた結果として，よさはわかっていても買わない（買えない）と判断した。彼らは，自らの生活実態に即して適切な判断をしたと言えるのかもしれない。けれども，チョコレートの値段だけで判断することは，自分の消費活動がガーナの農園の人たちの生活とつながっている，という思考ができていないことを意味している。これは，環境知性が磨かれていない状態である。

条件付きで買わないとした児童と，迷うと答えた児童は，自らの消費行動とガーナの農園の人たちの生活とのつながりを理解することができていた。けれども，フェアトレードチョコレートの値段が高くて買いにくいことや，入手が容易ではないということも認識できていたので，ガーナの農園の人たちを助けてあげたいと思いながらも，買わない（買えない）と判断していた。これはすでに環境知性を発露した思考がなされている状況である。

安くなれば，という条件付きで買うとした児童は，ガーナの農園の人たちの生活と，自分の生活実態とを考え合わせ，現実的な問題解決の方向を考えた結果として判断できたものととらえられる。しかし，自分の身の回りにない商品ではあるが，商品がもっと手に入りやすくなり，値段が下がり，買いやすくなれば買いたいという考えには，「誰か」が安くしてくれるだろうという安易な期待も含まれている。そこで，意思決定の場面で，意図的に「あなたはどうするのか」と発問し，自分が主体者として判断する大切さを意識させるようにした。そうすることで，期待する未来を実現するために，自分にできることは何か，と考えることができるからである。それに対してある児童は，「買えるときには買いたい」と答えた。このように条件ありで買うとした児童は，環境知性を磨いていると考えている。

ここで，１人の児童の感想に着目しつつ，環境知性を磨く授業について考えたい。ある児童の初発の考えは，「フェアトレードのチョコは買いません。ほとんどの人が安いチョコを買うと思います」で，ガーナの農園の人とのつながりより，値段を主たる根拠としていた。しかし，「フェアトレードのチョコと大量生産されている安いチョコを『選べる社会』というのがとても大切だと思う」と、単元終盤の話し合い後の感想に書いている。すべてのチョコレートをフェアトレードチョコにするのではなく，ガーナの農園の人を助けることができるチョコと，自分の生活実態に即した値段のチョコを選べることが大切だという考え方は，現実的な解決策として高く評価できる。

その時の自分の状況に応じて，買えるときと買えないときがあるが，買えるときには買いたい，と考えることができるようになったこの児童は，先の感想を「世界と，生活の中でつながっているんだなと思いました」と締めくくっている。私は，この変容が環境知性を磨くことができた典型と考えている。理想だけでも，現実だけでもない，自分も他人も守りたいという「自然な人間のあり方」としての判断ができたからである。

このような変容を促すためには，単元構成だけでなく，児童の思考状態の把握と主体者としての判断を求める的確な発問が欠かせないのである。

⑶環境知性を磨く社会科学習

－単元「食料から見える日本と世界」フードセキュリティーとフードマイレージを視点に－

本単元は2011年に実践した。食料自給率をきっかけに，日本と外国の食料輸入関係が恒久的なものではなくなる可能性や，輸入による環境への影響，消費者の立場での見方，考え方等による，多面的思考による現状理解と未来思考を求めたものである。本項では主に学習の視点設定を考察する。

①目標

食料の自給について，日本と世界の食料生産の現状を理解し，食料自給は様々な外的要因と関係があることをふまえ，これからの日本の食料自給について考えることができる。

②学習展開（７時間）第５学年

展開	学習活動	視点
自給率のひみつ（１時間）	・食事のメニューから日本の自給率について関心を持ち，身近な食品の自給率を調べる。	食品自給率への関心
自給率の変化と輸入	・自給率の変化と輸入食品量の相関性を理解するとともに，輸入に頼る状況から日本の食料自給状況	自給率と輸入との相関性

（１時間）	と外国の食料自給率と比較し，これからの日本の食料自給に関する学習問題を作る。	
日本の食料生産の未来（１時間）	・自給率の高低の意味を吟味し，自分の生活との関係を整理して自給率を高くすることのメリット・デメリットについてまとめ，これからの日本の食料生産の方向性について考える。	自給率によって何が変わるのか
考えてみよう自給率１（１時間）	・自給率の高低からどんな影響があるかを，学習したことをもとに様々な立場から吟味し，自給率の高低は人によって影響が異なることを理解し，自給率に対して自分とは違う見方・考え方があることをふまえて，自らの立場を決める。※３	立場による違い（仮の意思決定）
世界の食料生産の様子（１時間）	・水をキーワードに，フードセキュリティーの視点で世界の食料事情について現状を理解し，必ずしも食料の安定共有が継続できるとは限らないことや，近い将来食料危機が起きる可能性もあることを知る。	水を視点にした各国の現状
環境とのかかわり（１時間）	・地球環境と自給との関係性をフードマイレージを視点に考え，地産地消と食料自給について，消費者の立場からも考える。	消費者の視点での食料自給
考えてみよう自給率２（１時間）	・自分の食生活，日本や世界の食料事情，輸入にかかわる環境問題等，学習したことをもとに様々な情報を関連づけ，多面的に考えて自分の立場を決め，これからの食料生産に対する考えを持つ。※４	これからの食料生産（意思決定）

本単元ではフードセキュリティー(6)とフードマイレージの２つの視点を取り入れて構成した。もし食料危機がおこれば，食料生産国は当然自国を優先するというフードセキュリティーの視点や，地産地消は二酸化炭素排出抑制に有効だけれども，そうでない場合もあるというフードマイレージの視点により，食料自給は日本の問題ではあるが，世界とのかかわりの中で考えることが必要であり，そこには消費者として「自分」とのかかわりがあることや，環境への影響といった要因が「世界」と関係することを理解することができた。その上で学習活動※３で仮の意思決定を，※４で意思決定を取り入れたことで，２つの視点で自らの思考を吟味し，多面的な見方・考え方をするこ

とができ，環境知性を磨くことができた。

3　環境知性を磨き続ける

本節で取り上げた3実践の内容は，現在ではすでに当たり前の見方・考え方となっているものもある。当時の児童達が環境知性を磨いて考え判断したことの一部が実現したということは，社会自体が変化しているということである。つまり，実践時に磨いた環境知性も，そのままの状態では今の（あるいは未来の）社会に対応できないということになる。

同じものでも，その人の見方や考え方によって意味や価値が変わる。言い換えれば，意味や価値を見出す力は，日々更新される社会事象を多面的な見方，考え方で捉え，内容を吟味し，分析する力であり，社会（事象）を別の視点で捉えることができる力なのである。だからこそ，自然な人間の在り方やあるべき社会の姿を求める環境知性は，社会の変化に伴って磨き続けなければ，現実社会に適応しない意味のないものになってしまうのである。

実践の考察から得られたもう一つの知見として，環境知性を磨くことと教材研究の類似性がある。私たちが行う教材研究も，過去の実践を繰り返すだけでなく，社会の変化に伴い日々視点を新たにして行っている。そういう意味で教材研究を広く深く行った実践は，教師と児童の環境知性を磨き続けるということと同義といってもよい。考察のまとめとして，広く深くこだわって行った教材研究を，環境知性を磨き続ける最善の方策として位置付けたい。

（宮里　洋司）

註

(1) 木村博一「初等社会科教育学の構想」木村博一『21世紀の初等教育シリーズ第2巻　初等社会科教育学』共同出版，2002年，p. 14。

(2) 内橋克人『同時代への発言5　環境知性の時代』岩波書店，1999年，pp. 3-46を参照。

(3) 内橋克人『共生経済が始まる 世界恐慌を生き抜く道』朝日新聞出版，2009年，

p. 132を参照。

（4）前掲書（2），pp. 3-46を参照。

（5）同上書，p. 40を参照。

（6）レスター・ブラウン著，福岡克也監訳『フードセキュリティー　だれが世界を養うのか』ワールドウォッチジャパン，2005年を参照。

第７節　子ども・教材・教師の各論理の融合を目指す社会科授業の研究実践

―中学校公民的分野単元「持続可能な地域（バス）」―

私の所属する岡崎社会科授業研究サークルでは，三つの論理を追い究めている。一つは，教師が獲得させたい社会認識は何か―「教師の論理」。二つは，実社会のどの部分を教材化することで，どんな社会認識を獲得することができるのか―「教材の論理」。そして，前者二つの社会認識に，授業において子どもがどのように迫ることができるのか―「子どもの論理」である。特に，授業研究にこだわり，「社会科の授業が上手い教師になりたい」と志を同じくするメンバーで切磋琢磨し合ってきた。本節では，三つの論理の融合を目指し，「主権者意識」を培うことを目指した授業について論述する。

1　主権者意識の捉え

サークルでは，主権者意識を「持続可能な社会の形成者としての意識」と捉えている。社会構造を捉え，社会事象の正と負の側面を認識した上で，自分なりの価値判断を行うことができる主権者が持続可能な社会の形成には必要であると考えているからである。この主権者意識を育むため，本稿では「岡崎市のバス路線」を教材化した過去の実践を提案する。

2　単元の捉え

本格的な人口減少時代を迎えた日本。この中では，支出を抑えながらも，必要な社会資本整備の取捨選択をしたり，福祉を充実させたりする必要がある。岡崎市では，名鉄バスの運営する路線バスが市全域に走っている。しかし，乗客数は近年減少をしている。収支を割り込んでいる路線は税金による運行の補助を行っており，乗客数の減少が，路線廃止の危機に直結するのである。2010年，名鉄バスが運行する名鉄美合駅と市民病院とを結ぶ路線において廃止の申し出がなされていた。この地域は路線が廃止されれば交通空白地となってしまう。車を自分で運転できない高齢者にとって，公共交通の廃止はライフラインの喪失につながる。いかに公共交通の魅力を再認識し，利用者を増加させるかが大きな課題であるといえる。

この岡崎の路線バスを教材化し，市場経済的な視点と，公共的な視点を多面的・多角的に捉えていくことを通して，公共交通の維持と，市場原理とのバランスを主権者として考えることを目指し，本単元を計画した。

3　単元目標

・バス路線に関する資料の読み取りや聞き取りを行うことを通して，公共性，事業者の市場原理の視点，地域の人々の思いを考えながらバス路線の存廃を考えていく必要があることを理解することができる。
・バス路線の収支という市場原理的な視点だけでなく，地域の足としての公共的な視点を踏まえた上で，バス路線のあり方について自分の考えをもち，その考えを表現することができる。
・岡崎のバス路線に着目し，地域の交通網をめぐる諸問題に関心をもち，追究活動に取り組むことができる。

4　単元計画（全9時間）

時数	学習課題	学習活動と内容
1	岡崎を走るバスに関心をもとう	・岡崎市のバス路線と沿線の魅力調べ ・バス利用者数　・収支ランキング
2	課題設定をしよう	・美合・病院線の状況調べ　・存廃の議論 ・追究計画の作成
3	課題について資料や聞き	・資料追究活動　利用客や収支状況の調査

4 5	取り調査で調べよう	バスの利点　環境への影響 ・行政・事業者への聞き取り　・地域アンケート
休日	実際にバスに乗車して調べよう	・バスへの乗車　・聞き取り調査 ・公共交通に親しむ日への参加
6	自分の考えをたて，根拠を整理しよう	・追究成果から根拠のまとめ ・バス路線の存廃についての自分の考えの構築
7 8	存続？廃止？美合・病院線について話し合おう	・話し合い活動 ・バス路線の存廃についての自分の考えの再構築
9	岡崎のバスの復活のアイデアを考えよう	・自分なりの公共交通利用増加策を考える ・自分の考えをまとめる

5　授業の実際

はじめに，移動手段に対する質問を投げかけた。生徒は徒歩や自転車，車と答えた。他の手段はと問うと，電車の次にバスが出された。次に，岡崎のバス路線図を配付した。「こんなにバスが走っているんだ」とつぶやいたので，「どれが一番儲かっていると思う？」と学級全体に投げかけ，1時目の追究が始まった。岡崎市の人口分布図と主な小売店の所在地地図から考え始めた。生徒は，資料と既有の知識を基にして，人が集まる地区を考え，その場所を結ぶ路線に着目していった。授業の終末で「一番儲かっているのは岡崎市内線だよ」と伝えると，路線を確認するとともに「儲かっていない路線もあるんじゃないか」という呟きがあったので，次時に考えてほしい路線があると伝え，1時目を終えた。以後の感想はすべて抽出生の感想である。

> 感想：（前略）人口が多いところが，利用者が多いと分かりました。バスの路線がすごくたくさんあって，便利だと思ったけれど，全然ない地域もあって（過疎，過密について）発達の差を感じました。

第2時は路線が抱える問題へと移った。「美合・病院線」の存続の危機を伝えた。生徒は，バス廃止の可能性があることに驚く一方，「なぜだろう」

という呟きが聞かれたので，「存続すべきか，廃止すべきか」の話し合いに進んだ。話し合いの最初は利用者の視点が多く出された。次に，バス会社の視点から，「料金の値上げをせざるを得ないのでは」という意見が出された。さらに教師が「路線の赤字を補うために，税金が使われています」と伝え，話し合いを再開した。その後の議論で利用者・バス会社・税金の三つの視点が出たところで，根拠不足を指摘すると，調べたいという意欲が高まってきた。そこで，本時の学習課題「存続？廃止？美合・病院線」を，単元を貫く課題に学級として定めた。最後に自分の考えを聞くと，補助金のことを知ってか廃止論が増え，２時目が終わった。

感想：「一度目の話し合い」後　【存続17人　迷う３人　廃止13人】
【迷う】　廃止すると利用者が困り，存続するとバス会社の人たちが困るし，また，市のお金となると，税金がそれに使われてしまうので，合併をするとか，本数を減らすことができたらいいんじゃないかなと思いました。

第３時は自作資料集で追究活動を進めた。具体的な数値やグラフを用いて根拠を得ていった。その中で，生徒から「実際に聞いてみないと，バスや，市のことが分からない」や，「地域の人たちがどんな思いでいるかを聞いてみたい」という言葉が出てきた。そこで，名鉄バス，市役所の担当の方を招いて，説明と質問の機会を設けることとした。また，地域の方の意見は，生徒がアンケートを作成して意見を問うこととした。

感想：「資料による追究活動」後　【存続11人　迷う11人　廃止12人】
【存続】　資料を見て，利用する人は少ないけれど，利用している人はすごく困ると思いました。・年間利用者でみると７万人と多い。・バス利用で二酸化炭素を減らすことができる。・65～70歳の人は運転しない人たちもいるので，困る人が多い。

第４時は，名鉄バスの方をお招きし，岡崎市全体と美合・病院線の現状をお話いただいた上で，生徒からの質問に答えていただいた。名鉄バスの思いを聞き，「私企業」としての視点と，「公共バス」としての視点に葛藤しながら存続か廃止かを考えている様子を見ることができた。

> 感想：「名鉄バスへの聞き取り調査」後　【存続17人　迷う６人　廃止９人】
> 【存続】　公共のバスだから，すぐに廃止できない。運営するために半分以上を市から補助してもらっている。たくさんの工夫や接客を大事にしていることが分かったし，正確な資料もいただくことができたのでよかったです。たくさんの人が困るけれど，税金も使われる。うーん。

生徒から実際にバスに乗ってみたいという声が多数聞かれたので，休日にバスの乗車体験をした。25名を超える生徒が参加した。市民病院へ向かうバスには自分たち以外に，二人のお年寄りの方が乗車していた。その様子を見て，「こんなに大きいバスに，二人しか乗っていないのか」「この二人の人は，このバスがなかったら…。」という二種類の捉えが聞かれた。

第５時には，市の交通政策担当の方を招いて，市の考えをお聞きした。税による補助の役割やその額，交通政策の方針を聞くことができた。

> 感想：「市の方への聞き取り調査」後　【存続15　迷う10　廃止８】
> 【迷う】　途中から，とてもバスとかに対してお金がかかりすぎていると思ったし，廃止にしようかなぁと迷ったけれど，市の人の話を聞いて，また悩んできました。やはり，利用者はいるし，困るのもいやだなと思った。

第６時目は，希望したアンケートの結果を生徒がまとめることができたので，その資料を渡し，自分の考えをまとめる活動へと移っていった。今までに得た根拠から，考えを整理し，再構築することができた。

> 感想：「市の方への調査」後　【存続15　迷う３　廃止15】
> 【迷う】　・利用者が多いし通院や免許のない人は困る。
> 　　　　　・税金の使用，環境に優しいが正直無駄？
> 　　　　　・携帯で時刻表やバスロケーションを調べるのは難しい人もいる。
> 　　　　　・補助金が年々増えているから利用者が減っている。

利用者と経費の狭間で葛藤をしている様子が窺える。

第７時目は話し合いの活動に入っていった。次のCT表はその前半である

(CT 表内の C ○の数値は発言順。連続しない数値は発言を抽出している)。

C1	私は廃止派なんですが，２億円税金を使っているので残す必要がない。一人500円の税投入は使ってない人にとっては高い。
T1	存続派は？
C4	C1に反対でアンケートからバスに税金が使われることに57人中44人は仕方がないといっているので税金に関しては大丈夫。
C5	アンケートには，仕方がないと出るけれど，内心はいやだと思う。
C6	仕方がないとかではなく，使い道，２億円の税金をハイブリッド車などに使うんじゃなくて，収入にして廃止。仕方がないという問題ではない。使い道について私は反対。(略)
C8	C6に付け足しで，税金を使っても，利益は半分ほどしか上げられていないので，赤字が増えていく一方だから，無駄だと思う。
C9	利益が半分しか上がってないといっているが，税金の使用に市民はなんとも思っていないわけだし，それでも，廃止されたら困ると答えた人が半分以上いるので，それを考えると，高齢者の人などは困る。

C1は税金利用を指摘し，廃止を主張した。それに対して，C4は反論し，税金利用に問題はないとのアンケート結果から存続を主張している。話題はC9の発言から高齢者へと移り，バスが移動手段であることから，なくすことは高齢者が困るので存続すべきだという考えを主張していった。

C32	お金のことより，利用者のことを考えたい。高齢者になったときに，利用する可能性が高いけれど，いちいちおうちの人にお願いしていたら申し訳ないし，家庭の事情もあるので，残してほしい。
C33	僕たちは，バスはあまり使っていないから分からないけれど，もし僕がおじいちゃんになったら，どれだけ必要かが分かるから，税金とかではなくて，利用者，高齢者の立場を考えたほうがいいと思います。
C37	(中略) 福祉とかそういう言葉を使っているけれど，その前にバス会社も私企業で，利益が上がらなければ，バス会社自体がつぶれてしまい，みんなのためとか言っていられなくなるので，腐っちゃう前に，枝を切る必要があるのではないか。
C38	利用者を増やすために市の人やバス会社がいろいろ話をしてくれて考えてくれているから，廃止しなくても見直しをしていけばいい。
C39	見直しするといったけれど，資料の P9に，名鉄バスは，経費削減等の努力や，運行委託などの新しい運営方法を考えても存続は難しいといっているので，無理をしなくてもよい。(略)

C41	見直しというか，高齢者の方は，この前の乗車体験は2人しかいなかったけれど，日曜日のお見舞いの人だけだったから，休日は本数を減らせばいいのではないか。

後半に入ると，高齢者に関する主張をC32「自分が高齢者になった時に困る」という言葉で表現し，今の自分たちのためだけでなく，将来の自分たちのために税金を利用するべきだという主張が展開された。この高齢者と税金の主張が平行線をたどり，議論が対立状態のまま時間となってしまった。そこで，合意点を探るため，もう一時間を使って話し合いを行うことにした。

感想：「話し合い」後　【存続：18人　迷う：0人　廃止：16人】 【存続】 自分が高齢者になったら…ということを考えると，私はやはり存続派だなという気がします。また，税金がもったいないと考えている人もそんなに多くなく，一年で500円と言うことを考えると，本数はもっと減らしても大丈夫のような気はしますが，廃止はするべきでないという理由です。

第8時目の続きの話し合いでは，感想を紹介した上で授業に入っていった。

C6	私は，学級通信の三つ目の人と考えが似ているのですが，妥協点を探るという点で，大型ではなくて，小型バスにして，路線自体は存続したらどうかと思う。福祉国家を目指すためには，税金は払う代わりに，確実に幸せになれるようにお金を投資できる。私たちも，福祉としての意識をもっと持つべき。

まず，この問題に関わる三つの視点「利用者」「市」「バス会社」の視点を確認した上で，前半は各自の主張を展開していた。しかしC6が「妥協点を」という発言をしたことで，生徒の思考の中で「対立」から「合意」へと舵を切り始めた。

T5	福祉対税金の対立をどうしたら納得にもっていけるかな？
C10	廃止の人が，お金が無駄にかかっているという点は無駄をなくせばいいし，バスが使いやすい環境になるから，それが一番だと思う。
C12	市役所の○○さんが言っていて，地域の人からどこにバス停がほしいかアンケートを取って，それが，利用者が増えることにつながると思ってこういう売り上げを増やしていけばいい。(略)
C14	私は，一年間一人500円は，命をお金では変えないから安いと思うけれど，総額2億円は使いすぎている気がして，そういう点は廃止派の気持ちは分かる。

	どうしたらお金をあまり使わなくていいか，すべて廃止ではなく，本数を減らして存続していけばいいのではないか。
C15	私も，１年500円ならと思うけれど実際に払っているのは大人なので，このバス停はいくら赤字が出て，と明確にしたものを市民に渡し，アンケートをとって減らしていけばいい。
T6	今費用を減らす方法がいくつか出てきたと思うんだけど，どう？（略）
C18	本数を減らすとか，廃止してしまえばいいとかあるけれど，存続にしたのは，廃止もところどころでは必要だけれど，全面廃止はしたくないと思っていて，お金の気持ちも分かるが，費用削減の努力をしていって，今の時点は廃止したほうがいいかもしれないが，そういう努力をしていけば，廃止しなくてもいいのではないか。
C19	今の時点だったら，利益も上がっていないし，税金を使ってばかりだから，廃止したほうがいいけれど，これから努力をして，利益を上げることができるならば，存続してもいいと思う。

ここからは，廃止の立場の生徒は，存続の条件を，存続の立場は，廃止の意見の中から納得できる意見を取り入れて，より深い思考へと移っていったことが分かる。そして，C18・19が，「努力をして」という言葉で存続の価値を認めることで，話し合いが終末を迎えた。第９時に，自分の考えを手紙の形でまとめ，本時が終わった。その内容は次のとおりである。

まとめ：私は，最初は迷っていて，本数を減らせば良いと思っていたけれど，もう減らしていると聞きました。しかし，それでも存続派にしました。バス会社や利用者の視点では，これ以上本数を減らすと，（略）不便になるという問題も生じてくると思います。しかし，市の視点から考えても補助が少なくなって税金の使用が減らせるので，両者納得できると思います。（略）私たちは，今のことだけでなく，将来のことを見据えて考えることも大切だと思います。今からバスを利用して，自分が将来年をとったら……と考えて，存続するために努力することが大切だと思います。

授業後の感想は次のように書かれていた。

感想：話し合いとまとめ後　【存続17人　迷う０人　廃止17人】

存続派と廃止派でたくさん意見が出て，議論がうまくいってよかったです。両方の意見を聞いて，中立の立場で見てみると，やはり，どちらのいうことにも一理あって，それをうまく取り入れながら解決策を探すというのは難しいことだなと思いました。意見の交換などがたくさんあってよかったと思います。

本実践により，次の成果と課題が得られた。

・美合・病院線を教材化したことで，身近な社会問題に対して切実感をもって自分なりの考えをもつことができるようになり，主権者として，持続可能な社会を目指した自分たちの生き方を見直すことができた。
・人，モノ（資料集），コト（乗車体験）への出会いを大切にしたことで，考えに確かな根拠を得て，価値判断に自信をもつことができるようになった。
・話し合いの場で，自分の意見と他者の意見を融合させながら自分の価値判断を再構築することができ，多面的・多角的な思考を深めることができた。
・追究活動の時間を保障するため，教師自作の資料集を用いて資料追究としたため，生徒自らが探し出した資料を用いたのは，保護者へのアンケートと聞き取り調査の際にいただいた資料のみとなってしまった。

授業後，日記には次のように感想が書かれていた。「バスの問題は，答えが一つに決まっているわけではありません。存廃それぞれが一理ある考えばかりでした。こうやって考えることが大切だと思い，これからも大切にしていきたいです。」主権者として，多面的・多角的な社会認識を得た上で，自分なりの価値判断をしていこうとする姿勢を読み取ることができる。

今後も岡崎社会科授業研究サークルが大切にしている，三つの論理の融合を目指す授業の構築に取り組んでいきたい。

（森田　淳一）

参考文献

・木村博一『「わかる」社会科授業をどう創るか』明治図書，2019年。
・木村博一・岡崎社会科授業研究サークル『「高齢者福祉」を学ぶ授業の探究』黎明書房，2002年。

〈附　録〉

木村博一先生　主要論文著作目録

木村博一先生　略歴一覧

1958年7月　和歌山県に生まれる。

学歴

1981年3月　広島大学教育学部高等学校教員養成課程社会科専攻　卒業
1983年3月　広島大学大学院教育学研究科教科教育学専攻博士課程前期　修了
1986年3月　広島大学大学院教育学研究科教科教育学専攻博士課程後期　単位修得退学
2004年3月　広島大学より「博士（教育学）」の学位取得

職歴

1986年4月　愛知教育大学教育学部　助手
1990年1月　愛知教育大学教育学部　助教授
1995年4月　広島大学学校教育学部　助教授
2000年4月　広島大学教育学部　助教授
2001年4月　広島大学大学院教育学研究科　助教授
2005年4月　広島大学大学院教育学研究科　教授
2006年4月　広島大学大学院教育学研究科研究科長補佐
2013年4月　広島大学大学院教育学研究科副研究科長
2016年4月　広島大学学術院　教授（大学院教育学研究科）
2018年4月　広島大学附属三原幼稚園・小学校・中学校長（併任）
2020年4月　広島大学学術院　教授（大学院人間社会科学研究科）
2023年3月　広島大学を定年退職
2023年4月　広島大学名誉教授

学会活動

1987年4月　全国社会科教育学会　理事
1996年4月　全国社会科教育学会　常任理事
2008年4月　日本NIE学会　理事
2011年4月　全国社会科教育学会　事務局長
2012年4月　日本グローバル教育学会　理事
2013年4月　日本教科教育学会　常任理事
2014年4月　全国社会科教育学会　副会長
2014年4月　日本社会科教育学会　評議員
2020年4月　全国社会科教育学会　会長

他に，社会系教科教育学会，日本教育学会，日本カリキュラム学会，日本教育方法学会，教育史学会，初等教育カリキュラム学会，などの会員

Ⅰ　学術論文

1．「社会科学的概念学習の授業構成（Ⅲ）―「平安期の時代構造」の教授書試案―」（共同執筆）広島大学教育学部学部附属共同研究体制『研究紀要』第10号，1982年５月，pp. 35-46
2．「戦後初期社会科教育実践史研究―吹上小学校コア・カリキュラムと内原小学校地域教育計画の検討―」日本社会科教育研究会『社会科研究』第31号，1983年３月，pp. 85-95
3．「戦後初期社会科教育実践史研究―昭和25～30年の吹上小学校の教育実践―」中国四国教育学会『教育学研究紀要』第28巻，1983年３月，pp. 303-305
4．「戦後初期社会科教育実践史研究―和歌山県の教育実践―」広島大学大学院教育学研究科『修士論文抄』昭和57年度，1983年５月，pp. 87-89
5．「社会科学的概念学習の授業構成（Ⅳ）―「東南アジア」の教授書試案―」（共同執筆）広島大学教育学部学部附属共同研究体制『研究紀要』第12号，1984年３月，pp. 31-47
6．「問題解決学習における知識の主体的組織―初期社会科教育実践における児童の単元学習の日記の分析を通して―」広島史学研究会『史学研究』第164号，1984年７月，pp. 62-81
7．「ヴァージニア・プランの分析的検討―初等学校の場合を中心に―」（片上宗二と共同執筆）日本教育方法学会『教育方法学研究』第10巻，1985年３月，pp. 131-141
8．「ミズーリ・プランの単元構成―初等社会科を中心に―」広島大学大学院教育学研究科『博士課程論文集』第11巻，pp. 87-89
9．「社会科教育研究の対象・レベルと研究方法論―1982年末～1985年の紀要・研究集録の研究動向―」日本社会科教育研究会『社会科教育論叢』第 XXXIII 集，1986年３月，pp. 46-57
10．「ミズーリ・プランの単元構成（Ⅱ）―中等社会科を中心に―」広島大学教科教育学会『会報』第21号，1986年５月，pp. 20-32
11．「社会科成立史研究―ヴァージニア・プラン，ミズーリ・プランの導入と初期社会科批判の関連―」（片上宗二と共同執筆）日本社会科教育学会『社会科教育研究』第57号，1987年３月，pp. 51-70
12．「初期社会科教育実践における生活学習から問題解決学習への転換―『小学校学習指導要領社会科編（試案）』（昭和26年）前後の加古川小学校の授業実践の変化を事例として―」愛知教育大学歴史学会『歴史研究』第33号，1987年３月，

pp. 1-16
13. 「社会科テストの教授学的研究（Ⅱ）－テスト問題の分析と歴史理解の構造－」（伊東亮三，棚橋健治と共同執筆）日本教科教育学会『日本教科教育学会誌』第12巻第1号，1987年6月，pp. 11-16
14. 「〈社会科教育シンポジウム報告〉『生活科』新設のねらいと問題点」愛知教育大学歴史学会『歴史研究』第34号，1988年3月，pp. 3-9
15. 「中等社会科教育課程成立史研究（Ⅰ）－『学習指導要領社会科編Ⅱ（試案)』の作成過程を中心に－」愛知教育大学教科教育センター『研究報告』第12号，1988年3月，pp. 107-116
16. 「中等社会科教育課程成立史研究（Ⅱ）－『学習指導要領社会科編Ⅱ（試案)』の各単元の主題と1941年版中等用及び1943年版初等用（第7学年）ヴァージニア・プランの各単元の主題との相関関係－」愛知教育大学『研究報告』第38輯，1989年2月，pp. 1-12
17. 「中等社会科教育課程成立史研究（Ⅲ）－『学習指導要領社会科編Ⅱ（試案)』の各単元の記載内容の検討－」愛知教育大学『研究報告』第39輯，1990年2月，pp. 15-28
18. 「中等社会科教育課程成立史研究（Ⅳ）－『学習指導要領社会科編Ⅱ（試案)』の主要参考文献と単元構成原理－」全国社会科教育学会『社会科研究』第38号，1990年3月，pp. 16-27
19. 「社会科教育としての歴史授業－長岡文雄の「寄合」実践の場合－」愛知教育大学歴史学会『歴史研究』第36・37合併号，1991年2月，pp. 87-108
20. 「初期社会科実践史研究の今日的意義－昭和20年代の新聞学習が示唆するもの－」愛知教育大学社会科教育学会『探究』第2号，1991年3月，pp. 15-23
21. 「『学習指導要領社会科編Ⅰ（試案)』のカリキュラムの戦後日本的特質－1943年版ヴァージニア・プランとの対比検討をふまえて－」愛知教育大学教科教育センター『研究報告』第16号，1992年3月，pp. 141-148
22. 「『学習指導要領社会科編Ⅰ（試案)』の戦後日本的特質－社会科における民主主義と道徳教育をめぐって－」全国社会科教育学会『社会科研究』第40号，1992年3月，pp. 133-142
23. 「『学習指導要領社会科編Ⅱ（試案)』の特質と単元構成手順－社会科の『総合』と『分化』をめぐって－」全国社会科教育学会『社会科研究』第48号，1998年3月，pp. 41-50
24. 「中等学校用ヴァージニア・プランの特質と全体像－『学習指導要領社会科編Ⅱ

（試案）』との対比検討を中心として―」日本カリキュラム学会『カリキュラム研究』第8号，1999年3月，pp. 1-12
25. 「社会科問題解決学習の成立と変質―昭和26年版『小学校学習指導要領社会科編（試案）』の再評価―」全国社会科教育学会『社会科研究』第50号，1999年3月，pp. 11-20
26. 「『民主主義』を教える中等社会科カリキュラムの原型―昭和22年版『学習指導要領社会科編Ⅱ（試案）』における理念と教育内容の乖離―」社会系教科教育学会『社会系教科教育研究』第11号，1999年11月，pp. 1-10
27. Bibliographie der Geshichtedidatik in Japan―Ihre Entwicklungen seit 70er Jahren―, Internationale Gesellshaft fur Geshichtsdidaktik, *Mitteilungen* Vol. 20, Nr. 2, Dec. 1999, pp. 132-147（近藤孝弘と共同執筆）
28. 「初期社会科の統合理念とカリキュラムの実像―『学習指導要領社会科編Ⅰ（試案）』の編成の特質―」日本教育学会『教育学研究』第68巻第2号，2001年6月，pp. 192-203
29. 「小学校社会科の学力像と産業学習の変革」全国社会科教育学会『社会科研究』第57号，2002年11月，pp. 11-20
30. 「社会科教科書の改善と教師の授業能力の成長―『教育内容』としての教科書と『教材』としての教科書の両立―」中央教育研究所『教科書フォーラム』第1号，2003年4月，pp. 31-40
31. 「地域教育実践の構築に果たした社会科教師の役割―愛知県三河地域における中西光夫と渥美利夫の場合―」全国社会科教育学会『社会科研究』第70号，2009年3月，pp. 21-30
32. 「社会科教育研究の総括と社会科教育史研究の展望」日本社会科教育学会『社会科教育研究』第107号，2009年10月，pp. 15-26
33. 「NIE の目標の体系化と授業構成論の構築―第5回大会の課題研究における岸尾，前野，堤実践の分析を通して―」日本 NIE 学会『日本 NIE 学会誌』第5号，2010年3月，pp. 137-142
34. 〈特集　社会科教育史の体系化と新たな研究方法論を探る〉「20世紀後半における社会科教育史研究の展開―『社会科教育史の体系化と新たな研究方法論を探る』ための基礎的考察―」「社会科教育実践の活性化に向けて―社会科教育史研究ハンドブックの作成を―」全国社会科教育学会『社会科教育論叢』第47集，2010年11月，pp. 3-12，p. 118
35. 「災害社会学の成果を踏まえた社会科新単元『防災ネットワーク』の開発―広島

大学附属小３校による共同研究を通して－」（共同執筆）広島大学教育学部・附属学校共同研究機構『研究紀要』第40号，2012年３月，pp. 123-128

36. 「リスク社会における社会科のあり方（存在意義）を考える－シンポジウムの趣旨とまとめ－」日本社会科教育学会『社会科教育研究』第119号，2013年９月，pp. 3-12

37. 「グローバル社会に対応した国家・社会の構造を認識する社会科授業開発－附属小学校３校の共同研究の成果として－」（共同執筆）広島大学教育学部・附属学校共同研究機構『研究紀要』第42号，2014年３月，pp. 57-66

38. 「文化に焦点化した『グローバル社会学習』の授業開発－附属小学校３校の連携を生かして－」（共同執筆）広島大学教育学部・附属学校共同研究機構『研究紀要』第43号，2015年３月，pp. 153-162

39. 「グローバル化する環境問題に焦点を当てた『グローバル社会学習』の研究－附属小学校３校の連携を生かして－」（共同執筆）広島大学教育学部・附属学校共同研究機構『研究紀要』第44号，2016年３月，pp. 159-168

40. 「日本の小学校社会科教科書における市民性教育の起点と変遷－『政治参加（参政権)』と『租税負担（納税の義務)』の関係記述をめぐって－」韓国社会科授業学会『社会科授業研究』第３巻第１号，2015年６月，pp. 133-162

41. 「小学校社会科における海運教育の変遷と今後の課題」一般財団法人　山縣記念財団『海事交通研究』第67集，2018年12月，pp. 39-50

Ⅱ　著書

1. 平田嘉三・初期社会科実践史研究会編著『初期社会科実践史研究』教育出版センター，1986年４月
   - ・第Ⅰ部第２章第１節　初期社会科学習指導要領の変遷とそれぞれの性格（pp. 31-48）
   - ・第Ⅰ部第２章第２節　初期社会科実践の変遷と類型（pp. 49-65）
   - ・第Ⅰ部第３章　初期社会科実践史研究の動向と本研究の位置づけ（pp. 67-82）（※文献目録は竹田義宣の作成）
   - ・第Ⅱ部第１章第５節　安井小学校（兵庫県西宮市）の実践－社会構造を軸とするコア・カリキュラム－（pp. 159-176）
   - ・第Ⅱ部第３章第１節　藤田小学校（和歌山県御坊市）の「紙会社」の実践－社会生活の理解をめざす問題解決学習－（pp. 297-318）
   - ・第Ⅱ部第３章第５節　吹上小学校（和歌山市）の「東和歌山付近の町の発展」

の実践－知的探求としての問題解決学習－（pp. 363-381）

2．刈谷社会科研究会編『社会科授業の発見』自費出版，1987年７月

・第２章　小学校社会科歴史の教材構成と授業構成（pp. 9-16）

3．社会認識教育学会編『社会科教育の理論』ぎょうせい，1989年２月

・Ⅱ－四　初期社会科教育実践における生活学習から問題解決学習への転換－神戸大学教育学部附属住吉小学校の実践を事例として－（pp. 154-168）

4．星村平和他著『日本史教育に生きる感性と情緒』教育出版，1989年４月

・Ⅱ－10　日本史教育と豪農（pp. 164-170）

5．魚住忠久・山根栄次共編『初等・中等社会科教育』学術図書，1990年２月

・第２編　社会科教育の歴史（pp. 14-33）

・第４編第１章　小学校社会科の創造と展開　第４節　歴史学習（pp. 119-131）

6．伊東亮三編『教職科学講座第19巻　社会科教育学』福村出版，1990年５月

・第５章　授業研究と授業構成－地域学習の進め方－（pp. 87-112）

7．魚住忠久編著『生活科教育の探究と実践』黎明書房，1990年６月

・第Ⅰ部第２章　生活科誕生の背景とその意義・課題性（pp. 16-24）

・第Ⅰ部第５章　生活科の学習指導と教師の役割（pp. 48-54）

8．『現代社会科教育実践講座第20巻　社会科教育の歴史と展望』研秀出版，1991年４月

・第３章小学校社会科の発足と展開

第２節　社会科教育実践の展開（１）創設期の教育実践（pp. 85-94）

9．『現代社会科教育実践講座第５巻社会科の授業理論と実際－社会科学習指導法Ⅱ－』研秀出版，1991年11月

・第４章著名な実践とその授業構成理論

（１）長岡文雄「室町時代『寄り合い』を中心に」（pp. 150-161）

10．社会認識教育学会編『社会科教育学ハンドブック－新しい視座への基礎知識－』明治図書，1994年２月

・第Ⅳ章　社会科の方法原理　第１節　社会科における問題解決学習（pp. 157-166）

11．社会系教科教育研究会編著『社会系教科教育の理論と実践』清水書院，1995年３月

・我が国における社会科教育の源流に関する一考察－愛知県第一師範学校附属小学校の「社会科」教育の場合－（pp. 112-123）

12．木村博一・岡崎社会科授業研究サークル編著『農業を学ぶ授業を創る』黎明書房，

1995年３月
・第４章　社会研究としての社会科授業をめざして（pp. 209-220）
13. 星村平和編『社会科授業の理論と展開－社会科教育法－』現代教育社，1995年４月
・第６章第１節　「脱イデオロギー時代」と社会科教育（pp. 144-149）
14. 溝上泰・片上宗二・北俊夫編『社会科授業を面白くするアイデア大百科第６巻　歴史学習の教材と指導のアイデア』明治図書，1995年12月
・第Ⅰ章　子どもが楽しく取組む歴史学習のポイント－「人物学習」を中心として－（pp. 11-16）
15. 社会認識教育学会編『中学校社会科教育』学術図書，1996年４月
・第Ⅱ章第２節　戦後の社会科教育の歴史（pp. 10-19）
16. 平田嘉三監修『歴史教育の理論と実践－歴史教育法－』現代教育社，1996年５月
・第２章第２節中学校社会科歴史的分野の教材構成と授業構成
Ⅱ　町衆と祇園祭（pp. 70-77）
17. 森分孝治編著『社会科教育学研究入門』明治図書，1999年８月
・吉田嗣教論文の「指導教官としてのコメント」（p. 90）
18. 今谷順重編『総合的な学習で人生設計能力を育てる』ミネルヴァ書房，2000年11月
・第３章　戦後初期の生活教育論に学ぶ地域教育プランとしての総合的な学習－和歌山市立吹上小学校の実践研究の歩みを事例として－（pp. 63-70）
19. 溝上泰・小原友行編『生活科教育（改訂版）』学術図書，2000年12月
・第２章　生活科教育の歴史（pp. 8-18）
20. 魚住忠久・深草正博編著『21世紀地球市民の育成－グローバル教育の探究と展開－』黎明書房，2001年４月
・第13章　21世紀の総合学習（pp. 150-160）
21. 東山明・今谷順重編著『総合的な学習ヒット教材集１　基礎基本と展開編』明治図書，2001年４月
・Ⅲ　総合的な学習の学習活動をどう構成し展開するか
（４）見学・討論　（５）発表・討論（pp. 68-73）
22. 全国社会科教育学会編『社会科教育学研究ハンドブック』明治図書，2001年10月
・第二部 2-（１）-1）社会科カリキュラム構成研究（pp. 68-77）
23. 木村博一・岡崎社会科授業研究サークル編著『「高齢者福祉」を学ぶ授業づくりの探究』黎明書房，2002年２月

・第５章「総合的な学習の時間」の創設と社会科授業研究の方向性－岡崎社会科授業研究サークルの「高齢者福祉」の実践の位置づけ－（pp. 165-175）

24. 星村平和監修，木村博一責任編集『CD-ROM 版中学校社会科教育実践講座（全10巻）第６巻　学ぶ力をはぐくむ「歴史的分野」の指導計画と学習指導』ニチブン，2002年３月

・第２章第２節　我が国の歴史の大きな流れと時代の特色をとらえるカリキュラム構成

25. 木村博一編著『21世紀の初等教育学シリーズ第２巻初等社会科教育学』協同出版，2002年６月

・第１章　初等社会科教育学の構想（pp. 5-14）

26. 朝倉淳編著『21世紀の初等教育学シリーズ第５巻生活科教育学』協同出版，2002年６月

・第２章第４節　生活科の授業構成（pp. 34-39）

27. 社会認識教育学会編『社会科教育のニュー・パースペクティブ－変革と提案－』明治図書，2003年２月

・Ⅳ－２　子どもが追究する社会科の授業（pp. 136-144）

28. 溝上泰編著『社会科教育実践学の構築』明治図書，2004年４月

・第三章　社会科教育実践の履歴－過去の実践は今日の課題に何を示唆するか－
　第二節　初期社会科批判から生まれた社会科教育実践（pp. 82-91）

29. 『新編新しい社会　教師用指導書　地域事例編』東京書籍，2005年４月

・地域教材概論（pp. 10-19）

30. 社会認識教育学会編『社会認識教育の構造改革－ニュー・パースペクティブにもとづく単元開発－』明治図書，2006年３月

・第４章第４節　新しい学びにもとづく社会科授業開発の基礎・基本（pp. 144-149）

31. 木村博一編著『社会科教材の論点・争点と授業づくり第２巻“グローバル化”をめぐる論点・争点と授業づくり』明治図書，2006年３月

・Ⅰ　“グローバル化”をめぐる論点・争点と社会科授業（pp. 11-22）

32. 木村博一著『日本社会科の成立理念とカリキュラム構造』風間書房，2006年12月（pp. 1-633）

33. 全国社会科教育学会編著『優れた社会科授業の基盤研究Ⅰ－小学校の“優れた社会科授業”の条件－』明治図書，2007年10月

・Ⅱ　高学年：産業学習における優れた指導案とその要件

産業学習の学習指導案について（pp. 47-52）

34. 日本NIE学会編『情報読解力を育てるNIEハンドブック』明治図書，2008年12月
   ・第Ⅱ章第１節　戦後初期における新聞学習（２）社会科における新聞学習（pp. 48-52）
35. 社会系教科教育学会編『社会系教科教育研究のアプローチ』学事出版，2010年２月
   ・第３部-2-（１）　小学校社会科開発実践の意義―新たな目標原理・内容構成原理・学習方法原理の提案と実践モデルの整合性―（pp. 273-275）
36. 小原友行・朝倉淳編著『改訂新版　生活科教育』学術図書，2010年３月
   ・第２章　生活科の目標（pp. 21-31）
37. 社会認識教育学会編『小学校社会科教育』学術図書，2010年９月
   ・第１章　小学校社会科教育の意義と課題（pp. 1-6）
38. Norio Ikeno ed. *Citizenship Education in Japan*, Continum International Publishing Group, Nov. 2010
   ・Part Two: The Citizenship Curriculum in Japan
   Chapter 1　The History of Citizenship Education in the Postwar Course of Study: Moral Education and Other Topics (pp. 55-71)
39. 片上宗二・木村博一・永田忠道編『混迷の時代“社会科”はどこへ向かえばよいのか―激動の歴史から未来を模索する―』明治図書，2011年８月
   ・第２章第３節　社会科初期，どんなプランがあったのか―代表的なプランを検証する―（pp. 82-91）
40. 全国社会科教育学会編『社会科教育実践ハンドブック』明治図書，2011年10月
   ・第２章　社会科の指導計画（pp. 17-20）
41. 臼井嘉一監修『戦後日本の教育実践―戦後教育史像の再構築をめざして―』三恵社，2013年９月
   ・第１章　戦前・戦後をつらぬく業平小学校のカリキュラムと教育実践の展開（pp. 13-33）
42. 日本教科教育学会編『今なぜ，教科教育なのか―教科の学びを通した人間形成―』文渓堂，2015年７月
   ・第３章　教科の本質を踏まえた授業づくり
   第４節　社会の見方や考え方を育てる社会科（pp. 43-49）
43. 全国社会科教育学会編『新社会科授業づくりハンドブック：小学校編』明治図書，

2015年10月
・第６章　教師の共同的な授業研究を通した社会科授業づくり（pp. 236-245）
44. 原田智仁・關浩和・二井正浩編著『教科教育学研究の可能性を求めて』風間書房，2017年２月
・第Ⅴ章第１節　小学校教師を自立と創造へと導く社会科現職研修の進め方－社会科の根源的要件を見据えて－（pp. 261-270）
45. 木村博一編著『思考の流れ＆教材研究にこだわる！「わかる」社会科授業をどう創るか－個性ある授業デザイン－』明治図書，2019年６月
・序章　自分らしさとこだわりのある社会科授業づくりに向けて（pp. 10-16）
46. 木村博一・新谷和幸編著『板書＆写真でよくわかる　365日の全授業　小学校社会科３年』明治図書，2021年３月
47. 木村博一・小田泰司編著『板書＆写真でよくわかる　365日の全授業　小学校社会科４年』明治図書，2021年３月
48. 木村博一・松岡　靖編著『板書＆写真でよくわかる　365日の全授業　小学校社会科５年』明治図書，2021年３月
49. 木村博一・福田喜彦編著『板書＆写真でよくわかる　365日の全授業　小学校社会科６年』明治図書，2021年３月
・はじめに（p. 3）
50. 木村博一・新谷和幸・小田泰司・松岡靖・福田喜彦・神野幸隆編著『板書＆写真でよくわかる　365日の全授業　小学校社会科 DX 編』明治図書，2022年７月
・はじめに（p. 3）
51. 全国社会科教育学会編『優れた社会科授業づくりハンドブック－型にはまらない多様な授業を創る－』明治図書，2022年９月
・巻頭言（p. 3）

Ⅲ　辞典・事典

1．『世界歴史大事典（全22巻）』教育出版センター，1985年６月
・国定教科書制度（p. 187）
2．森分孝治・片上宗二編著『社会科重要用語300の基礎知識（改訂版）』明治図書，2000年４月
・市民科（p. 21）
・GHQ による修身・国史・地理の授業停止指令（p. 54）
・ヴァージニア・プラン（p. 66）

・脱イデオロギー時代（p. 91）
・社会問題（p. 146）

3．日本社会科教育学会編『社会科教育事典』ぎょうせい，2000年10月
・公民科構想（pp. 6-7）
・経験主義（pp. 60-61）
・高橋活博「松江の工業（解題）」（p. 289）
・石橋勝治「おとうさん，おかあさん（解題）」（p. 290）

4．日本カリキュラム学会編『現代カリキュラム事典』ぎょうせい，2001年２月
・スコープ〈領域〉とシーケンス〈系列〉（pp. 21-22）
・チャーターズ，W. W.（p. 501）

5．日本社会科教育学会編『新版　社会科教育事典』ぎょうせい，2012年６月
・経験主義（pp. 8-9）
・公民科構想（pp. 56-57）
・高橋活博「松江の工業（解題）」（p. 299）
・石橋勝治「おとうさん，おかあさん（解題）」（p. 300）

6．棚橋健治・木村博一編『社会科重要用語辞典』明治図書，2022年３月
・社会科の初志をつらぬく会（p. 215）
・日本生活教育連盟（p. 216）

Ⅳ　研究報告書

1．広島大学環太平洋研究組織共同研究グループ（研究代表者：永井滋郎）『環太平洋理解教育の理論的・実証的研究（Ⅱ）―太平洋資源の利用に関するカリキュラム開発―』1983年３月
・第２章　広島大学研究グループの研究成果
　第２節　漁業（pp. 275-339）

2．広島大学環太平洋研究組織共同研究グループ（研究代表者：永井滋郎）『環太平洋理解教育の理論的・実証的研究（Ⅲ）―太平洋資源の利用に関するカリキュラム開発―』1984年３月
・第５章「水産業」研究
　第１節　広島大学教育学部大学院（社会科教育学専攻）報告（pp. 131-200）

3．財団法人日本教材文化研究財団編集（研究代表者：星村平和）『歴史学習における新しい教材の開発研究』1999年３月
・第２部第５章　単元「日露戦争後の社会と文化―受験生の社会史―」の授業

分析（pp. 78-95）

4．財団法人教科書研究センター（研究代表者：藤村和男）『小・中学校の教科書の読みやすさ・わかりやすさに関する調査研究　中間報告書－社会科－』2002年4月
・第3章第3節　意味構成学習のための教科書編成（Ⅱ）－小学校社会科産業学習の場合－（pp. 109-136）

5．財団法人教科書研究センター（研究代表者：藤村和男）『小・中学校の教科書の読みやすさ・わかりやすさに関する調査研究　最終報告書－社会科－』2004年2月
・第3章第3節　意味構成学習のための教科書編成（Ⅱ）－小学校社会科産業学習の場合－（pp. 117-144）
・第3章第4節　意味構成学習のための教科書編成（Ⅲ）－小学校社会科歴史学習の場合－（pp. 145-156）
・第3章第8節（2）　意味構成学習から見た課題と改善案－小学校社会科産業学習と歴史学習の場合－（pp. 213-218）

6．財団法人教科書研究センター（研究代表者：藤村和男）『小・中学校の教科書の読みやすさ・わかりやすさに関する調査研究　最終報告書』2004年3月
・（3）　意味構成学習としての新教科書開発と現行教科書評価（Ⅱ）－小学校社会科産業学習の場合－（pp. 76-77）
・（4）　意味構成学習としての新教科書開発と現行教科書評価（Ⅲ）－小学校社会科歴史学習の場合－（pp. 78-79）

7．科学研究費補助金研究成果報告書（研究代表者：片上宗二）『社会認識形成における教科教育と生涯学習の連携に関する国際比較研究』2004年3月
・第8章　民族理解のための博物館活用の国際比較（pp. 89-104）

8．科学研究費補助金研究成果報告書（研究代表者：木村博一）『ヘレン・ヘファナンのカリキュラム論と問題解決学習論の研究』2005年3月（pp. 1-80）

9．広島大学大学院教育学研究科『メンター制構築による実践的指導力の高度化－大学院学生の教科授業力・生徒指導力の育成を中心として－』2007年3月
・「大下真季　単元『西楽寺池誕生物語を作ろう』」（pp. 42-51, pp. 230-233）

10．広島大学大学院教育学研究科・広島県教育委員会『教員研修モデルカリキュラム開発プログラム　三者協働手づくりプログラム成果報告書』2007年3月
・松岡靖「メディア・リテラシーを育成する社会科授業の創造－小6『戦争と国民生活～メディアから見た戦争』を事例として－」（pp. 107-116）

11. 広島大学社会科学習開発研究会（研究代表者：小原友行）『社会科リテラシーを育成するカリキュラム・学習指導・評価方法の開発　第2集』2007年3月
   - ・吉田嗣教・内田友和・中野靖弘・吉田剛人「子どもたちが歴史的見方を意識できる社会科授業構成－第6学年単元『政府・民衆にとっての世界進出』の開発を通して－」(pp. 7-21)
   - ・柏木俊明・宮里洋司・藤原由弥「自らの思考の広がりと深まりを意識できる社会科授業の創造－実践の創造と分析を目指して－」(pp. 23-46)
12. 科学研究費補助金研究成果報告書（研究代表者：池野範男）『我が国を視点にした英国シティズンシップ教育の計画・実施・評価・改善の研究－地方行政局と大学と学校が連携した教育 PDCA 開発－』2009年3月
   - ・第5部第2章　シティズンシップ教育教員養成の実際とその特色（1）－エクセター大学における PGCE コースを事例として－（pp. 189-200）
13. 科学研究費補助金研究成果報告書（研究代表者：臼井嘉一）『戦後日本における教育実践の展開過程に関する総合的調査研究（第2集）－戦後社会科教育実践史資料－』2010年3月
   - ・Ⅰ　東京都墨田区立業平小学校の教育実践関係資料（pp. 1-25）
   - ・Ⅱ　愛知県三河地域教育実践関係資料（pp. 27-64）
14. 科学研究費補助金研究成果報告書（研究代表者：臼井嘉一）『戦後日本における教育実践の展開過程に関する総合的調査研究（第7集）－論文集－』2010年3月
   - ・第1章　戦前・戦後をつらぬく業平小学校のカリキュラムと教育実践の展開(pp. 15-29)
15. 科学研究費補助金研究成果報告書（研究代表者：棚橋健治）『世界水準からみる日本の子どもの市民性に関する研究』2010年3月
   - ・第4章　国際調査参加国における市民性教育改革に対する国際調査結果の影響
     第2節　アメリカ合衆国の場合（pp. 85-89）
16. 科学研究費補助金研究成果報告書（研究代表者：木村博一）『昭和26小学校社会科学習指導要領の編集過程とカリキュラム構造の研究』2011年3月（pp. 1-95）
17. 平成22年度文部科学省特別経費報告書（研究代表者：棚橋健治）『中米・カリブ海諸国をフィールドとした持続可能な発展に関する研究』2011年3月
   - ・Ⅱ：実践研究活動編
     3．Education Group: A Research and Development on the Sustainable Teacher Education System for Next Generations in a Developing Country（pp. 94-110）

18. 平成23年度文部科学省特別経費報告書（研究代表者：棚橋健治）『中米・カリブ海諸国をフィールドとした持続可能な発展に関する研究』2012年３月
   - Ⅱ：実践研究活動編
      3．Education Group: Research on the Improvement of a Teacher Education System to Foster the Next Generation for the Sustainable Development in a Develpoing Country（pp. 79-104）
19. 科学研究費補助金研究成果報告書（研究代表者：永田忠道）『日本と韓国における市民性に関する比較教育史研究』2013年３月
   - 第３章第６節　日本の小学校社会科における市民性と資質育成Ⅰ－小学校社会科教科書における「山地の暮らし」をテーマとした記述の変遷を手がかりに－（pp. 78-90）（稲垣有香と共同執筆）
   - 第３章第７節　日本の小学校社会科における市民性と資質育成Ⅱ－小学校社会科教科書における「貿易」「国際協力」をテーマとした記述の変遷を手がかりに－（pp. 91-104）（井ノ上理子と共同執筆）
   - 第６章第２節　市民性カリキュラム開発研究の成立要件の探究（pp. 183-191）
20. 平成24年度文部科学省特別経費報告書（研究代表者：棚橋健治）『中米・カリブ海諸国をフィールドとした持続可能な発展に関する研究』2013年３月
   - Ⅱ：実践研究活動編
      3．Education Group : Research on the Improvement of a Teacher Education System to Foster the Next Generation for the Sustainable Development in a Develpoing Country（pp. 77-100）
21. 広島大学大学院教育学研究科（研究代表者：棚橋健治）『発展途上国の持続的発展を担う次世代育成システムの改善－ドミニカ共和国をフィールドとした教員養成の質向上に関する研究－』2013年３月
   - 6．広島大学大学院教育学研究科・教育学部にとっての発展途上国における教員養成支援のための国際協力研究の意義（pp. 79-80）
22. 科学研究費補助金研究成果報告書（研究代表者：木村博一）『市民性教育の成立と展開に関する日韓共同調査研究』2016年３月
   - 第１章　研究の目的・意義－市民性教育の起点と展開過程の分析視角と研究対象－（pp. 1-4）
   - 第２章第１節　小学校社会科教科書における市民性教育の起点と変遷－「政治参加（参政権）」と「租税負担（納税の義務）」の関係記述をめぐって－（pp. 5-25）

Ⅴ　その他の論文

1．「民主主義教育としての社会科学習を」『社会科教育』第323号，明治図書，1989年4月，pp. 86-88
2．「人物学習・どこでどんな論議があったか―戦後論争史に拾う―」『社会科教育』第326号，明治図書，1989年7月，pp. 15-19
3．「どんな実態調査が社会科の授業に役立つか」『社会科教育』第336号，明治図書，1990年5月，pp. 10-14
4．「社会科学習における地図の役割―小学校第4学年『学校のまわりの消防設備調べ』の場合―」『地図の研究』第7号，帝国書院，1991年4月，pp. 1-3
5．「評価のあり方の基本がわかる本・ベスト5―社会科教育をまじめに勉強する本：私のベスト5―」『社会科教育』第355号，明治図書，1991年9月，pp. 34-35
6．「『関連づけ』が出来る技能をどう育てるか―何思考の『関連づけ』からなぜ思考の『関連づけ』へとすすむ授業づくり―」『社会科教育』第357号，明治図書，1991年11月，pp. 47-49
7．「疑問追求で社会が見えた―これからの社会と子ども自身の生き方を考える『新聞』学習―」『社会科教育』第359号，明治図書，1992年1月，pp. 44-47
8．「問題提示のし方・どんなやり方があるか―山田政俊『トヨタ自動車』の実践を事例として―」『社会科教育』第364号，明治図書，1992年5月，pp. 43-45
9．「『関心・態度』評価の技術―実践で解く『評価』研究の基本用語―」『社会科教育』第368号，明治図書，1992年9月，pp. 62-63
10．「『素材』『教材』『ネタ』どこがどう違うか―教材研究をめぐる用語・概念を検討する―」『社会科教育』第369号，明治図書，1992年10月，pp. 71-75
11．「〈書評〉松藤司著『研究授業　失敗に強くなるワザ』」『社会科教育』第369号，明治図書，1992年10月，p. 103
12．「社会科教育への提言―教科書を活用した授業づくり―」『楽しく学ぶ社会　教授用資料』第3号，帝国書院，1993年1月，p. 1
13．「社会科教育への提言―『知識・理解』を基礎とした『関心・態度』『思考・判断』の評価―」『楽しく学ぶ社会　教授用資料』第5号，帝国書院，1993年10月，p. 1
14．「主権者の育成を曖昧にしてきた社会科の目標―今こそ国民主権の担い手を育成すべき時―」『社会科教育』第387号，明治図書，1994年3月，pp. 44-45
15．「歴史学習において人物をどのようにとりあげたらよいか」菱村幸彦監修・星村平和編集『論争点シリーズNO. 3　教育課課程の論争点教職研修1994年7月増刊

号』教育開発研究所，pp. 62-63

16. 「歴史学習における『暗記』の功罪ー歴史を『理解』することと『暗記』することの違いー」『楽しく学ぶ社会　教授用資料』第8号，帝国書院，1994年9月，p. 1
17. 「教材の中に民主主義の視点を見い出すために」『社会科教育』第397号，明治図書，1994年10月，pp. 104-108
18. 「〈問題解決学習の新しいストラテジーー藤井千春氏の提案を踏まえてー〉内容構成のストラテジーが欠落した問題解決学習論」『社会科教育』第401号，明治図書，1995年1月，pp. 35-37
19. 「生活科の趣旨を中学年の教科にどう生かすかー『地域の人々の授業参加』などをひとつの核としてー」『新学力観に立つ「5日制」学校経営　教職研修1995年3月特別増刊号』教育開発研究所，pp. 171-172
20. 「中学校社会科『課題学習』の意義と授業構成の方法」『中学社会　大書』第202号，大阪書籍，1995年10月，pp. 0-3
21. 「社会の見方・考え方を育成する教科としての社会科の存続を」『社会科教育』第414号，明治図書，1995年11月，pp. 16-17
22. 「〈誌上ディベート　社会科は「戦後民主主義」を守るべきか〉民主主義，一歩前へ」「社会科における『戦後民主主義』を議論する場ではなかったのか」『社会科教育』第417号，明治図書，1996年1月，pp. 14-16，pp. 32-33
23. 「『教材の論理』と『子どもの心理』の結合に向けてー社会研究としての社会科授業の構想ー」広島大学附属小学校学校教育研究会『学校教育』第948号，1996年7月，pp. 18-23
24. 「自己確立は共感と社会正義の土台」『社会科教育』第432号，明治図書，1996年12月，pp. 50-51
25. 「〈歴史認識を変えた本ー私の1冊ー〉神山四郎著『史学概論』慶應通信刊」『社会科教育』第440号，明治図書，1997年6月，p. 9
26. 「〈授業で役立つ“私の好きな名言・名句”〉教材研究は，常に，学習者の子どもの目になって行わなければならない」『社会科教育』第446号，明治図書，1997年10月，p. 11
27. 「〈書評〉寺本潔・豊田市立元城小学校著『町おこし総合学習の構想』明治図書刊」愛知教育大学社会科教育学会『探究』第9号，1998年2月，pp. 39-40
28. 「国際社会に生きる日本人としての資質の育成とは」『社会科教育』第454号，明治図書，1998年4月，pp. 58-59

29. 「〈今注目したいニュー授業方式とはと聞かれたら〉合意形成をめざす社会科授業」『社会科教育』第459号，明治図書，1998年８月，pp. 9-10
30. 「〈社会科として総合的学習にどう取り組むか〉はい回る総合的学習にならないために」『社会科教育』第464号，明治図書，1998年11月，p. 10
31. 「新学習指導要領（中学社会　歴史的分野）を読む」『学習指導要領新旧対照表中学校社会科』大阪書籍，1999年１月，pp. 12-13
32. 「〈リレー連載①　社会科の本質と役割を問い直す〉社会科の本質と存在理由―その目標・内容・方法をめぐって―」『社会科教育』第471号，明治図書，1999年４月，pp. 122-125
33. 「〈21世紀の歴史教科書を提案する〉『読み物』としての歴史教科書と『教材』としての歴史教科書の両立」『社会科教育』第476号，明治図書，1999年７月，pp. 100-105
34. 「わが国のコア・カリキュラムの実践例から地域教材の開発技術をどう学ぶか」今谷順重編集『「総合的な学習」のための地域教材をつくる　教職研修1999年７月増刊号』教育開発研究所，pp. 229-230
35. 「〈“指名なし討論”の授業をどう位置づけるかと聞かれたら〉授業研究と学級経営の努力の結晶」『社会科教育』第479号，明治図書，1999年10月，p. 13
36. 「“環境知性”を磨いていこう」『社会科教育』第486号，明治図書，2000年３月，pp. 12-13
37. 「〈公民的資質―「公と私」を考える―押し文献の紹介―〉今井康夫『アメリカ人と日本人』」『社会科教育』第491号，明治図書，2000年８月，p. 100
38. 「調べ学習・まとめ・発表を問題解決的な単元構成にどう位置づけるか」「みんなと力を合わせて共に練り合い磨き合う調べ学習・まとめ・発表をどう組織するか」今谷順重編『調べ学習・まとめ・発表の指導テクニックとプラン　教職研修2000年９月増刊号』教育開発研究所，pp. 38-39，pp. 46-47
39. 「〈「問題解決学習」とは何か〉“問題を解くための仮説”どう考えられてきたか」『社会科教育』第496号，明治図書，2001年１月，pp. 46-48
40. 「〈私の社会科修行の“山と谷”〉社会科修行ができる喜び」『社会科教育』第505号，明治図書，2001年10月，pp. 68-71
41. 「知識・理解＝どんな評価方法が役立つか」『社会科教育』第510号，明治図書，2002年３月，pp. 48-51
42. 「〈世界にとって“アメリカの存在”〉これが民主主義の提唱国？」『社会科教育』第514号，明治図書，2002年７月，p. 11

43. 「昭和前半の“男と女”の役割と位置づけを語るキーワード」『社会科教育』第521号，明治図書，2003年１月，pp. 51-53
44. 「〈総合のプロジェクト学習〉董枝明『恐竜発掘を体験しよう』に学ぶもの」『総合的な学習を創る』第151号，明治図書，2003年１月，pp. 16-17
45. 「〈この問題“日本の未来予測”から発想するとどうなるか〉日本の環境問題」『社会科教育』第522号，明治図書，2003年２月，pp. 78-79
46. 「〈授業の検討〉ウェッビング法による社会科の思考形成指導の特色と課題」広島大学附属小学校学校教育研究会『学校教育』第1027号，2003年２月，pp. 38-41
47. 「〈教育学を勉強しよう！〉社会科教育学」『教職課程2003年５月臨時増刊号』協同出版，pp. 138-141
48. 「自ら学び，考え，判断する力が育つ社会科授業づくりの方向性－『生きる力』と基礎・基本の統一的育成をめざして－」鳥取県小学校社会科教育研究会『社会科研究』第48号，2004年２月，pp. 31-34
49. 「歴史的分野における『発展的な学習』の理論と実践」『中学校社会科発展的な学習の理論と実践』大阪書籍，2004年４月，pp. 12-19
50. 「〈書評〉久野弘幸著『ヨーロッパ教育－歴史と展望－』玉川大学出版部刊」全国社会科教育学会『社会科研究』第61号，2004年11月，pp. 73-74
51. 「シティズンシップと福祉・ボランティアの教材開発」『社会科教育』第547号，明治図書，2005年１月，pp. 51-52
52. 「高学年：産業学習の優れた指導案とその要件」全国社会科教育学会『社会科教育論叢』第44集，2005年４月，p. 26
53. 「社会のしくみとイメージと知識を考慮した発問を」『社会科教育』第551号，明治図書，2005年５月，p. 9
54. 「〈社会科教育研究の最前線④〉新しい小学校社会科研究」『社会科教育』第553号，明治図書，2005年７月，pp. 126-127
55. 「子どもの社会の見方・考え方と社会科授業づくりの視点－第43回全国小学校社会科研究協議会広島大会に向けて－」広島市小学校教育研究会社会科部会『広島市小社研会報』第160号，2005年７月，pp. 2-4
56. 「教材研究からカリキュラム開発へ」東京書籍ホームページ『東書Ｅネット』2005年７月
57. 「『人権思想』のシラバス＝基本知識と学び方ナビ」『社会科教育』第563号，明治図書，2006年５月，pp. 71-73

58. 「学ぶ意欲を育む“対比”の授業展開」『社会科教育』第567号，明治図書，2006年９月，p. 77
59. 「高学年：産業学習の優れた学習指導案とその要件」全国社会科教育学会『社会科教育論叢』第46集，2007年３月，p. 9
60. 「『特色ある教育実習プログラム』の試行的取組（Ⅱ）－本格的実施に向けての成果と課題－」（共同執筆）広島大学教育学部・附属学校共同研究機構『研究紀要』第35号，2007年３月，pp. 241-250
61. 「読解力・コミュニケーション能力の育成と社会科教育」東京書籍ホームページ『東書Ｅネット』2007年７月
62. 「〈書評〉永田忠道著『大正自由教育期における社会系教科授業改革の研究－初等教育段階を中心に－』風間書房刊」全国社会科教育学会『社会科研究』第67号，2007年11月，pp. 80-81
63. 「教科書に描かれた社会を入口として現実の具体的な社会に迫る授業研究を」東京書籍ホームページ『東書Ｅネット』2008年５月
64. 「〈書評〉石川律子著『仮面－小学校教師の教材探訪－』渓水社刊」全国社会科教育学会『社会科研究』第69号，2008年11月，pp. 71-72
65. 「教材開発に参画することで学び合おう」『社会科教育』第595号，明治図書，2008年11月，p. 5
66. 「〈書評〉加藤寿朗著『子どもの社会認識の発達と形成に関する実証的研究－経済認識の変容を手がかりとして－』風間書房刊」社会系教科教育学会『社会系教科教育学研究』第20号，2008年12月，p. 266
67. 「〈社会科で“コンピテンシー”どう考えるか〉社会科のアイデンティティを忘れずに」『社会科教育』第597号，明治図書，2009年１月，p. 101
68. 「〈授業の検討〉洗練された授業づくりに向けて」広島大学附属小学校学校教育研究会『学校教育』第1104号，2009年７月，pp. 32-35
69. 「“民主的国家・社会”って何？」『社会科教育』第604号，明治図書，2009年８月，p. 12
70. 「教育実践研究の自立と確かな前進－自らの社会科教育史研究の歩みを手がかりとして－」社団法人尚志会『会誌 No.14 確かな前進』2009年11月，pp. 1-6
71. 「広い視野から解釈し合う小学校社会科歴史授業」東京書籍ホームページ『東書Ｅネット』2009年12月
72. 「義務教育の普及をめぐる面白ウラ話」『社会科教育』第608号，明治図書，2009年12月，p. 100

73. 「“議会”　考えさせる題材・資料ベスト３」『社会科教育』第611号，明治図書，2010年３月，p.76
74. 「〈“マニフェスト”から学習問題〉マニフェストの達成期限は？」『社会科教育』第612号，明治図書，2010年４月，p.9
75. 「〈特集　新教育課程の課題　国際理解・平和・伝統文化〉世界的な視野で伝統や文化を理解するために」『教室の窓』第30巻，東京書籍，2010年４月，pp.14-15
76. 「〈アーカイブ“社会科60年を覗く”〉長岡文雄著『考えあう授業』黎明書房，1972年」『社会科教育』第617号，明治図書，2010年９月，pp.130-131
77. 「〈書評〉角田将士著『戦前日本における歴史教育内容編成に関する史的研究―自国史と外国史の関連を視点として―』風間書房刊」全国社会科教育学会『社会科研究』第73号，2010年11月，pp.52-53
78. 「広島県の実践動向」『社会科教育』第621号，明治図書，2011年１月，pp.134-135
79. 「刊行に寄せて―プロの小学校教師の本当の姿とは―」石川律子著『小学校の教師―子どもを育てるしごと―』渓水社，2011年１月，pp.i-iv
80. 「〈授業の検討〉社会科教育としての情報産業学習にふさわしい授業提案―社会認識の方法論を駆使した授業設計と学習展開―」広島大学附属小学校学校教育研究会『学校教育』第1127号，2011年６月，pp.38-43
81. 「〈大学からのメッセージ〉アドミッション・ポリシーと自分の資質や適性との一致を考えてほしい」『蛍雪時代』2011年７月臨時増刊号，旺文社，pp.168-169
82. 「社会科の言語活動を問う―言語活動の実践を改善する授業研究の営みを通して―」広島大学附属小学校学校教育研究会『学校教育』第1140号，2012年７月，pp.6-11
83. 「日本とソ連（ロシア）＝かかわり戦後史のドラマ」『社会科教育』第646号，明治図書，2013年２月，pp.52-53
84. 「〈書評〉矢口祐人・森茂岳雄・中山京子『真珠湾を語る―歴史・記憶・教育―』東京大学出版会刊」日本グローバル教育学会『グローバル教育』第15号，2013年３月，pp.91-92
85. 「社会科の授業にどう向き合うか―より多くの教師に社会科の魅力を伝えるために―」広島大学附属小学校学校教育研究会『学校教育』第1151号，2013年７月，pp.6-11
86. 「グローバル化って？―こんなネタで勝負クイズ―」『社会科教育』第652号，明

治図書，2013年８月，p. 47

87. 「〈年代で“たほいや”型歴史ゲーム〉大正で“たほいや”型ゲーム」『社会科教育』第654号，明治図書，2013年10月，p. 27

88. 「鶏卵の自給率は９％？」『社会科教育』第656号，明治図書，2013年12月，p. 101

89. 「社会を深く見つめてこそ授業で何を考え合うのかが明確になる」広島市小学校教育研究会社会科部会『広島市小社研会報』第232号，2013年９月，pp. 1-2

90. 「〈書評〉吉田正生著『社会科教授用図書におけるアイヌ民族関係記述の生成と展開－教育実践者たちの軌跡とその背景－』風間書房刊」全国社会科教育学会『社会科研究』第79号，2013年11月，pp. 68-69

91. 「〈提言　これからの社会科教育で身につけさせたいこと〉“ここ”と“今”の認識を通して育成する自己理解と自立した精神」広島大学附属小学校学校教育研究会『学校教育』第1169号，2015年１月，pp. 14-21

92. 「小学校社会科の『ことば』を生かした中学校社会科の学習指導」東京書籍ホームページ『東書Ｅネット』2015年２月

93. 「〈地域で発見！地域で発掘！教材化ヒント〉グローバル化現象，どこにどう現れるか」『社会科教育』第670号，明治図書，2015年２月，pp. 56-57

94. 「日韓学会交流による社会科教育研究の推進」全国社会科教育学会『社会科教育論叢』第49集，2015年３月，pp. 7-8

95. 「『社会の見方や考え方』を育む“魅力ある教材”は教師を成長させ，児童の学習意欲を誘発する」広島大学附属小学校学校教育研究会『学校教育』第1176号，2015年８月，pp. 14-21

96. 「新科目『歴史総合』（仮）への視座－アクティブ・ラーニングを見据えて実践を考える－」『社会科教育』第681号，明治図書，2016年１月，pp. 10-11

97. 「〈“未来社会”につなぐ教科としての社会科授業のあり方〉自分の考え（結論）を構築する思考力を培うために」『社会科教育』第683号，明治図書，2016年３月，pp. 4-5

98. 「社会科が担ってきた主権者教育とは－主権者育成の歩みから見た今後の課題－」『社会科教育』第686号，明治図書，2016年６月，pp. 4-5

99. 「社会科のこれからの授業を探る－地に足を付けて主権者としての資質を育てるために－」広島大学附属小学校学校教育研究会『学校教育』第1187号，2016年８月，pp. 14-21

100. 「〈全国社会科教育学会会員リレー連載　社会科授業づくりの課題と取り組み－指導要領改訂を見据えて－第９回〉『主体的・対話的で深い学び』を育む授業づ

くり」
『社会科教育』第692号，明治図書，2016年12月，pp. 112-115

101. 「『主体的・対話的で深い学び』の授業手法の探究が『深い学び』を育む」『社会科教育』第694号，明治図書，2017年2月，pp. 10-15
102. 「〈小学校　資質・能力を育成する“学びの過程”のポイント〉知識・理解の探究を踏まえて資質・能力の育成を図ること」『社会科教育 PLUS　平成29年版学習指導要領改訂のポイント－小学校・中学校社会－』明治図書，2017年4月，pp. 58-61
103. 「『主体的・対話的で深い学び』を育む小学校社会科の授業」広島市小学校教育研究会社会科部会『広島の社会科』第46集，2017年4月，p. 1
104. 「〈連載『主体的・対話的で深い学び』を育む小学校社会科の授業づくり　第1回〉『主体的・対話的な深い学び』ではなく『主体的・対話的で深い学び』であってこそ－“へそ曲がり”の連載を始めます－」『社会科教育』第696号，明治図書，2017年4月，pp. 112-115
105. 「〈連載『主体的・対話的で深い学び』を育む小学校社会科の授業づくり　第2回〉コンピテンシー・ベースの社会科授業づくりにどう向き合うか」『社会科教育』第697号，明治図書，2017年5月，pp. 112-115
106. 「子どもの『社会的な見方・考え方』を引き出して育成する社会科授業づくり」『社会科・地図 NEWS LETTER』第3号，東京書籍，2017年5月，pp. 2-3
107. 「〈連載『主体的・対話的で深い学び』を育む小学校社会科の授業づくり　第3回〉より深い学びの土台としての『深い学び』を育むために」『社会科教育』第698号，明治図書，2017年6月，pp. 112-115
108. 「〈連載『主体的・対話的で深い学び』を育む小学校社会科の授業づくり　第4回〉『多面的・多角的な思考力』を育む社会科の授業」『社会科教育』第699号，明治図書，2017年7月，pp. 112-115
109. 「〈連載『主体的・対話的で深い学び』を育む小学校社会科の授業づくり　第5回〉社会科サークルにおける『主体的・対話的で深い学び』」『社会科教育』第700号，明治図書，2017年8月，pp. 112-115
110. 「〈連載『主体的・対話的で深い学び』を育む小学校社会科の授業づくり　第6回〉『汎用的に使うことのできる概念等に関わる知識を獲得』する学びを育む社会科授業」『社会科教育』第701号，明治図書，2017年9月，pp. 112-115
111. 「〈連載『主体的・対話的で深い学び』を育む小学校社会科の授業づくり　第7回〉小学校社会科における『概念カテゴリー化学習』の意義と有効性」『社会科

教育』第702号，明治図書，2017年10月，pp. 112-115
112. 「〈連載『主体的・対話的で深い学び』を育む小学校社会科の授業づくり　第８回〉小学校社会科における教材研究と授業づくりの二つの手順」『社会科教育』第703号，明治図書，2017年11月，pp. 112-115
113. 「〈連載『主体的・対話的で深い学び』を育む小学校社会科の授業づくり　第９回〉『創造的認知のモデル』を活用した小学校社会科の授業づくり」『社会科教育』第704号，明治図書，2017年12月，pp. 112-115
114. 「〈連載『主体的・対話的で深い学び』を育む小学校社会科の授業づくり　第10回〉『主体的・対話的で深い学び』を育む入念な教材研究と授業設計」『社会科教育』第705号，明治図書，2018年１月，pp. 112-115
115. 「〈連載『主体的・対話的で深い学び」を育む小学校社会科の授業づくり　第11回〉被爆地広島の心情に迫る『深い学び』の構築をめざして」『社会科教育』第706号，明治図書，2018年２月，pp. 112-115
116. 「〈連載『主体的・対話的で深い学び』を育む小学校社会科の授業づくり　第12回〉『主体的・対話的で深い学び』を育み合う教師がつくる社会科授業」『社会科教育』第707号，明治図書，2018年３月，pp. 112-115
117. 「広島県の実践動向」『社会科教育』第708号，明治図書，2018年４月，pp. 126-127
118. 「“広島らしさ”のある社会科授業を生かし続けていくために」広島市小学校教育研究会社会科部会『広島の社会科』第47集，2018年４月，p. 1
119. 「“広島らしさ”のある社会科授業を創造し続けていくために」広島市小学校教育研究会社会科部会『広島の社会科』第48集，2019年４月，p. 1
120. 「〈社会参画の意欲を高める！子ども社会をつなぐ“対話的な学び”授業づくりのポイント〉広い視野に立って自分の見方・考え方を深め合ってこそ－市民としての知性を大切にしながら－」『社会科教育』第727号，明治図書，2019年11月，pp. 4-9
121. 「ヒロシマらしさのある社会科授業を求めて」広島市小学校教育研究会社会科部会『広島の社会科』第49集，2020年４月，p. 1
122. 「〈全国社会科教育学会会員リレー連載　社会科における深い学びの実現とは　第１回〉深い学びを実現できる社会科の魅力」『社会科教育』第732号，明治図書，2020年４月，pp. 120-123
123. 「小学校社会科と中学校社会科の系統性－カリキュラム・マネジメントに向けて－」『新しい社会公民教師用指導書指導展開編』東京書籍，2021年３月，pp. 26-

27

124. 「〈リレー連載　わが県の情報　ここに「この授業あり」〉広島県の巻」『社会科教育』第748号，明治図書，2021年８月，pp. 126-127

125. 「〈書評〉萩原真美著『占領下沖縄の学校教育－沖縄の社会科成立過程にみる教育制度・教科書・教育課程－』六花出版刊」教育史学会『日本の教育史学』第65集，2022年10月，pp. 167-170

126. 「〈もっと上手くなる！優れた社会科授業づくり－ワンランク上の授業を目指すために－〉実践者と研究者の輪が優れた授業を育む」『社会科教育』第763号，明治図書，2022年11月，pp. 4-9

おわりに

本書は，木村博一先生の御退職を記念し，先生に師事する有志一同によって執筆・発刊されたものです。第Ⅰ章では，先生の研究関心の中心である社会科教育史に関する内容，第Ⅱ章では，社会科学習指導論に関する内容，第Ⅲ・Ⅳ・Ⅴ章では，分野ごとに社会科授業の具体的な実践内容が示されています。それぞれの執筆者の研究や立場の多様性は，先生が一人ひとりの関心を大切にされてきた証であると言えるでしょう。

また，他の退職記念本との大きな違いは，研究者以上に先生と関わりの深い実践者が多く執筆していることです。その背景には，先生が，多くのインフォーマルな研究会を実践者と共に立ち上げられたことがあります。今日の教師教育のような半強制的な枠組みではなく，メンバーの自発的で主体的な授業をより良くしたいといった願いに基づく研究会だったからこそ，参加者が自分自身の授業実践について深く捉え，反省的に考える機会が生まれ，その中で，子どもの思いを大事にすること，時代に応じた新たな授業や教育内容を開発・実践することの大切さに気づくことができたのではないかと思われます。本書は，教師教育としての成果の一端も明らかにしていると言えるでしょう。

先生は，多くの学生や研究者・実践者を導き，日本の社会科教育に多大な貢献をされました。著書や論文，そして学会や研究会でのご活動によって，社会科教育の未来に大きな足跡を残されました。これまでの先生のご指導に心から感謝すると共に，先生とのつながりを大切にし，これからも先生のご活躍を心から祈っています。

最後になりましたが，本書の出版を快くお引き受けいただいた風間書房社長風間敬子氏，また，編集にご尽力いただいた斎藤宗親氏に心から御礼申し上げます。

松岡　靖

「社会科の理念と授業を考える会」執筆者一覧

編者（執筆者）

松岡　靖　京都女子大学発達教育学部　教授　Ⅱ章-２節　おわりに
新谷和幸　長崎大学大学院教育学研究科　准教授　Ⅱ章-３節　はじめに
福田喜彦　兵庫教育大学大学院学校教育研究科　教授　Ⅰ章-１節
神野幸隆　香川大学教育学部　准教授　Ⅱ章-４節
大野木俊文　鹿児島大学教育学部　助教　Ⅰ章-４節
服部　太　大阪青山大学子ども教育学部　准教授　Ⅱ章-５節

執筆者

小田泰司　福岡教育大学大学院教育学研究科　教授　Ⅰ章-２節
渡邊大貴　広島大学附属三原小学校　教諭　Ⅰ章-３節
吉川修史　加東市立社小学校　教諭　Ⅱ章-１節
須本良夫　岐阜大学教育学部　教授　Ⅱ章-６節
原紺政雄　広島市立高南小学校　教頭　Ⅱ章-７節
才谷瑛一　尾道市教育委員会　指導主事　Ⅲ章-１節
野村晃弘　高知大学教育学部附属小学校　教諭　Ⅲ章-２節
沖西啓子　広島市立筒瀬小学校　校長　Ⅲ章-３節
新井健祐　岡崎市立美川中学校　教諭　Ⅲ章-４節
市位和生　広島市立矢野南小学校　教諭　Ⅲ章-５節
伊藤公一　広島大学附属東雲小学校　教諭　Ⅳ章-１節
村上忠君　元広島大学附属三原小学校　教諭　Ⅳ章-２節
倉田　舞　岡崎市立三島小学校　教諭　Ⅳ章-３節
髙下千晴　呉市立荘山田小学校　教諭　Ⅳ章-４節
中川琢麻　合志市立合志南小学校　教諭　Ⅳ章-５節

田坂郁哉　広島市立本川小学校　教諭　Ⅳ章－6節
佐藤　健　前広島市立楽々園小学校　校長　Ⅴ章－1節
長野由知　東広島市教育委員会　指導主事　Ⅴ章－2節
大野耕作　尾道市立因北小学校　教諭　Ⅴ章－3節
森　清成　広島大学附属三原小学校　教諭　Ⅴ章－4節
中丸敏至　広島市立似島学園小中学校　校長　Ⅴ章－5節
宮里洋司　府中町立府中北小学校　校長　Ⅴ章－6節
森田淳一　岡崎市教育委員会　指導主事　Ⅴ章－7節

木村博一　広島大学　名誉教授　附録

子どもの心理と教育内容の論理を結びつけた社会科授業

2024年 3 月15日　初版第 1 刷発行

編者　社会科の理念と授業を考える会

発行者　風　間　敬　子

発行所　株式会社 風　間　書　房

〒101-0051　東京都千代田区神田神保町 1-34
電話 03(3291)5729　FAX 03(3291)5757
振替 00110-5-1853

印刷　太平印刷社　製本　井上製本所

NDC 分類：375

ISBN978-4-7599-2499-2　Printed in Japan